KB274139

중앙아시아 고려인 지식자원 해제

**저자**

**임채완** 전남대학교 정치외교학과 교수, 전남대학교 세계한상문화연구단 단장, 정치사회학 박사

**김재영** 전남대학교 세계한상문화연구단 전임연구원, 노어학 박사

**강삼구** 연세대학교 동서문제연구원 전문연구원, 정치학 박사

**주정민** 전남대학교 신문방송학과 교수, 언론학 박사

**장윤수** 전남대학교 정치외교학과 강사, 정치학 박사

**허선화** 고려대학교 강사, 문학 박사

전남대학교 세계한상문화연구 4차 총서 ❻

## 중앙아시아 고려인 지식자원 해제

2012년 6월 25일 초판 인쇄
2012년 6월 30일 초판 발행

지은이 | 임채완 김재영 강삼구 주정민 장윤수 허선화
펴낸이 | 이찬규
펴낸곳 | 북코리아
등록번호 | 제03-01240호
주소 | 462-807 경기도 성남시 중원구 상대원동 146-8
　　　우림2차 A동 1007호
전화 | 02) 704-7840
팩스 | 02) 704-7848
이메일 | sunhaksa@korea.com
홈페이지 | www.bookorea.co.kr
ISBN | 978-89-6324-101-2 (94020)
　　　 978-89-6324-095-4 (전9권)

값 20,000원


이 총서는 2007년도 한국연구재단의 기초연구과제지원(인문사회분야)에 의하여 연구되었음(KRF-2007-322-H00001).

전남대학교 세계한상문화연구 4차 총서 ⑥

# 중앙아시아 고려인 지식자원 해제

Knowledge Resources Bibliography of Korean diaspora in Central Asia

임채완 김재영 강삼구 주정민 장윤수 허선화 지음

북코리아

이 총서는 전남대학교 세계한상문화연구단이 2007년 8월부터 2010년 7월까지 수행한 한국연구재단 기초연구과제 "근현대 한인디아스포라 지식자원 발굴과 DB 구축" 사업의 연구 결과를 담은 것이다. 이 연구의 목적은 재외한인이 생산한 문헌정보자원(도서, 신문 등)의 발굴, 수집, 그리고 체계적인 정리와 데이터베이스(DB)화를 통해 자료의 영구보존과 학술적 활용체계를 갖추는 데 있다.

근대 한민족 역사에서 발생한 정치·사회적 급변은 우리 민족이 생산한 수많은 지적·문화적 유산들을 망실하게 하였다. 또한 재외한인이 집단적으로 거주한 지역에서도 이들이 생산한 많은 자료들 역시 관리 소홀과 체계적 정리의 미흡으로 망실되었다. 이러한 현실 인식을 바탕으로 우리 연구단은 해외 한민족 이주 100년사를 정리하는 중요한 학문적 접근의 하나로 그동안 생성된 해외 한민족의 지식자원을 발굴하고 이를 학문적으로 활용할 수 있도록 체계적 정리작업을 수행하였다.

현재 연구결과는 이미 DB화되어 있으며, 그 가운데 중요한 내용은 이 분야에 관심 있는 연구자와 후학들을 위하여 총서로 출판하게 되었다. 총 9권으로 구성된 이번 4차 총서의 내용은 다음과 같다. 즉 『재일코리안 디아스포라 문화콘텐츠』, 『근현대 중국 조선족 문헌집』, 『중국 조선족 교육자료 해제』, 『연해주 고려인의 법과 생활 그리고 교육(1920~30년대)』, 『연변조선족 기업의 형성사』, 『중앙아시아 고려인 지식자원 해제』, 『재일코리안 디아스포라 문학』, 『이미지로 보는 한인디아스포라와 한반도』, 『흑룡강성 조선족 기업의 성장과 기업가정신』 등이다.

연구의 내용은 구체적으로 러시아, 중앙아시아, 중국 지역에 한인디아스포라가 이주한 이후 1990년대까지 100년 동안 생산된 문헌정보자원의 핵심원문정보를 수집·정리하여 메타데이터를 작성하고 데이터베이스를 구축하는 것이다.

연구단은 사업기간 3년 동안 5개 국가, 50여 곳의 기록보관소와 도서관 및 언론사 등을 대상으로 자료조사를 수행하였다. 방문조사 지역은 러시아의 모스크바, 페테르부르크, 연해주, 사할린 지역의 국립도서관, 역사문서보관소, 대학도서관, 그리고 한인언론사 등이다. 또한 중앙아시아 지역은 우즈베키스탄, 카자흐스탄, 그리고 키르기즈스탄의 국립도서관, 국립중앙기록보존소, 대학도서관 등이다. 특히 카자흐스탄에서는 고려신문 등 한인 언론사도 방문하였다. 중국 지역 조사대상은 길림성, 흑룡강성, 요령성, 그리고 북경 지역의 민족도서관, 대학도서관, 민족출판사, 연변일보 등 한인 언론사 등이다. 재외한인 관련 자료 가운데 희귀한 것들은 개인이 소장하고 있는 경우가 많기 때문에, 시간이 촉박함에도 불구하고 일일이 개별방문을 통하여 개인 소장 자료들을 수집하였다.

지난 3년간 수집한 자료는 다음과 같다. 중국 지역에서 단행본 3,686건, 저널 3,449건, 신문 5,426건, 러시아 지역에서 단행본 2,327건, 논문 506건, 신문 1,964건, 그리고 중앙아시아 지역에서 단행본 1,167건, 논문 249건, 저널 494건, 신문 394건을 수집하였다. 제3차년도 한 해 동안 수집한 일본 지역 자료는 단행본 1,210건, 저널 226건, 신문 465건 등이다.

이러한 사업의 성과는 학술적으로 학문후속세대에게 귀중한 토대자료를 제공하고, 재외한인이 남긴 지적 유산을 영구 보존함과 동시에 교육적 활용 체계를 구축하는 데 그 의의가 있다. 또 구체적인 조사결과는 재외한인이 거주하는 국가의 초기 이주사를 비롯하여 재외한인들의 생활상, 사회상, 그리고 문화활동 등을 담고 있으므로 재외한인 연구의 귀중한 자료로 활용될 수 있을 것이다. 특히 거주국 재외한인과 관련하여 어떠한 자료가 어디에 어느 정도 있는지 소상히 밝혀 줌으로써 재외한인 관련 문헌자료에 대한 정보를 제공하는 데 큰 의의를 갖는다. 수집된 자료 중에는 거주국과 모국과의 관계를 엿볼 수 있는 자료도 포함되어 있어 지구화시대 국제경쟁력을 제고하는 데 기여할 수 있을 것이다.

9권으로 구성된 이번 총서는 전남대학교 세계한상문화연구단이 그동안 출판한 33권의 총서에 이어서 발간되는 네 번째 시리즈이다. 이번 4차 총서 역시 재외동포 연구자들에게 귀중한 자료로 활용되어 한국연구재단이 추구하는 사업성과의 사회적 확산이라는 사업목적에 부응할 수 있었으면 한다. 특히 재외동포학 또는 디아스포라학의 심화를 위하여 열심히 연구하고 있는 학문후속세대에게도 재외한인 사회와 문화연구에 큰 도움이 되기를 바란다.

총서 발간을 위하여 성원과 협조를 아끼지 않은 모든 분들께 이 기회를 빌려 깊은 감사의 마음을 전한다. 지난 3년간 현지 조사과정에서 많은 도움을 주신 관련 단체, 연구자, 현지 조력자들의 노고에 감사드린다. 그리고 이번 연구가 원활하게 수행될 수 있도록 배려해 주신 한국연구재단, 전남대학교 산학연구처에 진심으로 감사드린다. 특히 현지에서 연구조사를 수행한 연구원은 누구도 가지 않은 전인미답의 길을 개척하는 심정으로 현지조사에 최선을 다하여 임하였다. 또한 자료 복사의 시설과 조건이 너무도 열악하였으며, 자료의 열람 자체가 험난한 과정의 연속이었기 때문에 조사기간 동안 열성을 다하여 유종의 미를 거둔 연구원들의 노고에 진심으로 감사드린다. 끝으로 총서 출간을 위하여 애쓰신 북코리아 이찬규 사장님께도 심심한 사의를 표한다.

2012년 6월

전남대학교 세계한상문화연구단장  임채완

1960년대 후반부터 한국인의 미국 및 서구 국가로의 대량 이민과 1990년대 초기부터 한국 정부가 중국 및 독립국가연합(CIS)과 국교를 정상화함에 따라 재외동포는 한국과 점점 밀접한 관계를 유지하게 되었다. 이러한 과정에서 한국 내에서 재외동포에 관한 연구가 점차 활성화되었다. 1980년대 미국에서는 재외동포를 연구하는 한국계 학자들이 많았으며 일본에서도 재일동포를 연구하는 한국계 및 일본계 학자들이 상당히 있었다. 하지만 사회과학이 별로 발달하지 못했던 중국과 독립국가연합에서의 재외동포 연구는 한국 소재 대학과 학자들의 몫이었다. 한국에서는 그동안 재외동포를 연구하는 학자의 수가 급격히 증가했으며 전문연구소도 여러 개 설립되었다.

한국의 재외동포 연구소 중 지금까지 제일 큰 규모의 연구진을 구성하여 가장 큰 연구업적을 이룬 기관은 단연 전남대학교 세계한상문화연구단과 연구자 양성기관인 디아스포라학과이다. 세계한상문화연구단은 2002년 설립 이후 세계한상과 글로벌 디아스포라 연구를 통해 700만 한인디아스포라를 민족 자산으로 활용할 수 있는 대안과 구체적인 실천 방법을 모색하기 위해 노력해 왔다. 그동안 세계한상문화연구단은 어떠한 다른 연구소보다 월등히 많은 연구비를 한국연구재단으로부터 지원받아 세계 여러 나라에 흩어져 있는 재외동포와 그곳 동포사회의 구조에 대해서 다방면으로 연구해 왔다. 그 결과 33권이나 되는 거대한 분량의 책을 발간하기도 했다.

전남대학교 세계한상문화연구단이 이번에는 "근현대 한인디아스포라 지식자원 발굴과 DB 구축"의 연구 성과를 집약해서 총서로 발간하게 되었다. 재외동포를 연구하는 학자로서 임채완 교수와 연구단의 다른 관련 교수 및 연구원들에게 이 책의 출판에 대해서 심심한 축하를 보낸다. 총 9권으로 구성된 연구총서는 지난 2007년 8월부터 3년간 한국연구재단의 지원을 받아 수행된 결과이다. 이 책의 내용은 19세기 후반부터 1990년대까지 100년간 중국, 러시아, 중앙아시아 국가와 일본 등지로 이주한 한인디아스포라들에 의해 생산된 도서와 신문들 중 학술적 가치, 활용도가 높은 문화자원을 중심으로 발굴·수집하여 이들의 해제 및 소개에 중점을 두고 있다. 9권의 책 내용을 훑어보니 모두 중요해 보이는데, 특히『근현대 중국조선족 문헌집』, 『재일코리안 디아스포라 문화콘텐츠』및『중앙아시아 고려인 지식자원 해제』는 현지 동포를 연구하는 학자들에게 매우 중요한 자료가 될 수 있다.

한국 내 재외동포를 연구하는 학자들이 지금까지는 현지에서 동포와의 개인 인터뷰나 역사자료를 수집하여 분석함으로써 저서와 논문을 쓰는 데 바빴다. 하지만 이 총서는 재외동포가 크게 집중되어 있는 세 지역의 동포에 대한 중요한 문화·역사·지식자료를 정리하고 해설하였기 때문에, 다른 학자들이 재외동포를 연구하는 데 많은 도움을 줄 수 있게 만들었다는 점에서 재외동포 연구의 수준을 한 단계 높였다고 생각한다. 특히 독립국가연합과 중국지역에서 한인디아스포라 주요 문화자원에 대한 접근이 현지 사정상 갈수록 어려워지고, 또한 현지 한글사용세대의 고령화와 3~4세대의 무관심으로 개인소유 문화자원이 폐기와 훼손의 위기에 처해 있는 시점에서 이 총서의 발간은 매우 시의적절한 것이다.

2012년 6월

뉴욕시립대학교 퀸즈칼리지 재외한인연구소장  민병갑

중앙아시아지역을 포함한 구소련에 한인들이 이주·정착하는 과정에서의 수난과 현지적응의 역사는 그들이 생산한 지식자원의 내용을 이해하는 단서가 된다.

구소련지역에서의 한인들의 이주와 정착의 역사는 1850년대 러시아의 극동지역으로 농토를 찾아 농민들이 들어오면서 시작되었다. 극동지역 개발을 위한 러시아정부의 묵인 하에 한인들은 계절농 형태로 러시아의 극동지역으로 이주하게 된 것이다. 이 지역에 이주한 한인에 대한 러시아정부의 기록은 1860년대 초에 처음으로 나타나게 된다. 1863년 조선인 20가구가 연해주 이주를 허가해달라고 러시아정부에 요청했으며, 1865년에 처음으로 조선인인 촌락, 랴자노보가 생겨났다는 것이다. 봉건 조선의 압제와 기아에 허덕이던 많은 농민들이 이곳으로 이주해왔으며, 이후 일본의 제국주의적 한반도 침탈이 가속화되면서 일본의 식민통치를 피해 많은 한인들이 유즈노 우수리스크지역으로 들어왔다.[1]

1917년 볼셰비키혁명 이후 극동지역에서 한인들은 농업·어업 콜호스를 강화시켰다. 교육과 문화면에서도 열심이어서 한인 초등학교가 문을 열었으며, 한국어로 강의하는 사범학교도 생겨났다. 한국어로 된 신문과 잡지도 만들어졌다. 민족주의자, 지식인들이 한인들에게 민족의식을 고취시키고, 연해주를 항일독립투쟁의 기지로 삼고자 하였다. 이처럼 연해주 시기의

---

[1] 1956년 고려인 학자 김승화는 이에 관한 논문을 발표하였다. 그는 19세기 말부터 20세기 초까지 한인 이주의 원인을 규명하고, 러시아 극동지방의 사회경제적·법률적 상황과 한인들의 사회경제적 생활환경을 분석하였다. 연구를 위해 그는 러시아 극동 중앙국가문서보관서에 보관되어 있는 자료를 주로 이용하였다.

한인들은 경제적·사회적·문화적 잠재력을 갖춘 한인공동체를 형성하였으며, 민족정체성과 민족문화를 유지할 수 있었다.

그런데 1937년 스탈린정권은 소련 내 소수민족 강제이주정책에 따라 한인들을 중앙아시아로 강제 이주시켰다. 대부분의 한인들은 카자흐스탄과 우즈베키스탄의 정주구역을 배당 받았으며, 주로 계곡 삼림지대나 황야지대로 옮겨졌다. 1937년 연해주의 한인은 약 18만 명에 이르렀던 것으로 추산되는데, 이주과정에서 한인사회의 지도급 인사 2,500여 명이 처형당했을 뿐 아니라 비인간적인 환경에서 많은 고려인들이 희생당했다. 게다가 이주 후 현지의 열악한 환경으로 인하여, 1945년 통계에 의하면 고려인은 12만 3천명으로 줄어들었다.

한국어 교육대학에서 공부했거나 극장, 신문 편집 등의 일을 했던 지식인들은 카자흐스탄의 크질오르다 지역으로 이주했다. 한인들이 카자흐스탄으로 이주한 이후에도 억압은 계속되었다. 크질오르다에 있던 한국어 교육대학이 폐쇄되는 등 모든 한인 학교들이 폐교 당했다. 1932~37년 사이에 발행되었던 7개의 신문과 6개의 잡지 대신에 당과 정부의 공식 문서만을 출판하기 위해 '레닌 기치'라는 한국어 신문 하나만이 남게 되었다. 모두의 여권은 몰수되었으며, 여권을 가질 수 있도록 허용된 사람들에게는 헌법상의 권리가 제한된 도장이 찍혔다. 고려인들은 당과 소비에트의 기관에서 승진할 수 없었다. 그들은 연방을 자유롭게 여행할 수도 없었고, 고등교육기관에 진학하는 것도 제한되었다.

이와 함께 고려인들이 만든 문화적 업적과 정보자원들은 강제이주 과정에서 많은 자료들이 약탈·방화되었다. 강제이주 후 고려인이 향유할 수 있는 문화시설과 기관은 극도로 제한되었다. 소련당국의 소비에트화 정책과 생존을 위한 고려인들의 현지문화와의 융화노력으로 대다수의 고려인이 러시아 문화에 동화되면서, 고려인들의 민족정체성은 다중화되었다. 고려인들은 러시아어만을 구사하게 되고, 한국어·한국문화를 상실해 갔다.

한편 우즈베키스탄으로 이주한 고려인들은 대부분이 농부나 어부들로서, 말할 수 없을 정도로 고초가 심했다. 그나마 다행인 것은 이주한 고려인들이 중앙아시아 민족과는 매우 우호적인 관계를 유지했다는 것이었다. 고려인들은 1937년 가을 타슈켄트에서 23킬로미터 떨어진 중앙아시아의 계곡 삼림 습지에서 토지경작을 시작하였다. 290명의 고려인은 집단농장 〈폴야르나야 즈베즈다〉를 건설하였으며, 고려인들의 피와 땀으로 4년이 지난 후에는 계곡 삼림이 벼가 자라는 녹색들판으로 변모했다. 1949년에 〈폴야르나야 즈베즈다〉 집단농장은 공화국에서 유명하게 되었다. 집단농장원 26명은 최고의 사회주의 노동영웅 칭호를 받았으며, 공화국의 대표적인 집단농장이 되었다. 이외에도 고려인 집단농장인 황만금농장, 김병화농장이 소련 내 모범적인 농장으로 자리 잡았다. 이주 후 약 15년 동안 사회주의 노동영웅으로 평가받은 고려인이 200여 명에 이르렀다. 고려인들은 집단농장에서의 성공을 기반으로 각계각층에 활발하게 진출하기 시작했다.

1950년대에 이르러 김병화, 황만금 등은 고려인이 건설한 집단농장의 생산활동을 소개하거나, 작물재배에 대한 농업기술 적용 사례, 사회적 경제의 증가와 이에 따른 수익의 증가 현황 분석, 집단농장원의 물질적 · 정신적 풍요에 대해 기술하기 시작했다. 동시에 사회주의적 생산방식과 공산당 지도, 레닌주의 국가 정책에 대한 찬양이 기술되었다.

1960년대 이후에는 많은 고려인들이 공산당에 입당하여, 사회주의, 아시아-아프리카 민족해방투쟁을 기술하였다. 이와 함께 김정세, 박 보리스, 우제국, 김친선, 연선영 등 많은 문인들이 활동하기 시작했다. 시인 김정세는 처녀지 개간자, 목화 재배자, 쌀 농사꾼, 노동자, 교사, 군인 등 소비에트 노동자들의 공적에 찬사를 표하는 시들을 지었다. 박 보리스 역시 사회주의, 노동, 인터내셔널리즘을 찬양하였다. 우제국은 동화, 시와 우화를 글로 남겼는데, 그는 고향 땅에 대한 사랑의 고백, 그곳에 사는 사람들의 불안과 걱정을 노래하였다.

교육자가 된 고려인 중에는 카라칼파크스탄 고려인 학생을 교육하기 위한 목적으로 러시아어 교재와 교육학 관련 서적을 발간하기도 하였다. 김

요시프는 한인 극장의 역사적 형성 과정을 연구하였다. 그는 구전문학 전통의 독특성과 연관하여 무대 유형학의 문제를 다루었다. 소비에트 한인 드라마의 형성 문제를 고찰하고 소비에트 사회의 조건 속에서 사상적·예술적으로 서로 풍요롭게 하는 과정을 드러내고 있다. 1985년 고르바초프의 페레스트로이카정책은 소연방 구성국이었던 중앙아시아지역 국가들을 뒤흔들었고, 고려인들의 지위도 흔들리기 시작했다. 1991년 소연방의 와해 이후 고려인의 경제적 기반이었던 콜호스가 붕괴되면서, 고려인들은 사회적으로 불안한 위치로 전락하였다. 게다가 독립한 중앙아시아 국가들에서 자민족 중심주의, 자국어 중심의 언어정책 등으로 고려인들이 주류사회에서 배제되는 상황이 전개되었다. 이러한 상황은 자연스럽게 자신의 정체성을 되돌아 보게 하는 계기가 되었다.

그리하여 박 보리스, 김 부르트 등 고려인 지식인들은 소련시기 허용되지 않았던 민족문제를 제기하게 되고, 부당하게 억압당했던 소비에트 한인들의 비극적이고 영웅적인 역사를 기술하기 시작했다. 그리고 실질적으로 민족문화와 전통을 복원하려는 눈물 겨운 노력을 보여주었다. 예를 들면 김 부르트는 단행본 〈운명의 회오리〉에서 19세기 후반 한국에서 러시아로 이주하면서 시작된 소비에트 고려인들의 역사를 다루었다. 혁명 이전 시기부터 혁명 이후, 내전 시기, 조국전쟁 시기에 이르기까지 소비에트 고려인들의 역사를 기술하고, 모국어와 민족 문화 보존의 문제를 비롯하여 현재 이들이 안고 있는 다양한 문제점들을 기술하였다.

최근에는 중앙아시아 각국으로부터 고려인들이 러시아의 모스크바, 볼고그라드, 연해주로 이주하였다. 예를 들면 우즈베키스탄에서는 2007년부터 자국어만을 공식 언어로 채택하는 법을 시행하였기 때문이다. 중앙아시아지역으로부터 3만 명 이상의 고려인이 연해주로 이동하였으며, 7만 명 정도의 고려인들이 남부 러시아지역으로 이동하였다. 이러한 역사적 전제가 고려인이 생산한 지식자원의 토대가 되는 것이다.

본서는 전남대학교 한상문화연구단의 "근/현대 한인 디아스포라 지식자원 발굴과 DB 구축" 사업의 일환으로 3년에 걸쳐 이루어진 중앙아시아팀의 현지 수집자료를 바탕으로 쓰였다. 우즈베키스탄, 카자흐스탄, 키르기스스탄의 각 도서관(국립중앙도서관, 과학아카데미도서관, 대학도서관)과 신문사·방송국 등 고려인 언론기관, 고려인협회 및 사회단체, 고려인 개인이 소장하고 있는 도서자료, 학위논문, 저널, 신문 등을 수집·정리한 것이다.

단행본과 논문의 경우 머리말과 목차 등을 기본으로, 필요할 경우 본문의 일부내용을 같이 실어 가능한 한 그 내용을 상세히 전하고자 하였다. 신문은 주로 현지 한인 디아스포라의 생활을 담고 있는 대표기사와 기사에 딸린 사진을 발췌해 실어 그들의 생활상을 최대한 생생히 전하고자 하였다. 또한 mp3파일로 수집한 라디오 방송자료도 녹음파일을 들으며 스크립트를 작성해 그 내용을 문서로 전달하고 있다. 본 해제집이 갖는 의미는 우선적으로는 중앙아시아 지역연구자들에게 토대자료를 제공한다는 학술적 가치를 갖는다는 것이다. 둘째 현지에서 한인이 생산한 지적·문화적 자원은 국내에서 상실된 문화적 원형을 아직도 보유하고 있는바, 이를 발굴하고, 현지의 무관심 속에 망실위기에 있는 지적 자원을 보존할 필요성을 제기한다. 셋째, 해외 한민족이 현지에서의 수난과 적응 및 개척과정에서 생산한 지식자원은 그들의 지적 유산의 궤적과 생활사의 발전과정에 관한 귀중한 정보를 담고 있다.

수집의 주요 대상이 된 지식정보자원은 고려인이 중앙아시아에 정착하여 생산한 자원으로서 고려인들의 생생한 삶의 모습을 담고 있다고 볼 수 있다. 이러한 자료는 현지정부의 체계적 정리가 미흡하고, 관리 소홀로 망실위기에 처해 있어 발굴·수집이 시급한 상황이었다.

자료 수집을 위해서 중앙아시아팀은 1차년도(2007.08.01~2008.07.31)에는 우즈베키스탄, 2차년도(2008.08.01~2009.07.31)에는 카자흐스탄, 3차년도(2009.08.01~2010.07.31)에는 키르기스스탄 현지를 방문하였다. 국내의 선행연구 검토를 토대로 현지의 조사대상 기관 및 고려인 학자 등과 협약서를 체결하고, 이들과 공동으로 조사를 수행하였다. 그럼에도 불구하고 자료를 수집하는 과정은 만만치 않았다.

우즈베키스탄에서의 자료수집은 1차로 2008년 1월 30일부터 3월 5일까지 35일 동안 현지를 방문하여 수행하였다. 미비한 자료 보완을 위해 4월 11일부터 4월 22일까지 약 10일간 2차로 방문하였다. 조사 과정에 타슈켄트 고려인협회, 신 블라디미르 고려문화협회 회장, 김 부르트 고려신문사 편집장, 리 브로니슬라브 타슈켄트 국립사범대 학장, 한 발레리 동방학연구소 교수 등 고려인 학자들, 반 타마라 등 나보이 국립중앙도서관의 고려인 사서들, 타슈켄트 한국교육원 김정석 원장, 허선행 타슈켄트 세종한글학교 교장의 도움이 컸다. 특히 이리나 마미노바 나보이 국립도서관 부관장님의 적극적인 협조가 큰 힘이 되었다.

2차년도 조사는 2009년 1월 19일부터 2009년 2월 16일까지 약 1달간 카자흐스탄을 방문하여 자료를 수집하였다. 그런데 카자흐스탄 국립도서관은 보관하고 있는 자료의 대출에 제한을 가할 뿐 아니라, 복사기의 상태가 너무 열악하여 그야말로 악전고투의 연속이었다. 김 게르만 카자흐스탄 국립대학 한국학대학 학장, 강 게오르기 카자흐스탄 고려인협회 부회장, 명 드리트리 교수, 클라라 카피조바 알마티 카이나르 대학교 역사문화연구소 소장, 최영근 고려일보 주필, 알마티 고려인협회, 김 레브 홍범도펀드 회장, 김병학 한글학교 교장, 그 외에도 직접 발로 뛰며 도와주었던 많은 고려인들의 도움이 있었기에 자료 수집이 가능했다.

2010년 1월 15일부터 2월 13일까지 약 한 달간 키르기스스탄에서 3차년도 자료 수집활동이 진행되었다. 이를 위해 비슈케크 국립도서관과 현지 대학도서관 등을 방문하였고 고려인 협회, 고려인 방송 및 신문사, 현지 한인 단체와 유학생들 및 자료소장 개인들과 폭넓은 만남을 가졌다. 그 결과 도서자원을 비롯한 신문 및 방송자료, 현지 디아스포라의 생활상을 보여주는 사진과 영상물 등 총 900여점의 자료를 수집할 수 있었다. 본서에서는 이 중 68점의 자료를 골라 그 내용을 소개하고 있다.

책의 출간에 즈음하여 자료수집에 도움을 주신 강류드밀라 고려인협회 부회장님, 박 스텔라 교수님, 예술공연단체 '만남'의 정 안드레이 대표 등 고려인 여러분들과 김옥렬 목사님, 전상중 한인경제인협회 회장님, 서동혁 유학생협회 대표 등 현지의 한인분들께 지면을 통해서나마 고마움의 인사를 올린다. 연구팀을 도와 고생해준 현지의 보조원들 그리고 수집활동이 난관에 부딪힐 때마다 도움을 주신 대사관 관계자 분들께도 진심으로 감사를 전하고 싶다. 아울러 부족한 원고를 맡아 책으로 엮어주신 북코리아의 이찬규 사장님 이하 편집진들에게도 깊은 감사를 드린다. 이처럼 많은 분들의 도움이 있었기에 이 책은 세상에 빛을 보게 되었다.

끝으로 중앙아시아 한인 디아스포라 사회의 결속과 지속적인 발전을 기원하며 아무쪼록 이 책이 그동안 낙후되어 온 한인 디아스포라가 생산한 지식자원의 체계적 발굴과 연구에 자그마한 주춧돌이 될 수 있기를 기대한다.

2012년 6월
공동저자 일동

# III 우즈베키스탄–카자흐스탄 수집자료 해제

# I

머리말

## 1. 연구의 목적과 필요성

　오늘날 보편화되고 있는 세계화와 정보화의 흐름 속에서 재외 동포에 대한 관심도 날로 늘어가고 있다. 우리의 경우 19세기 중반 이후 시작된 해외 이산, 즉 디아스포라의 역사는 어느덧 1세기를 훌쩍 넘겨 140여 년에 이르고 재외 한인의 수도 700만 명에 이르고 있다. 이제 이들을 명실상부한 우리의 자산이라 부르는 데 손색이 없다고 할 수 있다.

　이러한 재외동포들에 대한 관심은 언어학, 사회학, 문화학, 인류학, 정치학 등 다양한 분야의 연구를 통해 표출되고 있지만 정작 이들이 "이루어 놓은 것"에 대한 수집과 관리는 체계적으로 진행되지 못하고 있는 실정이다. 본 연구단의 선행조사에 따르면 아직까지 국내에서는 해외 한인들이 생산한 문헌 및 신문기사에 대한 체계적인 분류 및 원문조사가 미흡한 것으로 드러났다. 이에 거점 지역을 선정해 포괄적인 자료를 수집하여 DB작업화하는 것이 재외동포연구는 물론 국내외의 한국학 연구 전반에 토대를 제공할 것으로 판단되었다. 또한 해외한민족 이주 100년사를 정리하는 시점에서 그 동안 생성된 해외 한민족의 지식자원을 발굴하고 이를 학문적으로 활용할 수 있도록 체계적으로 정리하는 것은 '이민 1세기'의 지적 자원을 집대성하는 작업이자, 단절된 우리 역사의 공백을 복원하는 작업으로서 의의를 가진다. 특히 한글을 사용하는 한인 1 · 2세대의 사회적 퇴장을 고려할 때 이들 자원의 소멸위기는 갈수록 높아지고 있다. 이러한 시기적 요인을 감안하면 해당과제의 필요성은 더욱 절실하다 하겠다. 아울러 이와 같은 작업을 통해 글로벌 시대의 재외한인에 대한 새로운 시각과 관심을 촉진시키고 그들의 자산에 대한 확대 연구를 유발하는 동기도 부여할 것으로 기대된다.

　이러한 문제의식을 바탕으로 본 연구단은 한국연구재단의 지원 아래 "근/현대 한인디아스포라 지식자원 발굴과 DB 구축" 사업을 2007년 8월부터 2010년 7월까지 진행하였다. 중국과 러시아, 중앙아시아(우즈베키스탄, 카자흐스탄, 키르기스스탄)를 거점지역으로 정해 이 지역에서 한민족이 생산해 놓은 지식 정보자원의 발굴·수집과 이를 바탕으로 한 DB 구축이 그 핵심 사업이었다. 이 책은 중앙아시아팀이 우즈베키스탄, 카자흐스탄, 키르기스스탄을 대상으로 3년간 현지에서 수집한 자료를 바탕으로 썼었다.

CIS지역 고려인들을 대상으로 한 선행연구를 살펴보면 이주사나 사회문화, 문학 등의 기록적 차원에서 이루어진 것이었으며 대부분의 연구가 내용을 소개하는 수준에 머무르고 있다. 특히 본 연구단의 조사에 따르면 키르기스스탄 지역에서 생산 또는 수집된 한인들의 지식·정보 문화자원에 대한 연구는 거의 전무한 실정이었다.

이와 같은 결과는 고려인이 소련 해체 이후 소수 민족으로 분류되어 이들의 지식 정보자원에 대한 국가차원의 보존과 관리가 이루어지지 않았음을 우선 생각할 수 있고, 고려인 1·2세대의 사망과 3·4세대의 고려인 문화와 자산에 대한 전승 및 보존에 대한 관심의 결여 등을 이유로 들 수 있을 것이다. 특히 키르기스스탄 지역은 카자흐스탄이나 우즈베키스탄에 비해 상대적으로 적은 고려인 인구[1])와 고려인 커뮤니티의 늦은 형성으로 인해, 연구를 진행한 중앙아시아 3국 중에서 가장 열악한 자원 보존 상황을 보이고 있었다. 이런 점 등을 고려하면 더 이상 고려인 관련 지식 정보자원이 방치되지 않도록 발굴 보존하는 것이 시의성이 깊은 과제라고 하겠다.

---

1) 러시아-CIS 지역 동포 현황(자료출처: 키르기스개황(2009.12), 외교통상부)
  * 러시아: 190,600명(연해주 18,000명, 카프카스지역 64,000명)
  * 카자흐스탄: 103,000명(알마티 23,000명)
  * 우즈베키스탄: 200,000명(타슈켄트 120,000명)
  * 키르기스스탄: 20,000명(비슈케크 13,000명)
  * 우크라이나: 13,000명
  * 그 외 몰도바, 벨라루스, 아르메니아, 아제르바이잔, 타지기스탄, 투르크메니스탄 등지에 4,000명 정도 거주. 키르기스스탄에 고려인이 거주하기 시작한 것은 1953년부터인데 이 때 스탈린 사후 이주민들에 대한 거주 이전 제한 조치가 해제되어 우즈베키스탄이나 카자흐스탄에서 옮겨온 이가 많다.

## 2. 자료의 수집과 내용

우선 수집 자료의 개념을 정의할 필요가 있다. 자료 생산의 주체는 한민족을 우선으로 하되 현지의 중앙아시아인이나 러시아인에 의해 생산된 한민족과 관련된 내용도 학술적으로 가치가 있다고 판단될 경우 포함하였다. 지역-시기적 범위는 우즈베키스탄, 카자흐스탄, 키르기스스탄에 보존되어 있는 한민족의 해외이주 이후(19세기 후반)부터 오늘날까지 생산된 자료를 대상으로 하였다. 자원의 소장범위는 도서관과 문헌기록소, 신문사 등 기관과 단체, 그리고 자료를 소장하고 있는 민간인도 포함하였다. 자원의 분류범위는 문헌정보자원(도서, 신문)을 위주로 현지 디아스포라의 생활상을 담고 있는 영상, 방송, 사진 등의 비 문헌 자료도 포함하였다.

중앙아시아팀은 자료수집을 위해 국내의 선행연구를 조사하는 한편으로 조사대상이 되는 자료에 대한 정보를 수집하였다. 이를 위해 전문가를 초청하여 교육을 받았으며, 현지의 각 기관, 고려인 학자들과 공동 발굴 및 연구 협력을 위한 협약서를 체결하였다.

예비조사 과정을 통해 철저히 수립한 현지조사 계획을 바탕으로 1차년도 대상지역인 우즈베키스탄에서의 자료수집은 1차로 2008년 1월 30일부터 3월 5일까지 35일 동안 현지를 방문하여 수행하였다. 미비한 자료의 보완을 위해 4월 11일부터 4월 22일까지 약 10일간 2차로 방문하였다. 자료는 도서자료(단행본, 학위논문, 연속간행물)와 신문자료가 중심이지만, 아카이브 자료와 이미지자료 역시 수집하였다. 이를 위해 나보이 국립중앙도서관, 과학아카데미도서관, 사마르칸트대학 등 대학도서관, 역사연구소, 문서보관소, 신문사, 출판사, 단체, 민간소장가, 고령한인과 접촉하여 자료를 수집하였다. 그리하여 1,455점의 자료를 수집하였는데, 이를 종류별로 분류하면 다음과 같다.

〈표 I-1〉 1차년도 중앙아시아 지역 자료수집 현황

| 연구지역 | 단행본 | 학위논문 | 연속간행물 | 신문 | 낱장자료 | 이미지/동영상 | 합 계(건) |
|---|---|---|---|---|---|---|---|
| 우즈베키스탄 | 729 | 127 | 371 | 61 | - | 167 | 1,455 |

2차년도 조사대상지역인 카자흐스탄에는 2009년 1월 19일부터 2009년 2월 16일까지 약 1달간 현지를 방문하여 자료를 수집하였다. 국립중앙도서관, 과학아카데미도서관, 카자흐스탄 국립대학도서관, 카이나르 민족대학도서관, 역사연구소, 자수쉬출판사, 고려극장, 고려일보사 등 고려인 관련 문헌의 소장기관을 방문하였으며 관련단체 및 기관의 협조로 자료 수집은 가능했다. 그런데 핵심 조사대상기관이라 할 수 있는 카자흐스탄 국립중앙도서관은 보관하고 있는 자료의 대출, 복사, 촬영에 제한을 가할 뿐 아니라, 복사기의 상태가 좋지 않아 어려움이 컸다. 현지 보조조사원 2명과 이들이 데려온 몇몇 카자흐스탄 학생들이 빈틈없이 움직였다. 카자흐스탄 국립대학에서는 김게르만 한국학대학 학장이 소장하고 있는 자료를 내놓았다. 강게오르기 카자흐스탄 고려인협회 부회장 역시 소장하고 있던 자료들을 주었으며, 클라라 카피조바 알마티 카이나르 대학교 역사문화연구소 소장을 소개해주는 등 많은 도움을 주었다. 신문의 수집은 최영근 고려일보 주필을 만나서 해결되었는데, 고려일보사가 재정적인 어려움으로 계속 간행되지 못해 안타까웠다. 이외에도 고려인협회, 김 레브 홍범도펀드 회장, 김병학 한글학교 교장 등의 방문을 통해 도서자료뿐 아니라 낱장자료와 이미지/동영상 자료들을 수집할 수 있었다.

〈표 I-2〉 2차년도 중앙아시아 지역 자료수집 현황

| 연구지역 | 단행본 | 학위논문 | 연속간행물 | 신문 | 낱장자료 | 이미지/동영상 | 합 계(건) |
|---|---|---|---|---|---|---|---|
| 카자흐스탄 | 203 | 41 | 31 | 98 | 120 | 537 | 1,030 |

3차년도 중앙아시아팀의 현지 자료 수집활동은 2010년 1월 15일부터 2월 13일까지 키르기스스탄의 수도 비슈케크를 중심으로 진행되었다. 수집팀은 전임연구원 1인과 현지에서 고용한 보조인력들로 구성되어 활동하였다.

도서자료의 검색과 수집은 보조요원들과 함께 비슈케크 시내의 국립도서관, 인문대학 도서관 등을 중심으로 이루어졌다. 비슈케크 다음으로 고려인들이 많이 거주하는 것으로 알려진 카라볼타도 하루 방문하여 수집활동을 펼쳤다. 주로 디지털 카메라를 이용해 단행본, 저널, 논문 등의 표지와 목차 핵심원문들을 촬영하였고 일부는 복사를 통해 자료를 수집하였다. 지난 2년간의 중앙아시아와 러시아를 대상으로 한 광범위한 수집의 결과 키르기스스탄에서 수집할 수 있는 도서자원의 범위는 다소 제한적이었다. 무엇보다 인문·사회과학 분야에서 저술활동을 하는 현지의 고려인들이 많지 않아 단행본의 확보에 많은 어려움을 겪었다. 따라서 현지 도서관 이외에도 고려인협회 사무실과 자료 소장 고려인들을 수소문해서 만나 일부 단행본을 수집할 수 있었다.

이번 수집활동을 통해 얻은 가장 큰 성과는 아직 국내에 소개가 되지 않았던 키르기스스탄 고려인 언론자원의 수집이라고 할 수 있다. 2006년 2월 23일 1호가 발행된 키르기스스탄의 최초이자 유일한 고려인 신문인 "일치"는 4~8면으로 격주간 발행되고 있다. 러시아어로 발행되고 있고 매회 평균 1면 분량으로 한국어로 쓴 기사도 싣고 있다. 신문의 발행으로 현지 고려인들은 키르기스스탄내 한인 디아스포라의 소식들을 쉽게 접할 수 있게 되었고, 고려인협회의 활동에 관한 더 많은 정보를 구할 수 있게 되었다. 또한 한민족의 언어, 풍습, 전통과 문화에 관한 기사를 제공하여 특히 젊은 세대들에게 우리 민족의 정서함양과 주체성을 찾는 전기가 될 것을 기대하고 있다. 일치 신문은 2008년에는 키르기스스탄에서 가장 우수한 디아스포라 신문으로 선정되어 수상을 하기도 하였다. 연구팀은 비슈케크 시내에 있는 고려인협회 사무실을 방문해 협회 부회장인 강류드밀라 씨의 협조로 지금까지 발행된 일치의 대부분 호를 종이신문과 PDF 파일로 수집하였다. 또 다른 언론자원인 고려인 라디오 방송 아리랑의 녹음 파일 수집도 **빼** 놓을 수 없다. 아리랑은 2002년 8월 17일에 키르기스스탄 라디오 제1채널을 통해 처음 전파를 탔다. 수요일 저녁 8시 45분에서 9시까지 15분간 방송되었으며 현지 사정으로 인해 지금은 방송이 중단된 상태이다. 처음 방송은 고려인 박 스베틀라나 씨의 러시아어 단독 진행이었지만 이후 현지의 한인 김옥렬 목사 등과 함께 러시아어와 한국어 두 언어로 진행되었다. 방송은 한 주간의 키르기스스탄내 고려인 디아스포라 관련소식과 모국 뉴스 등을 전달하고 있다. 방송중간에 한국 민요나 가요 등을 들려주고 또 다양한 인사들과의 인터뷰를 통해 한국의 문화와 전통 풍습 등도 같이 소개하고 있다. 연구팀은 진행자였던 박 스베틀라나 씨와 방송의 실질적 산파 역할을 한 김옥렬 목사의 도움으로 30여회분이 녹음된 지난 방송자료를 수집할 수 있었다. 아리랑 방송이 빨리 재개될 수 있기를 기원한다.

일치와 아리랑 방송 이외에도 현지 신문 등에 실린 고려인 기자가 쓴 개별기사들을 일부 수집하였다.

도서 및 언론자료 이외에도 현지 고려인의 생활상을 보여주는 영상 및 사진 자료들의 수집에도 관심을 기울였다. 그 결과 키르기스스탄 고려인연합 설립 20년을 기념하는 영상물을 비롯해 현지 고려인 젊은이들의 무용 공연 동아리인 "만남"·"장미"의 활동 영상과 사진·음악파일 등을 수집하였다. 그 외 현지 고려인과의 개별적 만남을 통해 사진과 기타 낱장자료 등을 수집하였다.

2010년 현재 키르기스스탄에는 비슈케크를 중심으로 선교, 유학, 사업 등의 목적으로 우리 교민들도 600여 명 거주하고 있다. 교민사회에서 2종류의 신문이 발행되고 있는데 이들도 일부 수집하였다. 유학생이 중심이 되어 발행하는 현지 교민 신문 주간 "아리랑"과 한인경제인협회에서 발행하는 주간 "비슈케크 타임스"는 교민들에게 한 주간에 일어난 비슈케크 주요 소식을 번역하여 알리고 주요 고국소식과 소홀하기 쉬운 건강강좌, 특히 고려인들을 위해 러시아어로 한국의 전통 음식문화에서부터 한국전통 문화 유산을 소개하는 기사를 게재하여 작게나마 민족정체성 확립에 기여하고 있다.

이상 한 달 간의 현지 수집활동을 통해 총903건의 자료를 수집하였다. 이를 종류별로 분류하면 다음과 같다.

〈표 Ⅰ-3〉 3차년도 중앙아시아 지역 자료수집 현황

| 연구지역 | 단행본 | 학위논문 | 연속간행물 | 신문 | 낱장자료 | 이미지/동영상 | 합 계(건) |
|---|---|---|---|---|---|---|---|
| 키르기스스탄 | 235 | 74 | 208 | 204 | 29 | 153 | 903 |

이들 자료는 목록작성을 거쳐 메타데이터와 핵심원문, 초록 등이 디지타이징(digitizing)작업을 통해 지식 DB 사이트에 탑재 완료되었다. 구축된 DB는 해외 한국학, 한인 이주사 등의 관련 학문의 연구에 도움을 줄 뿐만 아니라 재외한인 지식자원에 대한 관심을 가진 이용자 모두에게 효율적인 검색 툴(tool)을 제공하여 원문 자료에 대한 신속하고 정확한 접근 기회를 제공할 것으로 기대된다.

# II

키르기스스탄 수집자료 해제

여기에서는 키르기스스탄에서 수집한 한인디아스포라 생산 지식 정보자원의 일부를 골라 그 내용을 소개한다. 소개되는 자료들은 크게 1. 단행본, 2. 논문 및 저널(연속간행물) 기사, 3. 언론·방송 수집자료(고려인 신문 『일치』, 고려인 방송 〈아리랑〉)로 분류하여 총 68편의 자료를 소개하였다.

각 자료는 우선 사진과 함께 기본적인 정보를 간략히 소개하였다. 단행본의 경우 제목과 언어, 저자, 출판사, 출판연도, 총 페이지를 기본적으로 소개하고 ISBN도 확인이 될 경우 표기하였다. 논문 및 저널기사의 경우 제목, 저자, 언어, 발행연도와 함께 논문이나 기사가 실린 간행물의 이름도 같이 적었다. 신문류는 발행기관, 언어, 날짜, 발행부수, 발행면수를 기본정보로 1면 사진과 같이 실었다. 방송자료의 경우 방송제작 기관과 방송일자, 진행자 이름 등을 기본정보로 소개하였다.

내용 소개에 있어 단행본과 논문 등의 경우 목차와 초록 및 서론과 결론의 내용을 바탕으로 해당 자료의 핵심내용을 전하고자 하였으며 필요한 경우 본문의 사진을 같이 실어 이해를 돕고자 하였다. 단행본을 비롯한 도서자원의 경우 키르기스스탄 현지에서 출간된 자료들을 우선적으로 소개하되 다른 중앙아시아 지역이나 러시아 등에서 한인에 의해 생산된 자료도 일부 포함하였다. 또 현지인에 의해 한국 관련 주제로 출간된 단행본 자료도 일부 골라 소개하였다.

신문자료는 현지 디아스포라의 생활상을 전해주는 대표 기사들을 위주로 사진과 같이 요약하여 실었고 기사 작성자의 이름도 같이 표기하였다. 고려인 라디오 방송 〈아리랑〉의 경우 스크립트를 작성하여 러시아어와 한국어로 진행된 방송내용을 같이 옮겼으며 방송이 러시아어로만 진행된 경우에는 번역을 괄호안에 같이 실었다.

# 제1장

# 단행본

## ▎키르기스스탄의 고려인(Корейцы в Кыргызстане)

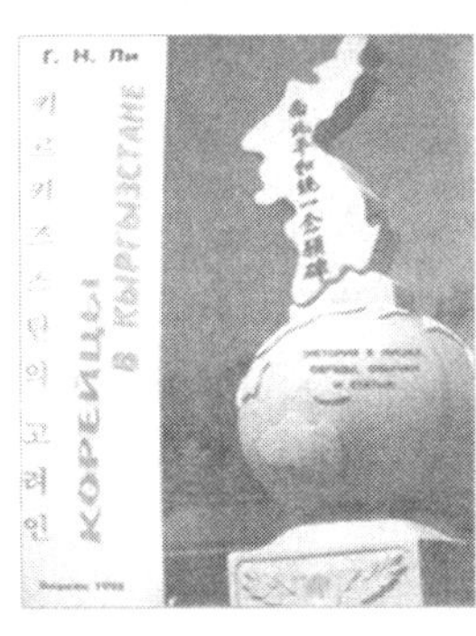

- 언어: 러시아어, 한국어
- 저자: Ли Г.Н.
- 출판사: Учкун
- 자료유형: 단행본
- 출판연도: 1998
- 총 페이지: 298
- ISBN: 미확인

　이 책의 저자 리 게론 니콜라에비치는 키르기스공화국 언론인협회 회원이며 고려인연합의 문화, 언어, 풍속연구회 대표이기도 하다. 서문과 머리말에 이어 이 책은 크게 3장으로 구성되어 있다. 1장 "키르기스스탄에 이주하게 된 고려인의 역사와 삶"은 4개의 소주제로 엮여 있다. 1. "이주과정-삶의 터전을 얻음"에서는 한인들이 어떻게 연해주지방에서 중앙아시아로 강제이주 되었고 이후 키르기스스탄에 정착하게 되기까지의 과정을 이야기하고 있다. 2. "다시 고려인으로"에서는 키르기스에 정착한 고려인들의 커뮤니티 형성, 특히 고려인연합의 모태가 된 "친선"의 창립에 대해 이야기 하고 있다. 3. "새로운 단계로 나아가는 고려인"에서는 키르기스와 한국간의 관계발전과 고려인들의 "역사적 고향"인 한국 방문 등을 이야기하며 젊은 세대를 중심으로 고려인들의 한국어와 문화 등에 대한 관심의 증대를 이야기하고 있다. 4. "인물로 이어지는 역사"에서는 고난과 역경의 삶을 이겨내고 다양한 분야에서 두각을 나타내고 있는 고려인들을 소개하며 그들의 삶을 통해 중앙아시아 이주역사를 되돌아보고 있다.

2장 "고려인이 갖고 있는 문화, 의식, 행사"는 1.고려인과 키르기스인의 유사한 의식(풍습), 2.고려인 안에 있는 문화와 의식에 대한 고찰, 3.가족관계 4.친척관계와 호칭 5.삶속에서 치르는 행사(백일, 돌, 결혼, 환갑) 6.장례와 제사의식 7.민속명절(설, 한식, 단오, 추석) 8.예의범절 ― 이렇게 8가지 주제로 고려인들이 지키며 살아가고 있는 우리 문화와 의식을 살펴보고 이를 통해 젊은 세대들에게 주체성의 인식과 우리 정서의 함양을 강조하고 있다. 저자는 한 민족의 전통을 이루는 데 있어 가족 구성원들 간의 상호관계가 갖는 역할을 구체화 해보려는 시도를 했고 삶과 노동 속에서 가족과 민족의 명절이 갖는 의미를 찾아보고자 하였다. 특히 키르기스와 고려인 풍습의 유사성 비교에서 두 민족 모두 가족의 가치를 높게 평가하고 좋은 이름을 짓는 데 관심을 두는 점, 키르기스인들도 우리처럼 몽고반점을 갖고 태어난다는 사실 등은 매우 흥미롭다.

3장은 저자가 1990년에서 1998년 사이에 한인 디아스포라와 관련된 주제로 책과 신문들에 발표한 8편의 글을 소개하고 있다(1. 키르기스는 우리를 따뜻하게 해준다(러시아어), 2. 나는 착한 마른 새와 같다(러시아어), 3. 우리는 우선 소련인이다(러시아어), 4. 1937년 강제이주 당한 고려인(러시아어), 5. 서로 웃고 서로 양보하자(러시아어), 6. 우리는 우선 소련인이다(한국어), 7. 우리 민족에 대한 잡지와 신문(한국어), 8. 키르기스는 우리를 따뜻하게 해준다(한국어)).

## ▌고본질(고본지) (Гобонджи)

- 언어: 러시아어
- 저자: Ли Г.Н.
- 출판사: 미확인
- 자료유형: 단행본
- 출판연도: 2000
- 총 페이지: 315
- ISBN: 미확인

어느 민족 국민에게나 자신의 모국과 그 땅과 역사에 대한 사랑은 고유하다고 할 것이다. 이 책은 고려인의 눈을 통해 본 우리민족의 땅(토지)에 대한 사랑의 기록이라고 할 수 있다.

책에서는 러시아 고려인들의 토지경작의 시초와 농지개간 기술, 그리고 고려인들의 고유한 생존 수단이었던 고본지 형태의 농업의 본질과 그 생명력에 대해 이야기하고 있다. 토지의 국유화가 이루어지기 전에는 극동에 거주하던 한인들은 러시아 개인 토지 소유주에게서 땅을 빌려 경작을 하는 '소작지' 형태의 농업을 했다.

고려인들의 고유한 농업생산 방식인 고본지는 50년 이상 지속되어 오고 있다. 이 방식의 농업은 경작에 있어 공동 책임에 기초하여 이루어진다. 여기에 참여하는 사람들은 '고본'이라는 이름의 균등한 토지를 할당받는다. 각 구성원들은 또한 능력(물질적·인적)에 따라 몇 개의 고본을 더 받을 수 있다.

저자는 이러한 고본지의 탄생이 한민족의 귀한 전통인 상부상조에서 왔다고 설명한다. 또 고본지 농업방식이 오래 지속되며 그 생명력을 발휘할 수 있었던 데에는 그 안에 담겨있는 자유노동의 요소와 각 참여자들의 경작 실적에 따른 균등한 분배가 큰 힘이 되었다고 보고 있다.

저자는 고본지는 앞으로도 고려인들이 살아가고 일을 하고 교육을 받는 한 영원할 것이라고 말한다. 구 소련시대 각 분야에서 성공한 대다수 고려인 사업가들이 농업에서 고본지 시스템을 거쳐 간 사람들이었다. 또 고본지 활동을 통해 얻은 수익으로 자라나 교육을 받고 다른 사업도 할 수 있었다는 것을 잊어서는 안 된다고 강조하고 있다.

책에서는 구체적인 예를 통해 고본지 참여자들의 역할과 관계를 보여주고 있고 1937년 고려인 강제 이주의 비극에 관한 자료가 여기에 직접 참여한 러시아 관리들의 말을 인용해 드러내고 있다. 그 외 흥미롭고 알려지지 않은 고려인 농부들의 삶에 관한 사실들을 이 책의 지면들 속에서 많이 발견할 수 있다. 책속에는 고려인들의 삶의 모습을 보여주는 여러 사진들이 실려 있는데 그중 몇 장을 소개하면 다음과 같다.

〈그림 Ⅱ-1〉 19세기 말의 한국인 농가(본문 p.22)

〈그림 II-2〉 블라디보스토크, 한인거리(본문 p.33)

〈그림 II-3〉 블라디보스토크, 한국인 짐꾼 아이들(본문 p.33)

〈그림 II-4〉 블라디보스토크, 해산물을 파는 한인상인들(본문 p.34)

# ▌카자흐스탄, 키르기스스탄 및 우즈베키스탄 고려인의 역사, 문화 그리고 생활(История, культура и быт корейцев Казахстана, Кыргызстана и Узбекистана)

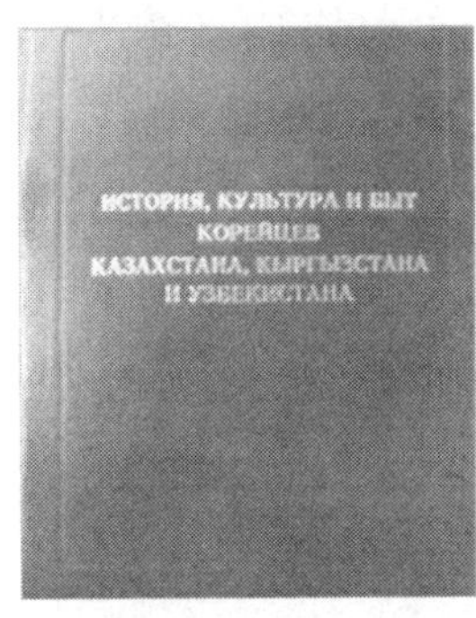

- 언어: 러시아어
- 저자: ЛИ Г.Н. 외
- 출판사: БГУ
- 자료유형: 단행본
- 총 페이지: 217
- ISBN: 9967-21-581-X

  이 책은 2003년 2월 6일 키르기스스탄의 수도 비슈케크의 국립 인문대학에서 열린 "카자흐스탄, 키르기스스탄 및 우즈베키스탄 고려인의 역사, 문화 그리고 생활"이라는 제목의 국제 학술대회에 발표된 자료들을 모은 단행본이다. 본 학술대회의 개최와 책의 출간은 한국연구재단(Korea Research Foundation)의 도움으로 이루어졌다. 책에는 비슈케크 국립 인문대학 총장의 개회사와 5인의 환영사 그리고 이날 5개 패널(1.중앙아시아 고려인들의 역사적 과거와 현재 2.다민족적 환경속의 고려인들 3.고려인들과 그들의 역사-문화적 관련 4.한국어 학습과 교육 5.고등교육과 경제개발의 문제들)로 나뉘어 발표된 총 27편의 논문이 실려있다. 참가자들을 보면 중앙아시아의 고려인 학자들을 비롯해서 국내의 중앙아시아 고려인 연구인들, 중앙아시아와 러시아 등의 현지 학자들도 참여하여 고려인 연구의 현황과 비전을 제시하였다. 특히 이날 학술대회를 마치며 참석자들은 결의문을 통해 7가지 문제에 대한 지속적 관심과 연구를 합의하였다. 책에 실린 이날의 결의문 내용은 다음과 같다.

  결의문: 1.카자흐스탄, 키르기스스탄 및 우즈베키스탄의 고려인 디아스포라와 관련된 고문서 모음집의 출판작업 지속 2.19세기 초-중반으로 거슬러 올라가는 한인들의 이민역사에 대한 사실들과 원인에 대한 연구 지속

3.1937년 우즈베키스탄과 카자흐스탄으로의 강제 대량이주에 대한 철저하고 체계적인 사실 규명 4.1954년의 고려인들 및 기타 다른 이주 민족들의 복권과 관련된 연구, 또 이주와 복권 이후 고려인들의 언어와 풍습 등의 변화와 관련된 문제들의 연구 필요 5.중앙아시아 각 공화국의 다민족적인 환경 속에서 고려인들의 민족적 단결과 정체성에 관한 연구 6.중앙아시아 고려인들의 역사를 출간하기 위한 준비작업의 일환으로 중앙아시아 3국의 고려인사 출간 작업 지속 7.한국어와 한국학 교육을 위한 제반여건 조성을 위한 노력.

〈그림 II-5〉 학술대회의 개회(좌)와 분과별 토론 모습(우)(본문 pp.112~113)

## ▮ 기차에 실려간 어린 시절(Эшелоном по детству)

- 언어: 러시아어
- 저자: Пак С.Н.
- 출판사: Maxprint
- 자료유형: 단행본
- 출판연도: 2007
- 총 페이지: 72
- ISBN: 978-9967-24-436-8

수세기에 걸쳐 한국인들은 근면한 민족으로 여겨져 왔고 그들이 살아가는 국가의 경제발전에 큰 공헌을 해 왔다. 그리고 물론 이 근면함 덕분에 1937년 강제이주의 희생양이었던 고려인들이 살아남을 수 있었다.

박 스텔라에 의해 소개되는 이 책은 핍박 받은 민족의 또 다른 역사의 한 페이지로서 비참했던 상황과 그 모습들을 담고 있다. 책은 크게 『고문서의 페이지들』, 『기차에 실려간 어린 시절』, 『키르기스스탄 한인 디아스포라』 3장으로 구성되어 있다. 『고문서의 페이지들』에서는 1937년 8월 21일 자로 되어있는 『극동거주 한인들의 이주에 관해서』라는 제목의 명령 등 당시 강제이주와 관련된 상황에 대한 객관적 평가를 가능하게 해주는 문서자료들이 소개되어 있다.

저자는 또한 아버지를 중심으로 한 자기 가족의 예를 통해 온갖 고생의 기나긴 여정을 지나온 이주 고려인들의 처절했던 상황과 이 와중에서도 민족적 정체성과 인간적 가치를 잃지 않으려 노력했던 모습들을 잘 그려내고 있다. 책의 첫장에 그는 『이 책을 사랑하는 아버지에게 바친다』 라고 적고 있다.

이 책에서는 최근 디아스포라 사회에서 일고 있는 한글과 한국 문화에 대한 관심과 교육, 그에 따른 문제점 등 고려인들의 『정신적 부활』에 관해서도 살펴볼 수 있다.

"기차에 실려간 어린시절"의 발간이 갖는 의미는 저자인 박 스텔라가 강제이주 한인들의 삶을 객관적으로 지면을 통해 밝힐 수 있게 해준 근거와 평가기준을 찾아낸 것뿐만 아니라 그 자신이 젊은 세대를 위한 역사에 있어 연결고리가 된다는 사실에서도 찾을 수 있다.

# 가슴속의 추억-회상과 고찰
(Память Сердца-воспоминания и размышления)

- 언어: 러시아어
- 저자: Ли Г
- 출판사: Maxprint
- 자료유형: 단행본
- 출판연도: 2008
- 총 페이지: 112
- ISBN: 978-9667-24-862-5

독립국가연합(구소련)의 한인들의 역사는 이제 1세기 반에 이르고 있다. 한인들의 역사는 많은 주관적·객관적 이유들에 의해 한마디로 『고생의 역사』로 나타나고 있고 거기에 많은 부침이 있었음은 주지하는 바이다.

대학에서 역사를 전공한 저자는 중앙아시아 한인 디아스포라의 역사를 자기 가족의 이야기와 함께 담담히 풀어가고 있다. 저자는 많은 지면을 통해 고려인들의 노동의 역사, 그중 핵심이라 할 수 있는 『고본지』(땅을 임차해 농사를 짓는 농업 방식) 경작 활동을 이야기하고 있는데 특히 키르기스스탄에서 고려인들의 고본지 활동을 크게 3기로 구분하여 자세히 기술하고 있다.

그에 따르면 1950년에서 70년까지가 1기로서 이 시기에는 추이지역에서 부터 점차 고려인 가족들이 고본지에 종사를 하게 된다. 2단계인 1971년부터 90년까지는 추이지역 외에 기타 다른 지역으로 고본지 팀들이 빠르게 확산되어 나갔고 이 영향으로 카자흐스탄과 우즈베키스탄의 많은 고려인들이 키르기스스탄으로 이주하게 된다. 1991년부터 지금까지의 3기에서는 점차 고본지 활동이 줄어들고 있는데 저자는 이를 키르기스스탄의 정치·사회적인 변화에서 이유를 찾고 있다. 잘못된 농업 정책으로 인해 키르기스스탄이 구소련으로부터 분리되어 독립국가가 되는 와중에 실질적으로 국영농장과 집단농장이 붕괴되었고 이로 인해 고본지에 필요한 여러 비용들이 상승하게 된 것이다.

그러나 여러가지 어려운 상황에도 불구하고 고본지 활동은 계속되고 있다. 카자흐스탄과 시베리아의 몇몇 대도시들에서 임대인들이 정부 도움 없이 판매시장을 개척해 직접 상계약을 맺는 사례를 예로 들며 키르기스스탄의 고본지 활동이 나아갈 길을 제시하고 있다.


## 세대를 통한 삶의 길(Дорога жизни через поколение)

- 언어: 러시아어, 한국어(고려말)
- 저자: Пак С. Н.
- 출판사: Maxprint
- 자료유형: 단행본
- 출판연도: 2008
- 총 페이지: 520
- ISBN: 978-9967-24-695-9


본 자료는 2007년 고려인 중앙아시아 이주 70년에 즈음하여 키르기스스탄의 비슈케크 한국교육원에서 고려인협회의 도움으로 주관한 행사 '고려인 가족 이주사 쓰기 대회'에 제출되었던 총 55편의 글 중 31편을 골라 묶어 출간한 책이다. 책은 키르기스스탄과 우즈베키스탄 그리고 카자흐스탄에 거주하는 여러 세대를 대표하는 몇몇 한인들의 20세기를 걸어온 길고도 비극적이었던 한민족의 여정에 대한 회상을 담고 있다. 주된 내용은 블라디보스토크에서 강제 이주 명령을 받을 때의 상황과 서둘러 짐을 꾸려 출발하는 모습, 화물열차에 실려 이주하는 어려움, 허허벌판에 내버려진 절망 속에서 좌절을 딛고 일어서 정착해가는 눈물의 사연들이 실려 있다. 여기에 실린 자료들이 더욱 특별한 것은 연해주지방에서 중앙아시아 미(未) 개간지로의 한인들의 강제이주에 관해서는 스탈린 시대의 다른 유사한 비인간적인 행위들에 비해 훨씬 적게 쓰여 있기 때문이다. 또 하나 이번 발간이 갖는 의미는 이 책이 근로자, 공장노동자, 기술자, 농촌 생활자 등 적극적으로 삶을 개척해온 사람들의 이야기를 담고 있다는 것이다. 그들의 일상이었던 불굴의 노동은 이제 지나간 백 년의 하나의 상징이 되어 오늘날 우리가 만감이 교차하며 일컫는 '소련의 역사'에 없어서는 안 될 부분이 되었다.

책에 실린 총 31편의 사연 중 한글(고려말)로 쓰인 박 블라지미르 바실리에비치 씨의 '회상'이라는 제목의 글과 러시아어로 쓰인 김 스베틀라나 미하일로브나 씨의 '은수저'라는 사연을 골라 그 내용의 일부를 발췌하여 소개한다.

### 1. '회상' 중 발췌(저자: 박 블라지미르 바실리에비치, 언어: 고려말)

#### 강제이주

이주하는 해에 나의 나이는 겨우 9살이었습니다. 그러나 나는 지금까지도 길에서 고생하던 일이 명백히 기억되고 있습니다. 그때에 우둔한 나에게는 네 가지 문제가 있었습니다.

① 마시는 물 문제 ② 식료문제 ③ 대소변을 보는 문제 ④ 가는 길에서 사람이 사망되면 땅에다 모실 문제입니다.

우리를 이주시킬 때에 2주야 동안에 다 준비하라고 하였습니다. 한 이주민에게 30킬로 만한 짐밖에 허가하지 안았습니다. 구월 중순에 우리를 화물자동차에 실어서 "청지고우"라는 자그마한 정거장으로 실어왔습니다. 이렇게 우리는 무르익는 곡식을 다 버리고 정든 촌을 이별하였습니다……. 그 어떤 정거장에 와서 기관차가 서면 몇 분 동안이나 지체하겠는지 또 어디를 가면 물이 있는지도 모른 까닭에 형편이 몹시 딱하게 되었습니다. 흘레브(빵)를 사 먹어야 되겠는데 빵을 파는 상점이 어디에 잇는지? 정거장에 변소 칸이 어디에 있는지 없는지 만약 있다고 하여도 1400~1500명 되는 이주민들이 어떻게 일시에 대소변을 본다는 말인가? 이런 형편에 기차가 서면 밤이면 별로 큰 문제가 업지만 낮이면 남녀를 불문하고 차량의 밑에 기어들어가서 아무 체면

(부끄러운)도 모르고 자리를 다 들어 내 놓고 다만 손바닥으로 낯을 가리우고 대변을 보곤 하였습니다. 이것이 참말로 기가 막힌 일이 아니고 무엇입니까? 사람이 사망하게 되면 어디에다 묻어야 할지도 모르고 또 공동묘지가 있더라도 기관차가 떠나가는데 어떻게 모신단 말인가. 그러니 사람이 죽으면 소장(素帳)을 천겹에 달달 알들이 감아 철로 길에다 놓았습니다. 어느 누가 묻어줄 것을 믿었던 것입니다….

## 무궁화 노인당

현재에 비슈케크 도시에 7개의 노인당이 사업하고 있습니다. 그중에서 제일 소문난 노인당은 "무궁화"입니다. 이 "무궁화" 노인당은 1997년에 조직되었는데 첫 위원장으로 최 왈렌친 알렉산드로비츠가 당선되었습니다. 이 노인당이 조직되자 이 필자도 곧 노인당 회원이 되었습니다. 병 때문에 지금에 와서 번번이 다니지 못하면서도 노인당을 위하여 얼마간 노력하여 왔습니다.

2003년 중순에 "무궁화" 노인당 위원장 강 유드밀라 알렉세여브나는 우리 "무궁화" 노인당에 대한 노래가 있어야 된다고 세 사람에게 노래를 지으라고 부탁하였습니다. 그 세 사람 중에 나도 있었습니다.

## 무궁화 노래

꽃피는 동산에 박은 해 비치고
우리의 자랑인 "무궁화" 노인회
백발의 노인이 다시 젊어져
마음껏 춤추며 노래 부르자
(후렴)
우리의 행복 꽃펴나네
아름다운 무궁화 피고 피여라

맑고 푸른 저 하늘 끝이 없듯이
"무궁화" 사업 나래 처가네
먹은 한마음 변함 없으리
화목하며 서로 사랑하자

(후렴)
우리의 행복 꽃펴나네
아름다운 무궁화 피고 피여라

노인들 노래 춤에 웃음꽃피고
사람마다 기쁨이 넘치네
우리사업 날마다 늘어갈수록
"무궁화" 노인회를 자랑하자
(후렴)
우리의 행복 꽃펴나네
아름다운 무궁화 피고 피여라

이 노래를 "무궁화" 노인들은 모일 적마다 일어서서 부르고는 합니다. 잘 지었나 못 지었나 내가 지은 노래니까 나는 마음이 몹시 기쁩니다….

## 2. '은수저' 중 발췌(저자: 김 스베틀라나 미하일로브나, 언어: 러시아어)

극동지방에서 정치적 동기에 의한 한인들의 대량이주는 1937년에 시작되었다. 때는 가을이었다. 내가 고작 3살밖에 안되던 해였다. 그러나 내 어린 기억 속에 그 시절의 추억은 남아 있다.

부모님들은 가을걷이를 준비하였고 나는 오빠와 마당을 뛰어다니고 있었다. 그때 할아버지께서 급히 집에 오셔서 부모님들과 무엇인가를 이야기하셨다. 부모님들은 혼란스럽고 놀란 듯해 보였고 어머님은 울음을 터뜨리셨다. 할아버지께서는 어머니에게 호통을 치시고는 짐을 싸라고 하셨다. 어머니는 어린 여동생을 포대기에 싸고 우리들에게도 옷을 입히셨다. 꼭 필요한 물건들만 몇 꾸러미 짐을 꾸렸다. 개는 우리 뒤를 바라보며 오랫동안 짖어댔다. 마치 우리가 영원히 돌아오지 않을 것을 아는 듯이.

할아버지는 우리를 사륜 마차에 태웠다. 자리가 좁아서 어머니와 아버지는 내내 걸어가셨다. 이렇게 알 수 없는 곳으로의 긴 여정은 시작되었다. 몇 시간 후 우리는 할아버지가 살고 있는 마을에 이르렀고 그 다음날 모든 한인들을 모아 철도가 인접한 다른 마을로 떠나 보냈다. 매일 사람들은 점점 늘어만 갔다. 그리고 마침내 화물칸들이 딸린 기차가 나타났다. 물론 이 기차는 사람을 태워 나르는 기차는 아니었다.

화물칸은 두 층으로 이루어졌고 우리는 위의 층에 올라가게 되었다. 거친 널빤지로 된 바닥 위에 어머니는 자리를 깔고 우리 모두는 그 위에 올라가 웅크리고 앉았다. 열차를 타고 가는 동안 우리에게 식량을 배급했는지는 기억이 나지 않는다. 하지만 음식 중에 내 머릿속에 남아있는 것은 빵뿐이다. 열차가 멈춰 설 때면 모두들 화장실을 다녀오기 위해 화물칸 밖으로 뛰어내렸다. 좋게 말해 "화장실"이지 사람들은 열차 아래 땅으로 뛰어 내렸을 뿐이다.

열차가 서있는 동안 또 하나 중요한 문제는 식수를 구하는 일이었다. 이 일은 보통 남자들이 했다. 남자들은 주전자와 양동이를 집어 들고 물을 찾아 뛰어다녔다. 어떨 때는 열차가 출발하여 사람들이 올라타지 못하기도 하였다. 그들은 모르는 역에 남겨지고 열차는 떠나갔다. 많은 사람들이 후에 자신의 잃어버린 가족들을 찾아보려 하였지만 헛수고였다. 단지 그들의 운명을 추측해 보는 수밖에….

그 길고도 끝없던 이동 중에 선명하게 기억나는 하나는 바이칼 호수이다. 물과 하늘이 하나로 연결되어 끝없이 푸른 공간을 만들어 내는 것 같았다. 이 장관을 화물칸 창 틈으로 바라보다 나는 그만 내가 가장 아끼는 은수저를 떨어트리고 말았다. 손잡이에 꽃무늬가 있는 나에게 유일한 장난감이었다. 나는 소리 내어 울었다. 엄마는 무슨 일인지 아시고는 나를 잘 타일렀다.

그 당시 어머니의 위치가 어떠했는지 나는 지금 상상조차 하기 힘들다. 어떻게 그녀는 이 모든 고통을 세 아이(그중의 하나는 젖먹이였던)를 데리고 이겨냈을까? 정말 우리는 아무 쓸모 없는 가축떼처럼 실려갔었다. 가는 길에 사람들이 죽어갔다. 이들은 주로 병약한 어린이들과 노인들이었다. 며칠을 열차를 타고 갔는지는 모르지만 영원의 시간이 지나간 것 같았다. 얼마나 많은 사람들이 이동 중에 실종되고 죽어갔는지 아무도 모른다. 아직도 내 귓가에는 기차바퀴 돌아가는 소리가 맴돌고 있다.

1938년 봄에 우리를 실어다 준 곳은 카자흐스탄이었다. 가장 어려웠던 시기 중의 하나인 이때에 많은 사람들이 죽어갔다. 아침이면 통곡소리에 잠을 깨었고 날마다 누군가를 묻었다. 이동에 지친 사람들은 쇠약하고 병들어있었다. 두 아이를 같이 묻었던 이웃이 기억난다.

그들은 우리 한인들을 오랫동안 죄인처럼 움직이지 못하게 했다. 우리는 사는 구역을 벗어나서는 안 되었다. 그래도 우리는 살아가야 했다. 땅을 개간하고 무엇인가를 심었다. 굶어 죽지 않기 위해 밤낮을 가리지 않고 일했다. 우리가 근면하고 온순한 사람들인 것을 알고는 그들은 억압과 박해를 줄이게 되었다. 우리에게 살아갈 권리가 생겼다.

자른 짚으로 만든 우리의 첫 번째 집을 기억한다. 이 안에 네 가족이 살며 각각 방 하나씩을 차지했다. 이 공동주택에 우리는 얼마나 기뻐했던가! 이 집에서 우리는 1년 이상을 살았다.

1939년 우리 콜호스에 번호 3번의 학교를 지었다. 아버지는 이 학교에 일을 나가게 되었다. 1939년 11월 우리 가족에 또 하나의 자매가 태어났다. 우리는 그를 "니나"라고 불렀다. 그녀가 한 살이 되었을 때 어머니, 아버지와 함께 모든 가족이 이를 축하했던 기억이 난다. 여전히 어려웠던 시절이었고 그래서 손님은 없었다. 어머니는 윗도리를 손수 짜서 니나에게 입히셨다. 흰색바탕에 빨간 꽃무늬가 있는 밝은 색깔 윗도리였다. 우리 모두가 기뻐하고 또 엄숙했던 자리였다. 어찌됐건 모든 풍파가 지난 후 처음 맞았던 가족의 명절이었기에….

## ▌키르기스스탄의 한인들: 역사의 페이지

(Корейцы Кыргызстана: страницы истории)

- 언어: 러시아어
- 저자: 키르기스스탄 고려인연합
- 출판사: печатный двор
- 자료유형: 단행본(브로슈어)
- 출판연도: 2009
- 총 페이지: 28
- ISBN: 미확인

이 책은 2009년 키르기스스탄에서 고려인연합이 출범한 지 20주년을 기념하기 위해 브로슈어 형태로 제작되었다. 책은 현 고려인연합 회장인 상보리스 씨의 축사와 함께 지난 20년의 간략한 역사를 사진과 함께 소개하고 있다. 또한 고려인연합의 후원자들과 주요 고려인 인사들에 대한 소개와 그들에 대한 감사의 메시지도 같이 싣고 있다. 본 브로슈어에 실린 내용을 몇

장의 사진과 같이 발췌 정리 소개한다.

키르기스스탄에 고려인들은 1953년 이후 자리를 잡게 되었다. 이들은 불굴의 노력과 키르기스 민족들의 도움 덕분에 어려운 시기를 극복하고 이곳에서 새 삶을 시작할 수 있었다.

2007년에는 극동에서의 강제 이주 70주년 기념 행사를 위해 대한민국 정부에서 많은 물질적 도움을 주었다. 당시 주요 행사로는 15명으로 구성된 대표단이 고향을 방문한 것과, 『단오』와 『노인의 날』 등 명절을 기리는 행사 개최, 그리고 가장 중요한 일로는 교육학 박사 박 스텔라 씨의 책임 감수 하에 이루어진 『세대를 통한 삶의 길』의 출간을 들 수 있다.

1980년대에 키르기스스탄의 고려인들은 자기 민족의 문화, 언어의 부활에 관심을 갖게 된다. 이러한 흐름 속에 고려인연합의 출범이 구체화되어 1989년에 『친선』이라는 이름의 고려인협회가 출범하게 되었다. 1994년에 고려인협회는 다민족국가인 키르기스스탄의 민족연합의 일원으로 등록을 하게 된다. 초대 회장으로는 소련 상원 의원이었던 정 라지이 라브렌티에비치(Тен Радий Лаврентьевич) 가 선출되었다(그림 Ⅱ-6).

고려인연합의 활동은 2005년 키르기스스탄 국회의원인 상 보리스 씨의 회장 취임과 함께 더욱 활성화되었다. 고려인연합은 잊혀져 가는 우리 문화와 언어를 되살리는 노력을 전개하였고 이는 스포츠와 언론, 문화예술단체 설립 지원 등으로 구체화되었다. 대표적으로 고려인 신문 『일치』의 발행과 라디오 방송 〈아리랑〉, 문화 예술 공연단체 『만남』 등의 활동을 들 수 있다. 특히 카자흐스탄, 키르기스스탄 주재 한국대사관과 심상도, 조영식 한국 교육원장등의 노력으로 키르기스스탄내 비슈케크과 카라볼타 등의 12개 고등교육기관, 24개 초중고교, 3개의 유치원에서 한국어 교육 프로그램이 도입되어 해마다 800명 가량이 한국어를 배우게 되

〈그림 Ⅱ-6〉 초대 고려인협회장 정 라지이 라브렌티에비치(본문 p.15)

었다. 고려인연합은 어려움에 처한 고려인들에 대한 도움도 아끼지 않았다. 해마다 2천여 명의 고려인들이 의류와 휠체어, 식료품의 지원을 받고 있다.

고려인연합의 발전을 상징적으로 보여주는 것은 2006년의 『한국의 집』의 개관이다. 이를 통해 한국 문화·언어 교육이 좀 더 활성화될 수 있었고 중앙아시아의 문화·비즈니스 센터가 되기 위한 계획의 일보를 내딛게 되었다.

〈그림 II-7〉 한국의 집 조감도(본문 p.19)

키르기스스탄 정부가 고려인연합의 활동을 높이 평가한다는 사실은 우리에겐 반가운 일이다. 실로 우리 연합은 키르기스스탄 내에서 평화의 정착과 민족 간의 화합을 적극 지지하고 있다. 고려인연합은 단순히 문화·계몽 활동만 펼치는 것이 아니라 키르기스스탄에 사는 다른 민족의 단체들과 함께 평화와 화합을 도모하여 80여 민족이 살아가고 있는 키르기스스탄의 정치적 안정과 경제발전을 위해 노력하고 있다.

# ▌민족의 얼에 관심(Увлечение национальным духом)

- 언어: 러시아어
- 저자 : Ли Г. Н.
- 출판사: Салам
- 자료유형: 단행본
- 출판연도: 2010
- 총 페이지: 652
- ISBN: 978-9967-25-799-3

이 책은 키르기스스탄에서 한인 디아스포라와 관련하여 활발한 저술 활동을 펼치고 있는 리 게론 니콜라에비치 씨의 2010년 최신 출판물이다. 그는 『우리들에 관해서는 그 누구도 더 잘 쓰지 못하고』, 『어깨에 배낭을 짊어진 나그네가 실험실의 학자보다 더 많이 안다』라는 생각을 자신의 창작 원칙으로 삼고 디아스포라와 관련된 저술활동을 해오고 있다.

책은 총 10장(1.새 책의 주인공들을 찾으며 깊어진 민족애 2.대도시와 원동에서 만난 위대한 주인공들 3.『세대를 통한 삶의 길』에 실린 사연들을 읽고 4.『세대를 통한 삶의 길』에 실리지 못한 사연들 5.구소련의 대지에서 태어난 고려인 삶의 에피소드 6.최 발렌티나 페트로비치가 회상하는 '나와 내 가족' 7.경주 최씨 부자의 집에 얽힌 전설 8.인간의 육체에 영혼은 없다-학자 란다우는 확신했다 9.조국을 떠나도 식지 않는 전통과 풍습을 지키는 마음 10.조국은 연해주 고려인史를 영원히 전해준다)과 부록으로 구성되어 있다.

한인들이 키르기스 땅에 처음 정착한 것은 1930년대 초였다. 그들은 1920년에 우수리스크에서 처형당한, 만주를 중심으로 활동한 독립운동가 최재형의 후손들이었다. 저자는 구 소련의 여러 지역을 돌아다니며 이 책의 『주인공』들과 만났다. 그는 빅토르 최를 비롯해 고려인의 위상을 높여준 인물들을 소개하고 한편으로는 그가 만났던 사람들 속에서 수세기의 역사를 갖는 전통과 풍습의 실행을 통한 조국과 민족에 대한 사랑의 예들을 독자들에게 알리고 있다. 또한 모국을 떠나 사는 고려인들의 정신적 풍요로움에 관해 쓰면서 이는 그들이 자기 조상들의 뿌리에 관해 더 잘 이해하고 있기 때문이라고 설명하고 있다. 아울러 이 책에는 2007년에 비슈케크에서 출간된, 고려인들의 삶의 애환을 담은 『세대를 통한 삶의 길』에 수록되지 못한 고려인들의 사연이 소개되어 있고 2003년 재외동포재단의 초청으로 한국을 방문했던 이야기, 특히 경주의 최씨 부잣집을 방문하여 들은 그들의 베푸는 마음씨에 관한 전설에 감동받았던 사연 등이 실려있다. 부록에는 그가 고향을 방문하고 쓴 소감과 통일에 대한 자기 생각을 담은 글이 포함되어 있다.

## 조선연정시(Корейские лирики)

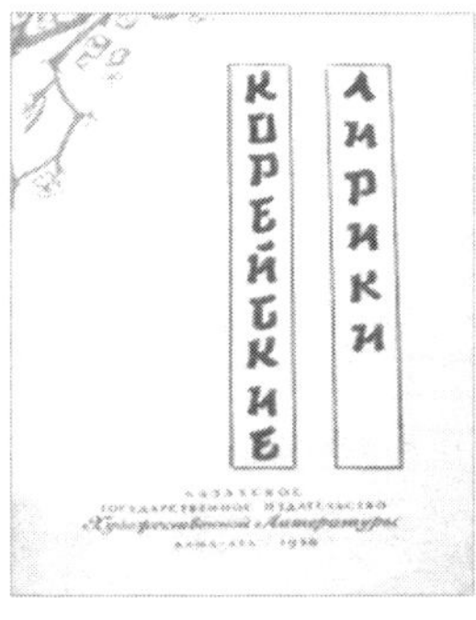

- 언어: 러시아어
- 저자: Пак Ира
- 출판사: Казахское государственное издательство худо
  жественной литературы
- 자료유형: 단행본
- 출판연도: 1958
- 총 페이지: 264
- ISBN: 미확인

이 책에는 고대부터 오늘날까지의 한국시인들의 작품이 담겨있다. 중세의 이황, 윤선도 등의 시조를 비롯하여 19세기의 대 시인인 김삿갓 등의 시들도 포함되어 있다. 현대 시인들로는 김소월과 몇몇 북한 시인들, 카자흐스탄과 우즈베키스탄에서 활동하는 고려인 시인들의 작품들이 소개되어 있다.

시조(6구로 된 시)와 창가(노래)의 번역들은 1954년부터 정기적으로 발표되어 1956년 별도의 책으로 알마아타에서 출판된바 있다. 기본적으로 이 번역들을 바탕으로 기타 작품들을 추가하여 본서가 발행되었다. 고려인 시인 엘레나 김과 에카체리나 한 씨의 시를 소개하면 다음과 같다.

**평화**

엘레나 김

> 이 단어에는 인간의 현명함이 있고,
> 삶의 에너지와 어린이의 앞날도 있으니,
> 우리는 그것을 파란하늘에
> 금빛 상형문자로 적는다.

**봄날 아침에**

에카체리나 한

> 오늘 우리가 벼를 심은
> 들판의 이른 아침.
> 이 아침을 우리가 같이 맞이한 것은
> 결코 헛되지 않으리.
> 여름에는 잡초를 제거하고
> 그리고 벼를 거둬들이겠지….
> 그리고는 우리는 친구들을 모아들일거야
> 결혼식 테이블 앞으로!

## ▌신문에 쓰이는 어휘와 주제(Слово и тема в газете)

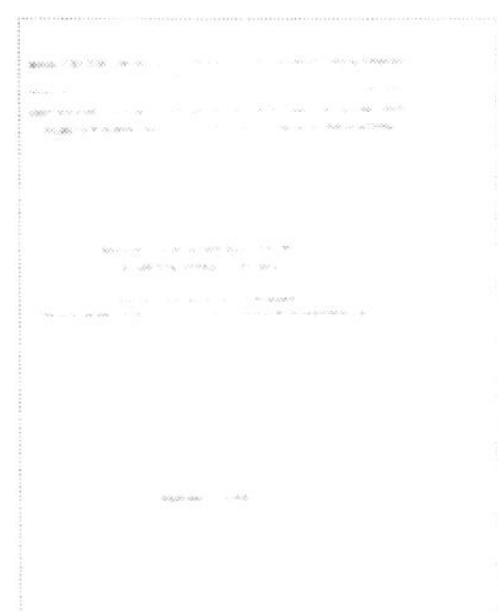

- 언어: 러시아어
- 저자: Пен Д.Б.
- 출판사 : 로스토프 대학 출판사
- 자료유형: 단행본
- 출판연도: 1991
- 총 페이지: 112
- ISBN: 5-7507-0324-X

　본 단행본에서는 최초로 신문에 쓰이는 언어의 어휘와 주제의 상호 연관성의 본질에 관해 연구되고 있다. 대중매체 언어에 대한 언어학적 연구는 상대적으로 '젊은' 연구 분야이다. 이 분야에 대해 아직 이론적으로 체계가 잡혀있지는 않으나 어느 정도 이 분야의 연구가 나아갈 방향은 정해져 있다고 할 수 있다. 즉 신문을 비롯한 대중매체 연구의 앞으로의 과제는 주로 다음과 같은 질문에 답을 할 수 있어야 할 것이다: 1) 신문텍스트가 갖는 유형론적이고 장르적인 특성, 2) 신문텍스트에 쓰이는 언어의 구문론적이고 의미론적인 특징, 3) 텍스트 구성을 위해 쓰이는 언어학적 모델 등등.

　본서는 신문텍스트를 구성하는 어휘적인 측면과 그것이 이루는 의미적 관계로 형성되는 어휘-주제적 구성에 초점을 맞추고 있다.

　우선 일반언어와 대비되는 신문텍스트 언어의 특징을 충분한 자료를 통해 분석하고 주제와 그에 따르는 어휘그룹들을 정리하여 유형화를 시도하였다. 연구를 위해 다양한 신문텍스트를 이용하였고 이를 바탕으로 자신의 신문텍스트를 위한 분석법도 제시하고 있다. 특히 대중매체 텍스트의 분석에는 단순히 언어학적 측면이 아니라 언어 외적인 상황의 참여가 중요한 변수로 작용함을 강조하고 있다.

　본서는 인쇄 편집인들에게 유용한 지침서가 되고 언어학과 신문방송학을 전공하는 이들에게 대중매체 언어의 본질을 이해하기 위한 좋은 자료가 될 것으로 기대된다.


## ▌자기 몸을 스스로 치료하자(Исцели себя сам)

- 언어: 러시아어
- 저자: Цой Р.Д.
- 출판사: Издательство имени Ибн Сины
- 자료유형: 단행본
- 출판연도: 1992
- 총 페이지: 120
- ISBN: 5-638-00642-7

이 책은 일본의 전통 경락 마사지 시아추에 대해 소개하고 있다. 건강을 지키는 데 있어 필수적인 요소로는 자기 몸 상태에 대한 주의 깊은 관심과 오랫동안 건강을 유지하고자 하는 본인의 열망 그리고 의지력을 들 수 있다.

일반적으로 인간의 건강을 유지하는 데 있어 신체 오가니즘(organism)이 중요한 역할을 하는 것으로 알려져있다. 따라서 우리 몸을 치유하는 가장 좋은 방법은 신체가 갖고있는 고유의 원기를 올려주고 몸의 저항력을 키워 외부로부터의 나쁜 요소들의 침입을 견더낼 수 있게 하는 것이다. 이러한 의학 치료 방법 중의 하나가 『반사자극(反射刺戟)』 요법이다. 이 방법은 오랜 옛날부터 시작돼 오늘에까지 이르고 있고 민간 의학 요법의 중요한 하나로 자리잡고 있다.

반사자극요법(지압, 침술, 경락마사지 등)은 이미 선사의 고대시대부터 동양국가(일본, 중국, 한국, 네팔, 몽고, 티베트, 인도, 베트남 등)에서 폭넓게 사용되어 왔다. 실제 침술과 지압의 약사는 5천년에 이르고 있고 이미 고대시대에 신체의 어느 특정부위에 상처를 내고 찌르는 등의 행위가 일련의 질병들의 증상을 완화시켜줄 뿐 아니라 때로는 병을 완치시키기도 한 것으로 전해지고 있다. 수세기에 걸친 경험을 통해 우리 몸에는 1000곳 이상의 침을 놓는 자리(경혈)가 있다는 것이 발견되었다.

고대시대에 또한 압력을 이용해 치료하는 방법이 생겨났다. 그래서 한국, 중국, 일본인들에게서 손가락을 이용해 경혈을 자극하고 눌러주는 마사지가 널리 보급되어 있다. 예를 들어 코 아래의 경혈자리를 강하게 눌러 자극을 주면 기절한 상태에서 깨어날 수 있다.

경락마사지는 몇 가지 장점이 있다. 우선 통증과 부작용이 없다. 또 반복을 통해 어느 정도 기술을 습득하면 시술이 매우 쉽고 무엇보다 치료효과가 높다는 것이다. 이 방법은 어떤 조건에서도 타인의 치료나 자신의 치료를 위해 사용할 수 있고 또한 위급한 상황에서도 사용할 수 있다. 책에서는 두통, 감기, 이명 등 우리가 자주 접하게 되는 총 32가지 증상 및 질병에 해당하는 경혈자리와 마사지 방법을 사진과 함께 소개하고 있다.

## ▌독립한 키르기스스탄의 1차 헌법

(Первая конституція независимого Кыргызстана)

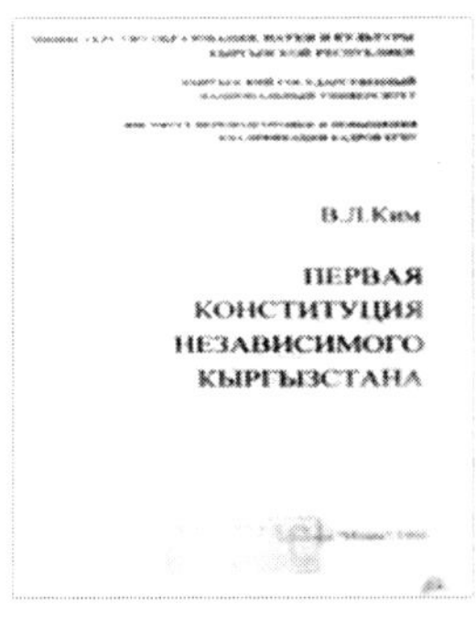

- 언어: 러시아어
- 저자: Ким В.Л.
- 출판사: Илим
- 자료유형: 단행본
- 출판연도: 1998
- 총 페이지: 176
- ISBN: 5-8355-0994-4

이 책은 키르기스 공화국의 국가의 통치조직과 통치작용의 기본원리 및 국민의 기본권을 보장하는 근본 규범을 담고 있는 헌법에 대한 연구서이다. 본서에는 독립된 주권국가 키르기스스탄의 형성에 관한 전제와 국가 정부 조직의 정치와 법률적인 문제 및 이러한 사안들이 헌법제정에 어떻게 반영되고 있는지도 살펴보고 있다.

헌법제정을 위한 초안 모델에 대한 분석과 그의 수정·보완, 그리고 이의 구체적인 도입 실행까지의 과정에 대해 특히 관심을 갖고 분석하였고 헌법의 구조와 키르기스 공화국의 기본 법률과 그 조항들에 대해서도 살펴보고 있다. 본서는 다른 국가들과의 폭넓은 비교를 통해 다양한 자료들이 제시되었고 고문서 및 각종 정기 간행물을 통한 자료들도 이용되었다.

책은 크게 3장으로 구성되어있다. 1장 "독립을 위한 투쟁. 키르기스스탄 공화국의 독립선언"에서는 소련이 붕괴된 후 독립을 선언하기까지의 과정, 그리고 이로 인한 새 헌법제정 필요성의 대두 등에 관해 이야기하고 있다.

2장 "키르기스 공화국의 헌법"에서는 헌법제정의 근간이 되는 서양헌법들의 이론적 측면을 살펴보고 구 소련 헌법의 틀도 되짚어 보고 있다. 그리고 이러한 이론적 배경을 토대로 여러 번의 손질과 논의를 통해 1993년의 키르기스스탄 공화국 헌법이 제정·실행되는 과정을 서술하고 있다. 3장 "키르기스스탄 공화국 헌법의 내용과 원칙"에서는 새 헌법 제정의 기본적인 경향과 1993년 키르기스 공화국 헌법의 원칙과 내용을 담고 있다.

## ▌인적자원 관리(Управление персоналом)

- 언어: 러시아어
- 저자: Пак С.Н.
- 출판사: КРСУ
- 자료유형: 단행본
- 출판연도: 2001
- 총 페이지: 67
- ISBN: 5-8355-1085-3

조직내에서 사람들의 행동을 이해하기 위해서는 그 조직만의 문제를 살펴볼 것이 아니라 사람들의 특성, 즉 인성의 바탕을 이루는 심리-정신적인 측면에도 관심을 가져야 할 필요가 있다. 본 자료는 비슈케크의 키르기스-러시아 슬라반 대학의 교재로서 인간경영의 심리학을 이야기하고 있다. 책은 서론과 10개의 장으로 구성된 본문, 참고문헌 그리고 경영심리학적 자가진단을 위한 표와 테스트를 부록으로 싣고 있다. 본서는 유라시아재단의 재정적 도움으로 집필되었다.

책은 경영자에게는 다음과 같은 질문들이 특별한 관심과 의미를 갖는다고 말한다: 1.사람은 독특한가? 2.사람들 속에서 어떤 변화가 일어날 수 있고 그 변화는 얼만큼 강할 것인가? 3.내적인 또는 외적인 프로세스들이 사람들을 제어하는가? 4.교육과 변화를 받아들이는 사람들의 능력이 제한적인가?

경영심리학 분야의 연구결과는 사람들은 변화할 능력이 있으나 이는 나이가 들어감에 따라 둔화된다고 밝히고 있다. 여기에는 인간 내부적인 요인과 주위 환경이 영향을 미친다. 따라서 한 조직이 효과적으로 기능을 하기 위해서는 사람들을 올바르게 골라서 자리에 맞게 배치하는 것이 필수적이다. 저자는 조직의 효율적 경영관리를 위한 10가지의 인간관계의 테마를 경영심리학적 시각에서 바라본다. 이를 살펴보면 다음과 같다: 1.비언어적 커뮤니케이션  2.언어적 커뮤니케이션  3.상호작용으로서의 커뮤니케이션 4.커뮤니케이션의 전달과 수용과정에서의 심리적 특성들  5.인간과 인간활동관리의 심리적 특성  6.생산활동조직의 지표로서 작업효율성  7.작업그룹 내에서 업무적 커뮤니케이션 8.최고 경영진들의 심리적 문제  9.조직내에서 갈등의 문제  10.조직내에서 다문화적 커뮤니케이션.

## ▌한국의 종교사(史) (История религий Кореи)

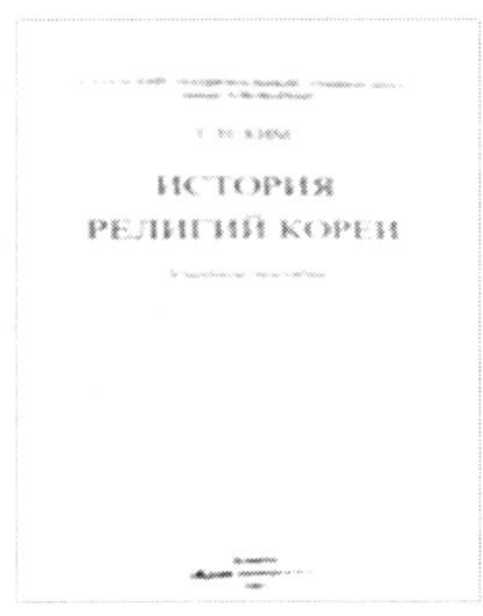

- 언어: 러시아어
- 저자: Ким Г.Н.
- 출판사: Қазақуниверситеті
- 자료유형: 단행본
- 출판연도: 2001
- 총 페이지: 229
- ISBN: 9965-12-168-0

　한 민족의 역사와 문화, 생활양식, 국민성의 특징을 그 나라 사회에서 종교의 위치를 감안하지 않고 이해하기는 불가능할 것이다. 책의 서문에는 이 책을 쓰게 된 동기와 현지의 기존 한국학 학자들의 한국 종교관련 연구에 대해서도 짧게 언급되어 있다. 1990년대 현지 고려인 신문인 "고려일보"의 요청에 따라 해당신문에 한국 종교에 관해 1년간 연재한 칼럼들이 저자가 카자흐대학 동방학부의 한국학과에서 "한국의 종교사" 과목을 강의하는 기본 자료가 되었고 이어서 본서의 발간으로 이어지게 되었다.

　러시아와 구 CIS 지역의 한국 종교 관련 연구는 이웃인 중국과 일본을 대상으로 한 연구에 비해 매우 빈약한 상태이다. 특히 개괄적인 내용을 담고 있는 서적이 아직까지 없는데 본서는 그 첫 번째 시도라고 할 수 있다. 이를 위해 저자는 1991~92년에는 한국에 머물며 관련자료를 수집하기도 하였다.

책은 한국에서 종교의 발생과 발전의 전반적인 개요를 제시하고, 사회의 역사 속에서 종교의 기원과 진화의 질문들을 살펴보고 있다. 구체적으로 종교적인 믿음의 원시적 존재 형태라고 할 수 있는 주물숭배, 토템신앙, 주술신앙, 정령숭배(精靈崇拜)와 무속신앙, 그리고 종교-윤리적인 가르침인 유교와 도교의 특질을 짚어보고 있다.

불교와 기독교, 이슬람교 같은 세계종교의 한반도로의 유입과 전개, 그리고 오늘날 신앙생활에서 이들의 역할 등을 많은 지면을 통해 설명하고 있다. 아울러 현대 한국사회에서의 신흥 종교와 교파들에 대한 정보도 제공하고 있다.

## 법률클리닉-새로운 형태와 방법의 법률서비스 제공을 위한 자료 모음

(Юридическая клиника: Сборник материалов по организации новых форм и методов оказания юридических услуг населению)

- 언어: 러시아어
- 저자: Ким В. Л., Хакимов Р.М.
- 출판사: Гид Наргуль Трэвэл
- 자료유형: 단행본
- 출판연도: 2001
- 총 페이지: 257
- ISBN: 9967-20-799-X

본서는 키르기스 공화국 국민들에게 무상법률서비스 제공을 위한 새로운 형태와 방법의 개발과 관련된 자료들을 모아서 엮어놓았다. 저자 Ким В. Л. 등 키르기스 국내 학자들의 연구와 국외의 해당분야의 관련 자료 그리고 2001년 4월 9일에서 11일까지 유라시아재단과 소로스-키르기스 재단의 후원으로 오쉬에서 『페르간지역 대학 법률상담소(legal clinic)의 설립과 발전』의 주제로 열린 세미나에서 발표된 내용들로 본서는 집필되었다.

책은 크게 5개의 장으로 구성되어 있다. 1장 『대학법률상담소의 개념과 형태』에서는 법률상담소의 역사와 그 개념의 진화를 살펴보고 있다. 2장에서는 『중앙아시아 페르간 지역의 법률 상담과 대학 법률상담소의 발전』에 관한 세미나의 소개로 법조인의 직업윤리, 재판외 분쟁 해결제도, 의뢰인 면담, 변호사의 컨설팅 등 4가지 큰 주제로 진행된 각 프로그램의 내용을 이야기하고 있다. 3장 『새로운 법 교육 형태로서의 Street Law』에서는 미국의 법 교육 프로그램 Street Law에 대해 이야기하며 실용적 법 교육을 위한 상호 접근 방법에 대해 언급하고 있다. 4장에서는 페르간 지역에서 다양한 형태의 법률상담소의 파트너십 설립을 위한 추천 제안들과 함께 법률상담소의 문제점과 전망에 대해 내놓고 있다. 마지막 5장에는 본 프로젝트의 스폰서인 유라시아재단에 관한 정보가 실려있다.

본자료는 해당주제의 기본서적으로서 다양한 실제 법률상담활동(legal clinic)과 세미나들의 사례를 분석·종합해서 후속 시리즈가 나올 예정이다. 각 대학의 법대 학부생들과 대학원생 그리고 인권 및 NGO 관련 종사자들을 포함해 법률 상담 프로그램의 개선에 관심 있는 자들에게 유용한 자료가 될 것이다.

## ▌ 위대한 실크로드-문화의 대화
(Великий шелковый путь–диалог культур)

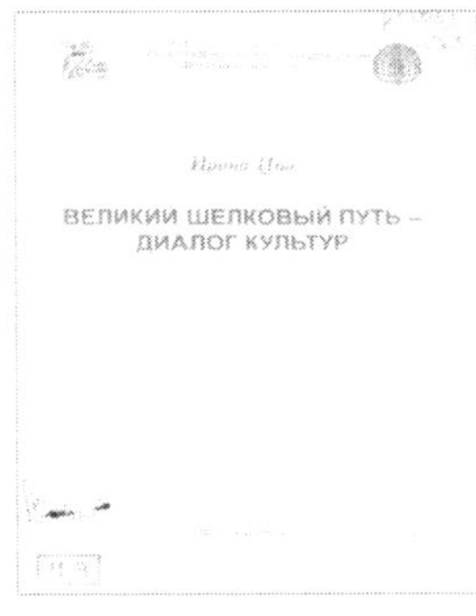

• 언어: 러시아어
• 저자: Цой Ирина
• 출판사: Илим
• 자료유형: 단행본
• 출판연도: 2001
• 총 페이지: 44
• ISBN: 미확인

세계화와 다문화시대를 맞이해 살고 있는 오늘날 세계화의 효시라고 할 수 있는 실크로드에 대한 관심이 다시 일고 있는 것은 반가운 일이다. 특히 키르기스스탄의 영토는 그 옛날 실크로드의 전략적 요충지에 자리했었고 동양과 서양을 이어주는 독특한 육상가교의 역할을 했다. 이제 다시 중앙아시아 지역의 다른 국가들과 나란히 그 지정학적 의미가 갈수록 증대하고 있다.

그 옛날 실크로드가 무엇보다 교통로, 교역로로서 탄생한 것이었다면 오늘날 유네스코의 노력 등으로 시작된 실크로드의 부흥 움직임은 우선 문화적인 테두리 안에서 일어나고 있다고 할 수 있다. 본서는 문화간 의사소통(межкультурные коммуникации(intercultural communication))의 문제를 다루고 있다. 이 과정을 거대한 실크로드를 예로 삼아 실크로드가 활발히 기능하던 시기를 대상으로 살펴보는 시도를 하였다. 위대한 문화의 다리인 실크로드의 역사에 관심 있는 모든 이들을 위해 이 책이 써졌다.

책은 서론과 3개의 장을 포함한 본문, 결론으로 구성되어 있다. 분문 1장『실크로드의 흔적을 따라』에서는 근본 개념에 대한 소개와 국제관계 발달의 시대구분을 하고 있고, 2장『거대한 실크로드에서 문화의 다양한 모습』에서는 동양과 서양의 문화와 문명, 실크로드의 동양과 서양이 만나는 장소－중앙아시아 – 를 이야기하고 있다. 실크로드는 세계역사와 문화의 현상이자 독특한 교통 수단으로서 오랫동안 많은 민족들과 국가들의 교류가 이루어졌다. 그 결과 진화된 문명체계와 복잡한 사회조직으로 이루어진 문화의 형성이 가능해졌다. 3장 『실크로드에서 만난 민족들의 정신적 상호작용』에서는 다양한 형태의 믿음과 전통들이 실크로드를 통해 어떻게 만나고 융합되었는지, 실크로드를 통해 이루어진 세계 종교들의 전파 확산에 관해 이야기 하고 있다.

실크로드의 예를 통해 세계화시대의 원활한 문화 간 의사소통의 길을 찾아보고 새로운 문화융합과 소통의 방법을 모색해야 할 것이다.


## ▌일반학교 운영의 조직-교육학적인 기반
(Организационно-педагогические основы управления образовательной школой )

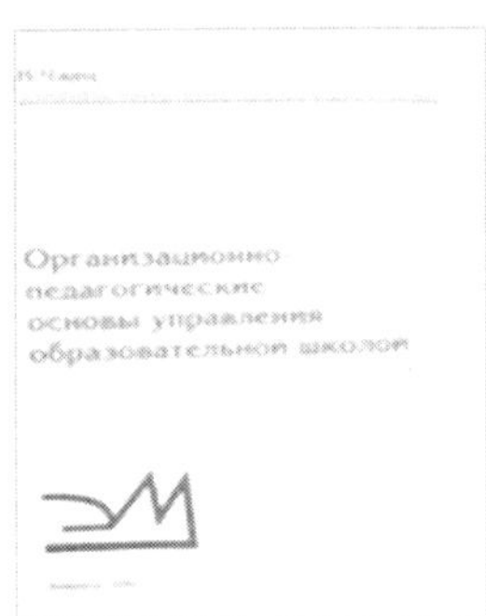

- 언어: 러시아어
- 저자: Чжен. И
- 출판사: Ровер
- 자료유형: 단행본
- 출판연도: 2001
- 총 페이지: 104
- ISBN: 9967-20-705-7

오늘날 키르기스에는 7만 명 이상의 사람들이 교육계에 종사하고 있다. 교육에 있어 혁신적인 프로세스들도 증대되고 있다. 최근 몇 년간 등장하는 다양한 유형의 학교들은 새로운 현상으로 주목할 만하다. 이 모든 것들은 학교 운영의 향상된 기준을 요구하고 있으며 과거에는 훌륭히 작동했던 학교 운영 시스템의 안주를 거부하고 있다. 학교 운영은 그 운영의 주체가 거버넌스 과제들의 의사결정을 통해 학교의 발전과 교육적 목적의 실현을 위한 경영시스템을 그 목적에 맞게 작용시키는 특별한 활동이라고 정의 내릴 수 있다. 따라서 학교경영에 관한 연구는 거버넌스 과제들의 의사결정과정을 연구해서, 어떤 조건·환경하에서 이 과제들이 최상의 방법으로 해결되는 지를 조사할 필요성에서 기인한다.

본 교재는 현대사회에서 학교내부운영의 방법론적이고 이론적이고 실질적인 질문들을 크게 6가지 주제로 살펴보고 있다(1.교육시스템 운영의 교육학적인 기반 2.관리적 의사결정의 조직화 3.학교에서의 기획체계 4.학교내부의 감독기능 5.교육과 훈련의 질을 형성하는 프로세스 경영 6.교원들과의 업무체계의 문제). 이를 바탕으로 저자는 학교경영의 효율성은 실제 교육적인 내용에 의해 채워질 때 구체적인 의의를 갖는다고 설명하며 이러한 효율성은 교육-훈련과정의 완성이라는 과제를 해결하는 방향을 향해 재고되어야 함을 강조하고 있다. 아울러 책은 교육관련 입법에 있어 오늘날 교육의 현실에 근접하는 시스템을 담는 새로운 방향의 모색을 제안하고 있다.


## ▌키르기스어 자습서(Самоучитель кыргызского языка)

- 언어: 러시아어
- 저자: Хван Р.П.,Орузбаева Б.О.
- 출판사: Кыргызская Энциклопедия
- 자료유형: 단행본(참고서)
- 출판연도: 2003
- 총 페이지: 144
- ISBN: 5-89750-052-5

본 학습참고서는 키르기스어 공부를 처음 시작하는 러시아 언어 사용자들을 대상으로 편찬되었다. 짧은 기간에 키르기스어의 기초를, 강사의 도움 없이 스스로 익힐 수 있도록 하는 데 목표를 두었다. 키르기스어는 키르기스탄의 공식언어이며 다수의 국민들이 구어(口語)로 사용하고 있다.

책은 3부분으로 구성되어 있다. 1부 발음연습편에서는 키르기스어의 발음체계를 익히는 데 초점을 맞추었다. 키르기스어의 알파벳 체계를 익히고 자음과 모음의 발음을 정확히 구분하여 발음하고 키르기스어에 쓰이는 기본 억양체계를 익히도록 하였다. 특히 러시아어의 자·모음체계와의 비교를 통해 어려운 발음에 대한 이해를 돕고자 하였다.

2부는 7개의 단원으로 구성되어 기본적인 단문과 복문의 유형에 익숙해지는 것을 기초로 1부에서 익힌 내용을 바탕으로 키르기스어로 듣고 읽고 쓰고 말하는 능력의 숙련과 배양을 목표로 하고 있다.

3부는 앞의 1, 2부에서 익힌 내용들의 완성과 구체적인 활용을 위해 구성되었다. 이를 위해 총 13개의 단원이 『가족』, 『우리집』, 『건강』 등 일상생활에서 쉽게 접하는 다양한 테마의 본문과 함께 제공되고 있다. 본문은 각 단원의 새로 나온 단어의 설명과 함께 제공되며 내용의 이해를 묻는 질문도 실려있다. 문법 설명은 각 과의 본문 설명이 끝난 후 간단하게 제시되어 지루하지 않도록 하였다.

부록으로 각 단원의 연습문제에 대한 힌트와 교재에 쓰인 모든 단어들이 알파벳 순으로 실려 있다.

## ▌키르기스스탄과 한국민족의 전통 민족적 교육법에서 본 젊은이들의 도덕교육의 문제들(Вопросы нравственного воспитания молодежи в этнопедагогике Кыргызстана и Кореи)

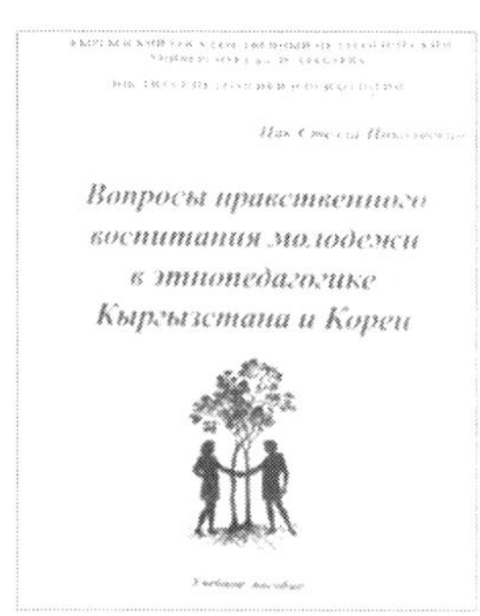

- 언어: 러시아어
- 저자: Пак С.Н.
- 출판사: КБИ
- 자료유형: 단행본(교재)
- 출판연도: 2004
- 총 페이지: 48
- ISBN: 미확인

이 책에서는 한국과 키르기스 민족의 전통적 교수법의 관점에서 도덕교육의 특징을 분석하고 있다. 다수의 연구들은 각 민족들은 수세기에 걸쳐 자연과 기후, 사회, 종교 그리고 기타 다양한 배경의 영향 아래 자신의 교육 시스템을 발전시켜 왔음을 보여주고 있다.

국가의 역사적 발전과 일련의 인구이동의 단계를 거쳐 이루어진 키르기스스탄의 다민족 인구구성은 이 나라 초중고생들의 교육에 있어 새로운 접근방법을 필요로 하고 있고, 그중에서도 무엇보다 도덕적 요소의 강화가 요구되고 있다.

키르기스영토에 한인 디아스포라가 자리를 잡게 된 것은 상대적으로 그리 오래된 일은 아니다. 하지만 두 민족의 전통적 교수법에 있어 많은 공통점이 발견되고 있는데 이는 삶의 소중함, 명예, 봉사정신, 선조와 노인에 대한 공경, 아이들에 대한 사랑과 그들의 미래에 대한 관심 등과 같은 가치에 기초하고 있다. 이러한 가치들은 수세기와 세대들을 거쳐오면서 민족적 특성과 멘탈리티를 형성했고 또한 한국과 키르기스 민족의 전통민족적 교육방법의 형성에도 일조를 하였다.

이 책은 제 나름의 분석과 연구를 통해 한국과 키르기스 민족 모두에 있어 젊은 세대에 대한 성공적인 도덕교육은 민족적 교육방법의 효율적인 활용이 큰 요소로 작용한다고 강조하고 있다. 아울러 민족적 교육방법이 국가의 윤리적 가치를 분명히 해주고 도덕적인 인격의 형성에 있어 과학적이고 체계적인 교수법의 위치를 확고히 해주는 바탕이 됨을 알 수 있다.

## ▌키르기스 헌법소송절차에서 인권과 시민권의 보호

(Защита прав человека и гражданина в порядке конституционного судопроизводства кыргызской республики)

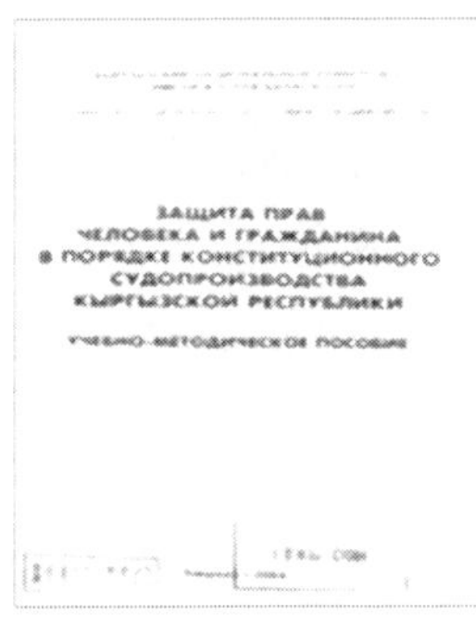

- 언어: 러시아어
- 저자: Ким О. Д.
- 출판사: КНУ
- 자료유형: 단행본(학습교재)
- 출판연도: 2004
- 총 페이지: 160
- ISBN: 9967-02-362-8

　　헌법소송절차에서 인권의 전문적인 변호에 관한 전략을 다룬 학습교재의 제작은 2002년에 소로스-키르기스스탄 재단의 재정적 후원하에 사회재단 법률 클리닉이 주도한 임상적 교육방법에 기초한 변호사들의 전문적 양성 프로젝트로부터 출발하였다.

　　이 프로젝트의 달성을 위한 주요 과제 중의 하나가 인터랙티브한 교육방법을 이용해 변호사의 전문분야를 다루는 교재를 출판하는 것이었다. 여기서 특히 고려된 것은 키르기스스탄의 볼로냐 프로세스(역자 주: Bologna Process. 1998년에 유럽연합 4개국들이 이탈리아 볼로냐에서 모여 단일화된 유럽고등교육 시스템을 2010년까지 완성시킬 목적으로 출범한 프로그램. 유럽연합 비가입국들도 참여하여 회원수는 47개국이다.) 가입과 관련된 현재 진행중인 변화들, 특히 학점 기반의 교육시스템에 맞추어 교재를 제작하였다.

본 교재는 크게 3장으로 구성되어 있다. 1장에서는 새로운 학점제 교육 시스템에 맞는 강의 진행의 교육 방법론들을 추천하고 있다. 2장과 3장은 각각 lecture 수업과 seminar 수업으로 나누어 여러 가지 이론과 실무에 관한 내용들을 논하고 있다. 이들을 살펴보면 2장에서는 『키르기스 공화국에서 헌법재판과 인간과 시민의 자유와 권리의 수호 문제』, 『정부권력 시스템에서 헌법재판소의 법률적 본질과 위치』, 『키르기스 공화국 헌법재판소의 구성과 경쟁력』, 『키르기스 공화국의 헌법소송절차의 단계와 기본원칙들』, 『헌법소송절차에서 전문적 변호제도에 관한 일반 이론 현황』, 『시민들과 헌법소송절차 관련 업무의 상담과 인터뷰 전략』의 주제들을 다루고 3장은 『키르기스 공화국 헌법소송절차의 특징들』, 『헌법재판소의 소송제기 절차』, 『키르기스 공화국 헌법재판소 활동의 조직, 형태, 구성』, 『시민들과 헌법소송절차 관련 업무의 상담과 인터뷰 전략』, 『키르기스 공화국 헌법소송절차에서 전문적 변호의 전략』이라는 주제들로 구성되어 있다.

## 한국 샐러드의 비밀(요리법) (Секреты корейских салатов(рецепты))

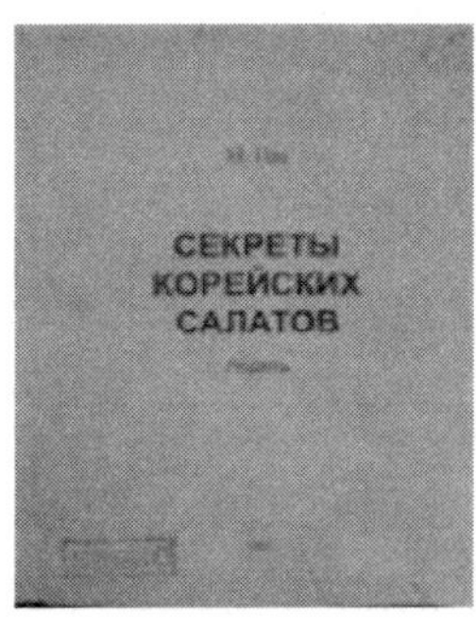

- 언어: 러시아어
- 저자: Пак М.
- 출판사: 농업연구소 펴냄
- 자료유형: 단행본
- 출판연도: 2005
- 총 페이지: 19
- ISBN: 9967-22-373-1

어떤 잔칫상도 샐러드 없이는 차려지지 않는다. 우리 신체의 유기조직은 완전한 활동을 위하여 다양한 영양소를 필요로 한다. 탄수화물, 지방, 단백질, 미네랄, 비타민 A · B · B₁ · B₆ · C 등등이 그것이다. 이들은 우리 신체 조직의 외부로부터의 방어 활동을 조절하고 신경계와 혈액순환 조직의 기능도 돕는다. 샐러드에는 보통 마늘, 고수, 각종 후추 등 다양한 향료가 이용된다. 매운맛을 내는 데에는 고추가 적당하다. 식초 또한 거의 모든 샐러드에 사용되고 있다.

샐러드를 만들 때에는 기본적인 재료는 이용하면서 얼마든지 자신의 입맛에 맞게 향료는 바꿔서 쓸 수 있다. 각각의 구체적인 경우에 있어 향료의 추가는 주관적인 사항이므로 모두를 만족시킬 수 있는 향료 사용을 요리법에 명시하기란 쉽지 않은 일이다. 따라서 향료의 가감은 각자의 취향에 맞게 하기를 권한다. 저자에 의해 제안된 샐러드 요리법이 독자들의 식탁을 풍성하게 하고 한국 샐러드와 좀 더 가까이 될 수 있기를 바라는 마음에서 쓰인 책이다.

책에는 총 24개의 샐러드 요리법이 삽화와 함께 소개되어 있다. 책자에 소개된 샐러드들은 정통 한국식이 아닌 일종의 고려인식 샐러드라고 해야 옳을 것이다. 그중 고려인들이 가장 보편적으로 즐기는 샐러드 중의 하나인 당근샐러드의 조리법을 골라 소개한다.

### 당근 샐러드

재료: 당근 1킬로그램, 양파 2개(중간크기), 마늘 한 통, 100~150그램의 소금에 절인 기름, 설탕 1테이블스푼, 간장 1티스푼, 고수 1티스푼, 식초 1테이블스푼(기호에 따라 조절), 후추 반티스푼, 파, 소금과 고춧가루(기호에 따라)

조리방법: 당근은 강판을 이용해 얇고 길게 채를 썬다. 이것을 소금에 약간 절여 따로 15분 정도 놓아둔다. 양파는 적당하게 잘라서 노릇해질 때까지 기름에 볶는다. 1테이블스푼 분량의 고춧가루를 그 위에 뿌리고 잘 섞어주고 불을 끈다. 매운맛을 원한다면 고춧가루를 더 추가해도 좋다.

소금에 절인 당근은 약간 짜주고 설탕, 고수, 식초, 소금, 후추를 넣는다. 마늘은 빻고 파는 잘라서 기름에 볶은 양파와 같이 넣는다. 모든 재료를 잘 섞어서 저어 준다.

〈그림 II-8〉 준비된 재료들의 삽화(본문 p.5)

# 오늘날 키르기스 공화국의 국제관계에 있어 유엔의 역할

(Роль ООН в современных международных отношениях Кыргызской
республики.)

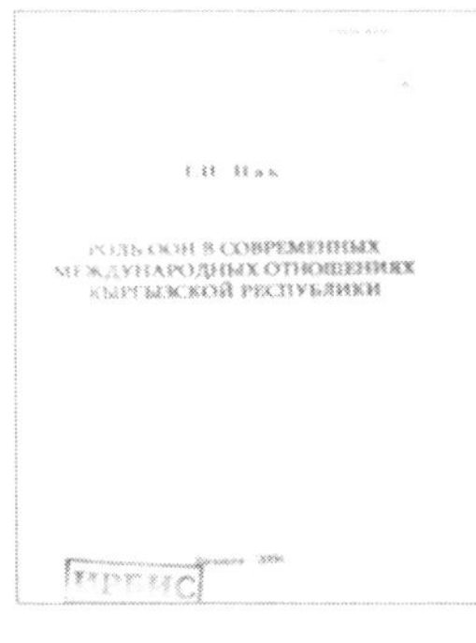

- 언어: 러시아어
- 저자: Пак Т. И.
- 출판사: КРСУ
- 자료유형: 단행본
- 출판연도: 2006
- 총 페이지: 151
- ISBN: 9967-05-220-1

소련이 무너진 후 독립된 주권국가로서의 키르기스스탄을 국제적으로
각인시켜주는 중요한 요소 중의 하나는 전 세계적이거나 지역별로 이루어
지는 국제기구 활동의 참여라고 할 수 있다. 키르기스스탄의 유엔과 그 산
하 기구들의 가입은 성공적인 세계공동체 멤버로의 국제적인 공인을 상징
한다고 하겠다. 이러한 국제기구에 대한 적극적인 참여는 사회·경제적 발

전과 정치·문화적 측면에서 국가 이익의 확보에 새로운 지평을 열어주고 또한 국제사회에서 키르기스스탄의 역할과 이미지를 신장시키는 촉매제로 작용한다.

이 책은 키르기스 공화국과 국제연합기구(UN)와의 협력을 분석하고 있다. 특히 키르기스스탄의 발전에 있어 중요한 역할을 했던 일련의 유엔 총회의 결정사항들에 관해 자세히 살펴보고 있다. 또한 그동안 키르기스 공화국내에서의 유엔의 활동을 개략적으로 소개하고 이러한 활동이 결국 키르기스스탄의 발전에 긍정적인 영향을 미쳤음을 주지시키고 있다.

책은 크게 3장으로 구성되어 있다. 1장『현대세계 정치-경제 과정에서의 유엔』에서는 유엔의 역사와 목적, 구성 등을 살펴보고 유엔조직의 개혁 필요성에 관해 언급하고 있다. 특히 이러한 개혁은 근본적이고 순차적으로 이루어져야 하며 유엔 회원국 모두의 이익에 부합할 수 있는 방향으로 나아가야 한다고 서술하고 있다. 또한 개혁의 과제를 무엇보다 유엔 활동의 효율성을 높이는 데 두어야 한다고 강조한다.

2장『키르기스스탄의 유엔가입』에서는 키르기스스탄의 유엔가입에 있어 정치적인 전제(前提)를 살펴보고 유엔이 키르기스스탄에 준 재정적 도움의 역할과 유엔 멤버로서 키르기스스탄이 갖는 지정학적 의미를 짚어보고 있다.

3장『유엔과 그 산하 조직들의 키르기스스탄에서의 활동』에서는 유엔개발계획(UNDP)의 키르기스스탄에서의 기본 활동 방향, 국제연합난민고등판무관사무소(UNHCR)의 난민문제 해결 노력, 키르기스스탄에서 국제연합교육과학문화기구(UNESCO)의 활동을 상술하고 있다.

## ▌아이날라인(Ай налай ын)

• 언어: 러시아어
• 저자: Хван юрий .
• 출판사: Ceнiм
• 자료유형: 단행본
• 출판연도: 2008
• 총 페이지: 220
• ISBN: 미확인

　이 책은 영화 시나리오 작가 황유리가 쓴 모음집으로 책은 작가에 관한 소개, 무비-에세이 『아이날라인』, 영화 『전선(戰線)으로 가는 길』의 시나리오, 에세이 『영화에 관한 이야기들』로 구성되어 있다. 『아이날라인』은 영어의 『dear』 같이 카자흐어로 사랑하는 사람을 부를 때 앞에 덧붙이는 말이다.

　저자 황유리는 1948년 카자흐스탄의 잠블지역의 교사집안에서 태어났다. 카자흐 국립대학에서 저널리즘을 전공하고 잠시 언론 관련일에 종사하다 모스크바로 건너와 대학원을 졸업하고 대학강단에도 섰다. 1978년에는 영화 『울버린의 발자국』에서 주연을 맡기도 했다(사진).

　특히 1989~92년에는 소비에트 고려인연합의 주요 리더로 참여했고 1999~2000년에는 러시아 고려인연합의 부회장을 역임하였다.

〈그림 II-9〉 저자의 영화 속 장면(본문 p.3)

　에세이 『영화에 관한 이야기들』은 『서언』, 『시베리아 횡단 특급』, 『Madame Vong의 비밀들』, 『울버린의 발자국에 관해』, 『…모험은 끝났다』, 『KGB』, 『폭동』, 『전통에 관해』, 『노(老) 배우의 죽음』, 『당원증에 얽힌 이야기』, 『이것에 관해』, 『에로스』, 『리태우의 예언』, 『맺음말』 등 14편의 자기의 삶과 영화에 관한 짧은 글들을 모아서 엮었다.

2번의 조연과 1번의 주연으로 영화에 참여하며 보았던 영화 속, 그리고 더 흥미로웠던 영화 밖의 이야기들과 그가 만났던 사람들을 담담히 회상하고 있다. (⋯. 그러나 인생과, 영화와 일은 일상을 새로운 사건과 사람들로 채우고 지나간 슬픔의 순간들을 망각의 모래로 덮은 채 앞으로 앞으로 굴러만 갔다. 그리고 기억은 오직 소중한 사람들을 위해서만 남아 있을 뿐이다. —『노(老) 배우의 죽음』 중에서)

## █ 키르기스에서 검사! 어떻게 할까?

- 언어: 한국어
- 저자: 키르기스 한인경제인협회(회장/전상중)
- 출판사: Bishkek Business Club
- 자료유형: 단행본
- 출판연도: 2009
- 총 페이지: 52
- ISBN: 미확인

이 책은 키르기스 경제개발산업부로부터 자료를 받아 키르기스 한인경제인협회가 회원업체들에게 키르기스스탄의 올바른 각종기관검사 지침을 제공하기 위하여 제작되었다. 이 책은 세금, 권리, 회계분야의 전문가들과 "컨설턴트" 회사의 실무진들이 관련국가 기관 및 법정관련경험에 의거한 실전에 유용한 조언을 제공하고 있다. 책의 내용은 서론 및 10개의 소항목 (1.검사가 뭡니까? 2.검사대상은 누구입니까? 3.기업인들을 검사할 수 있는 권리는 누구에게 있습니까? 4.검사 종류 및 원칙 5.검사 진행 절차 6.검사 결과 작성 7.검사 결과 공소 8.사업 주체에 의한 검사 법안 위반에 대한 법적 처벌 9.국가 검사 기관과 동업자들의 법적 처벌 10.결론)으로 구성되어 있다.

　무엇보다 키르기스에서 처음 사업을 시작하려는 한국인들에게 유용한 지침이 될 것으로 보인다. 이 책에 실린 키르기스 정부가 외국인 투자업체를 보호하기 위하여 고시한 총 10개 항목의 "키르기스 경제개발산업부 해외투자업체 검사 지침서"를 소개한다.


1. 해외투자업체에 대한 검사는 10일 이전에 검사하고자 하는 해당업체에 사전 통보한 후에 검사를 실시하여야 한다.
2. 해외투자업체에 대한 모든 검사는 일 년에 단 한 차례만 하여야 한다.
3. 해외투자업체에 대한 모든 검사는 한 달 안에 끝내야 한다.
4. 해외투자업체에 계획적인 검사가 아닌 경우에는 3일 이내에 끝내야 한다.
5. 검사관은 피검업체로부터 어떠한 명목으로 금전 등을 직접 받을 수 없다.
6. 검사관은 신분증과 소속기관, 검사기관이 명기된 허가증이 있어야 하며 검사중에 명기된 동일인물이 검사관인가를 확인하여야 한다.
7. 검사관은 검사에 대한 일체의 과정을 검사서류에 기록해야 한다.
8. 피검업체는 검사와 무관한 서류는 제출하지 않을 수도 있다.
9. 피검업체의 의사와 반하는 검사결과에 대해 반론을 제기할 수 있다.
10. 해외투자업체는 검사관의 검사과정에 대한 불만사항과 검사결과를 경제개발무역부에 문서로 제출할 수 있고 전화로 통보할 수도 있다.

# ▌해방된 한국에서(В освобожденной Корее)

- 언어: 러시아어
- 저자: Б. Небелицкий, Т. Бунимович
- 출판사: Детгиз
- 자료유형: 단행본
- 출판연도: 1949
- 총 페이지: 106
- ISBN: 미확인

　　본서는 소련의 영화제작인들이 해방 직후의 북한땅을 돌아보며 사진스케치와 함께 쓴, 청소년들을 대상으로 한 일종의 기행문이라고 할 수 있다. 책속에는 당시의 북한지역의 사회와 생활상을 엿볼 수 있는 여러 장의 사진들이 텍스트와 함께 실려 있다. 총 11개의 장으로 구성되어 그들이 북한에서 본 것들과 느낌, 또 당시의 남북문제 등에 대해 소련의 시각에서 언급하는 내용 등을 읽을 수 있다. 책에 실린 몇 장의 흥미로운 사진들을 소개한다.

〈그림 II-10〉 아버지를 뒷좌석에 태우고 자전거로 이동하는 젊은이의 모습(본문 p.19)

〈그림 II-11〉 당시 북한에 들어선 소련 병원 앞의 모습(본문 p.24)

〈그림 II-12〉 당시 평양의 모습(본문 p.30)

〈그림 II-13〉 촘촘히 늘어선 평양변두리의 가옥들(본문 p.31)

〈그림 II-14〉 당시 북한의 구멍가게 풍경(본문 p.34)

〈그림 II-15〉 대동강변 어느 장날의 풍경(본문 p.32)

〈그림 II-16〉 무용수 최승희가 학생들을 지도하는 모습(본문 p.96)

〈그림 II-17〉 북한 중등학교의 러시아어 수업(본문 p.80)

# 논문 및 저널 수집자료

## 키르기스 공화국에서 사회단체들의 법적인 상황(Правовое положение общественных организаций в Кыргызской Республике)

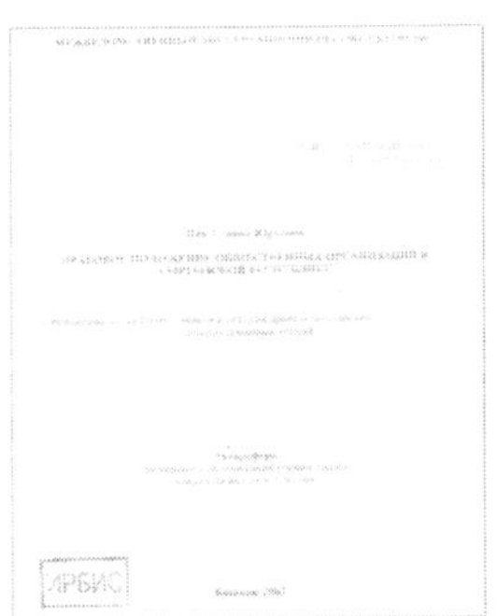

- 저자: Пак У. Ю.
- 자료유형: 학위논문 요약
- 언어: 러시아어
- 발행연도: 2003
- 장소: 비슈케크

본 논문은 키르기스 공화국의 사회 단체, 조직들의 법적인 상황을 시민사회의 성장과 발전의 프리즘을 통해 분석하고 있다. 논문은 서론과 2장의 본문 및 결론과 참고문헌으로 구성되어 있다.

최근 20년간 키르기스 사회의 발전은 사회단체의 형성과 활성화로 특징지을 수 있다. 날이 갈수록 사회단체들이 참여하는 활동영역이 늘어남을 볼 수 있다. 특히 지난 10여 년간의 이들 단체의 역할 없이는 오늘날 키르기스 사회가 느끼는 민주주의의 발전은 요원한 길이었을 것이다. 그러나 날로 중대되는 사회단체들의 역할에도 불구하고 이들의 활동과 역할에 대한 현대적인 시각의 학문적인 기초가 마련되어 있지 않은 상황이다. 이전의 연구는 주로 소비에트 시대를 배경으로 하고 있고 시민사회와의 상호 연관성을 바탕으로 한 사회단체의 활동에 대한 분석은 빈약한 편이다.

이에 본 논문에서는 사회단체 활동의 역사와 이론적인 측면에 대한 광범위한 분석과 함께 공화국내에서 사회단체 활동에 관한 법적인 규제의 문제를 자세히 다루고 있다. 특히 키르기스 시민사회의 성장에 있어 사회단체들의 위치와 역할을 최초로 살펴보고 있다. 이를 통해 사회단체들의 활동영역에서 정확한 법 적용의 실무를 위한 학문적 연구에 기초한 조언들을 제시하고 있다.

본 연구는 관련된 법 적용의 실무와 입법과정에 도움이 될 것으로 기대되며 이후의 사회단체 연구를 위한 자료로 활용될 수 있을 것이다.

## ▌키르기스 공화국의 장애학생들의 직업교육의 형성과 경향

(Становление и тенденции развития трудового обучения аномальных школьников в киргизской республике)

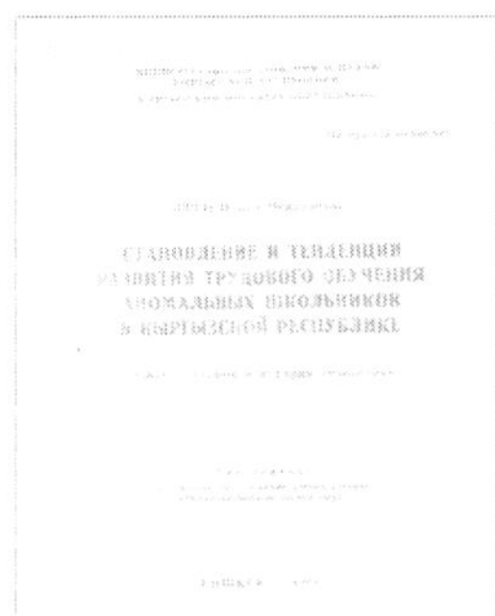

- 저자: Чжен И.Н.
- 자료유형: 학위논문 요약
- 언어: 러시아어
- 발행연도: 1994
- 장소: 비슈케크

　현대를 사는 우리들에게 사회적 약자에 대한 관심과 배려에 관한 문제는 그 의미가 갈수록 중대되고 있다. 그중 하나는 정신 및 육체적 장애성향을 지닌 아동들에 대한 관심이다. 아이들의 비정상적 성장에 관한 예방과 그에 대한 연구, 그들에 관한 교육과 장애의 치료문제에 대해 우리사회는 많은 관심을 나타내고 있다.

　한편 장애아동들을 교육하는 특수학교에서는 교육과정의 최적화, 더 효과적인 교육방법에 대한 모색, 이들의 진로 개발과 사회적응이 주요 과제로 떠오르고 있다. 그러나 분석을 통해 나타난 결과는 장애아동을 위한 특수학교에서의 직업교육의 현실과 이들에 대한 사회에서의 요구 사이에는 많은 괴리가 있는 것으로 드러났다.

　본 논문에서는 키르기스의 장애아동을 위한 직업교육의 역사와 현황을 살펴보고 그 발전방향에 대한 전망을 살펴보았다. 또 구체적인 분석을 통해 장애아동을 위한 특수학교에서의 직업교육의 활성화 방안을 찾아보고자 하였다.

　주제와 관련된 여러 문헌 자료와 선행연구를 분석한 결과 구소련에서 장애 학생들의 직업훈련에 관한 연구는 비교적 오랜 역사를 갖고 있는 것으로 나타났다. 이를 바탕으로 저자는 키르기스 공화국에서 장애아동을 위한 직업훈련 시설의 발전 단계를 크게 3단계로 구분하였다.

　주목할 점은 연구 결과 장애아들을 위한 직업훈련 시설은 각 공화국의 사회-경제적인 발달, 부분적으로는 과학과 생산의 발전 정도와 밀접한 관련이 있는 것으로 나타나고 있다. 따라서 직업교육 발달의 역사적인 경험과 오늘날 특수학교에서의 직업 훈련 현황, 지역적인 특성 등을 감안하여 효과적인 장애학생들의 직업교육 활성화 방안을 모색하여야만 한다.

# 태권도의 역사-철학적인 해석
(Историко-философская интерпретация Таэквондо)

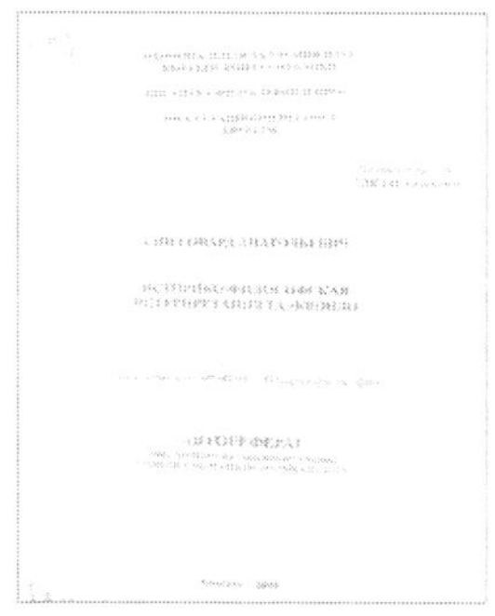

- 저자: Син Г.А.
- 자료유형: 학위논문 요약
- 언어: 러시아어
- 발행연도: 2004
- 장소: 비슈케크

키르기스 공화국에서 오늘날 동양무술에 대한 관심은 날로 증대하고 있다. 주목할 점은 동양 무술은 단순히 외부의 공격으로부터 자신을 보호하려는 신체적 행위가 아니라 동아시아의 전통문화와 사유체계에 뿌리깊이 자리잡고 있는 종교와 철학사상 등을 육체를 통해 구현하는 행위라는 점이다.

본 논문에서는 동양무술들에 내재된 정신적인 전통과 세계관의 원칙에 대해 한국 전통 무술인 태권도를 대상으로 살펴보고자 하였다.

본 논문은 서론과 2개의 장으로 이루어진 본론, 그리고 결론으로 구성되어 있다. 1장에서 저자는 동양무술이 사회와 인간에 대해 갖는 의미와 본질을 찾아보고자 하였다. 선행연구와 여러 참고문헌들의 고찰을 통해 동양무술의 철학적 바탕을 이루는 사상과 종교들을 살펴보고 자연과 인간과의 조화, 유교와 불교, 도교의 영향 등을 통해 동양무술의 원리와 철학적 체계가 이루어짐을 언급하고 있다. 특히 저자는 음양사상에 주목하며 결국 모든 동양무술의 이론적 배경은 음양사상에서 시작되었다고 언급하고 있다. 음양의 원리에 따라 기운은 상승과 하강을 반복한다. 또한 태권도를 인간과 자연의 일체, 소우주와 대우주의 합일사상을 표현하는 관계의 복합적 결과물로도 설명하고 있다.

2장에서는 태권도의 기원과 역사에 대해 구체적으로 서술하고 있다. 아울러 앞으로의 전망과 함께 다른 동양무술들과의 차이점 등을 부각시켜 설명하고 있다. 또한 자라나는 세대의 요구에 맞게 앞으로 태권도가 나가야 할 길 등을 언급하고 있다.

본 논문의 학술적 가치는 처음으로 동양적 정신세계의 근본을 이루는 무술들의 철학과 세계관을 찾아본 데에 있다.

## ▌한국어와 러시아어의 음성구조 대비의 언어학적 기초(Лингвистичес кие основы сопоставления звукового строя русского и корей ского языка)

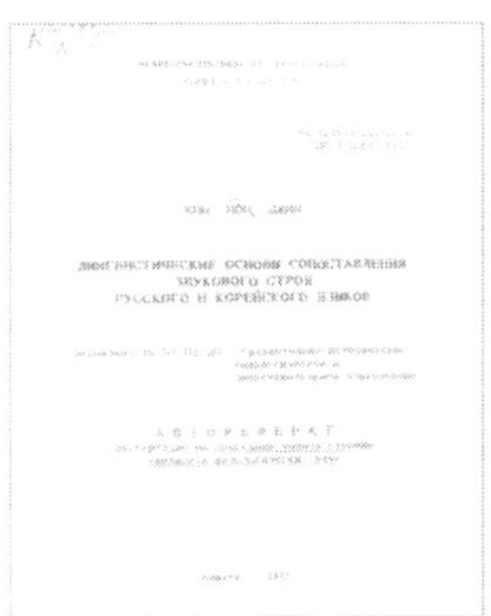

- 저자: Ким Й. Д.
- 자료유형: 학위논문 요약
- 언어: 러시아어
- 발행연도: 2002
- 장소: 비슈케크

러시아어를 학습하는 한국인들에게 올바른 노어 발음의 습득은 어려운 문제 중의 하나이다. 그러나 양국언어의 음성체계의 이론적 비교를 통해 발음학습에 도움을 주고자 하는 시도는 주로 '러시아 쪽'에서만 이루어져 왔고 한국학자들의 시도는 현재로서는 거의 전무한 실정이다.

본 논문은 이론적 배경의 확립을 통해 러시아어를 배우는 한국인들에게 러시아어 발음 학습에 있어 학문적 기초를 제공하고자 한다. 또한 이를 바탕으로 러시아어를 지도하는 교·강사들에게도 효과적인 러시아어 발음 훈련 및 습득을 위한 자료제작과 교수법 개발에 도움이 될 것으로 기대한다.

본 논문은 서론과 결론 그리고 3장의 본론으로 구성되어 있다.

1장에서는 모스크바 학파의 이론적 배경을 바탕으로 현대 러시아어와 한국어에서 음성 및 음운 체계를 비교하였다. 특히 두 나라 언어의 자음소리의 질적·양적 차이를 감안할 때 조음위치에 따른 자음의 분류가 서로 유사한 소리들을 묶어 비교하는 데 도움이 된다는 것을 밝히고자 하였다.

2장에서는 양국어의 자음체계에 대한 상세한 분석을 실었다. 3장에서는 모음을 비롯하여 억양과 강세 등 초분절음(supersegment) 현상에 대한 비교 분석을 하였다.

논문에서는 또한 처음으로 한국어를 자음중심의 언어와 모음중심 언어의 중간에 위치하며 모음중심의 성향을 지닌 언어로 분류하는 시도를 하고 있다.

## 한국인들의 이민 역사(19세기 후반부터 1945년까지)
(История иммиграции корейцев)

- 저자: Ким Гера.
- 자료유형: 학위논문 요약
- 언어: 러시아어
- 발행연도: 1999
- 장소: 알마티

본 논문에서는 최초로 방대한 양의 고서적, 통계자료, 문서 및 기타 자료 등을 근거로 넓은 시간과 공간의 틀 안에서 한국인들의 이민사가 연구되었다. 본 논문은 이민사 연구에 대한 방법론적이고 이론적인 바탕을 제시하고 이민을 연구하는 국내 및 해외의 학문들에서 이용되는 개념적 장치(conceptual apparatus)들을 확실히 하고자 하였다. 또한 한국 이민사에 관련된 혁명 이전의 러시아, 소련, 카자흐스탄을 비롯해 외국의 문헌자료들에 관해 분석적 서베이와 함께 분류를 시도하였다.

19세기 후반부터 1945년까지의 한국이민에 관한 역사적 연구를 통해 본 연구에서는 한반도로부터의 대량 이주는 지난 세기 후반기에 형성되었던 소위 "몰아내는" 요인들에 의해 결정되었다는 결론을 내릴 수 있었다.

1860년대 후반기의 계속되는 경작 악화는 한국민의 많은 수를 굶주림에 시달리게 했고 구원과 더 나은 생활을 찾아 많은 국민들이 한국을 떠나게 했다. 수세기에 걸쳐 고립정책을 추구해온 한국 당국은 민중들의 대량탈출을 통제할 수 없는 것으로 드러났다. 한국에 일본 식민정부가 들어선 이후로는 경제적인 이유에 더하여 정치적 요인이 이민의 다른 이유로 추가되었다. 한국의 독립을 찾기 위해 많은 투사들이 한국을 떠나 만주와 극동 러시아지방에서 독립운동을 전개했다.

본 연구에서는 러시아극동과 만주, 미국, 일본, 그리고 하와이, 쿠바, 멕시코로의 이민 원인들에 많은 관심을 기울였다. 이와 관련해 몇몇 이민 수용국가들에 있어 이민역사의 단계와 시기들이 정리 구별되었고 이민자들의 인구통계 분석도 이루어졌다. 또한 이민수용국가들의 한국이민자들에 대한 정책과 관련된 역사적 측면들을 살펴보았고 서로 다른 성격의 두 가지 이민(강제이민과 자발적 이민)에 대해서도 연구가 이루어졌다.

여러 국가들로의 한국이민자들에게는 두 가지 공통된 특징을 볼 수 있었다. 초창기 이민자들의 대부분은 땅과 모든 생활수단을 잃은 농부들과 사회적으로 낮은 계층의 도시인구들이었다. 노동 능력을 갖춘 남자들이 이들의 절대다수를 이루었다. 이민의 발달과정에서 그 수와 성별·연령별 구조, 한국의 출신지, 이민 수용국에서의 영토 할당 등이 변화를 하였다.

모든 국가에서 한국 이민자들은 강제된 성격의 지역적 배치로 인해 고통을 겪었다. 그러나 모든 어려움과 차별, 집단학살에도 불구하고 초기의 한국 이민자들은 새로운 환경에 적응해 냈고 여러 국가들에서 한인 디아스포라의 생활에 발판을 마련해 주었다.

# ▌카자흐스탄 고려인 디아스포라에서 고려말과 러시아어의 기능의 사회언어학적 분석(Социолингвистический анализ функционирования коре мар и русского языка в корейской диаспоре Казахстана.)

- 저자: Сон С.Ю.
- 자료유형: 학위논문 요약
- 언어: 러시아어
- 발행연도: 1999
- 장소: 알마티

    카자흐스탄 고려인들의 언어상황은 지금까지 특별한 연구대상이 되지 않았다. 그러나 고려인 민족에 대한 관심은 충분히 '정당하다'라고 할 수 있다. 왜냐하면 고려인들은 카자흐인과 러시아인의 뒤를 이어 오늘날 카자흐스탄에 거주하는 8대 다수 민족 중의 하나이기 때문이다. 1989년 인구통계조사 결과 고려인들은 카자흐스탄에 103,315명이 거주하는 것으로 나타났다.

    소수민족들의 언어상황에 관한 연구는 그 가치가 더해가고 있는데 그 이유는 구 소련을 이루었던 군소민족들 언어의 기능적 위상이 여러 상황들로 인해 축소되었고 몇몇 경우에는 그 존재 자체가 위협받고 있는 실정이기 때문이다.

    본 연구는 카자흐스탄 고려인 디아스포라 내에서 고려말(카자흐스탄 고려인 디아스포라의 언어)과 러시아어의 기능에 있어 이론과 현실적인 이슈들을 분석하고 있다. 본 논문은 서론과 3장의 본론, 결론, 참고문헌으로 구성되어 있다.

    1장에서는 카자흐스탄 고려인 디아스포라 내에서 쓰이는 고려말과 러시아어의 기능을 분석하기 위해 본 논문에서 쓰인 이론적 개념들 — 2개국어 상용(bilingualism), 2개언어(방언)사용(diglossia), 언어전이(language shift), 모국어유지(language maintenance), 언어능력감소(language loss), 언어사멸(language death), 언어생명력(language vitality), 언어전파(language spread) — 을 소개하고 있다. 이러한 개념들에 대한 정의에 이어 카자흐스탄의 고려인 디아스포라의 역사와 사회 정치적 현황, 고려말의 역사 및 위상 등에 대해 서술하고 있다.

2장과 3장에서는 주제와 관련된 구체적인 분석이 이루어지고 있다. 이를 통해 나타난 몇 가지 결과를 보면 우선 고려말의 구사 정도는 나이와 관계가 있는 것으로 드러났다. 즉 나이가 많을수록 고려말 구사 정도는 더 높은 것으로 나타났다. 러시아어의 구사능력은 실질적으로 나이와는 별 상관관계를 보이지 않았다.

2개국어를 상용하는 사람 수는 나이가 어릴수록 늘어나지 않고 줄어들었다. 즉 고려인들은 젊을수록 2개국어를 쓰는 사람은 드물었고 러시아어 하나만 구사하는 숫자가 증대되었다. 카자흐스탄내 고려인들의 절대다수는 한글을 쓰지 못하는 것으로 나타났다. 고려말의 기능은 주로 감정과 관련된 표현이나 의례적인 대화 등 극히 제한적이었다.

본 논문의 분석을 통해 카자흐스탄 고려인 디아스포라의 언어상황은 고려말이 더 이상 모국어로서의 기능을 하지 못하고 있음을 알 수 있다. 그러나 현 상황에서 고려말의 완전사멸을 예측하기는 아직 이르다고 본다. 고려인들이 밀접히 거주하는 지역의 노세대들을 중심으로 아직 많은 수의 사람들이 고려말로 소통을 하고 있다.

# 1930~90년대 카자흐스탄 고려인들의 국제결혼(역사-인구 통계학적인 측면에서)(Межнациональные браки корейцев Казахстана в 30-90-е годы 20 века)

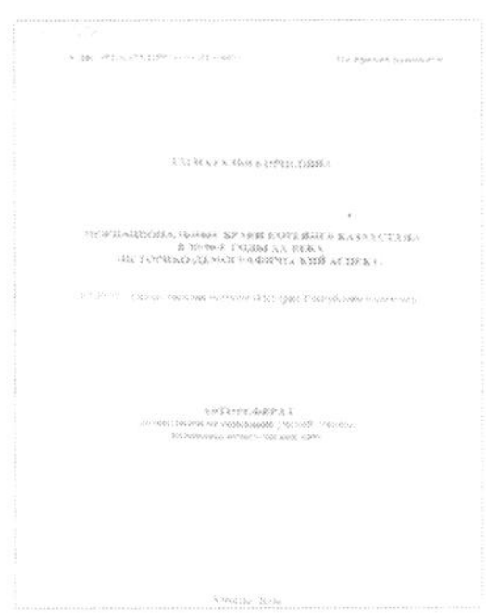

- 저자: Ем Н.Б.
- 자료유형: 학위논문 요약
- 언어: 러시아어
- 발행연도: 2004
- 장소: 알마티

카자흐스탄 공화국은 소련이 해체된 이후 인종, 민족 간의 갈등에 휘말리지 않았던 얼마 안 되는 구 소련 국가 중의 하나이다. 이는 대통령 나자르바예프가 중요 국가정책 중의 하나로 내세운 '국민의 평화와 국가적 화합' 그리고 카자흐스탄 민족을 하나의 민족 및 인종의 정치적 공동체로 정의한 결과이기도 하다.

카자흐스탄에서 민족 간의 통합을 잘 나타내주는 징표 중의 하나는 국제결혼(민족 간 결혼)이라고 할 수 있다. 이는 카자흐스탄에 거주하는 고려인들에게도 해당된다. 고려인들은 스스로의 정체성을 지키는 동시에 타민족의 문화적 가치들을 자기 것으로 잘 소화·흡수해 내었다. 이것은 고려인들이 카자흐스탄의 이민족적인 환경에서 다른 민족들과 잘 공존하며 협력해올 수 있었던 요인이었다.

카자흐스탄의 고려인 디아스포라도 포함한 다른 민족 간의 결혼은 독특한 인종-사회적이고 인종-인구학적인 변화 과정을 잘 보여준다. 따라서 이에 대한 연구는 카자흐스탄의 민족 간의 관계에 나타나는 특성들을 밝히는 데 있어 필수적이라 하겠다.

본 논문의 주요 목적은 카자흐스탄 고려인들의 민족 간 결혼의 구조와 동력에 관한 광범위한 학문적 분석이며 또한 1930년대에서 1990년대에 걸쳐 민족 간 결혼의 발전에 영향을 미친 역사-인구학(Historical Demography)적인 요소들을 살피는 데 있다. 주지하는 바와 같이 고려인이 참여한 민족 간 결혼을 연구 대상으로 지리적으로는 카자흐스탄의 알마티, 키질로르다, 탈디코르간, 우슈토베 도시의 고려인 사회를 대상으로 삼았다. 연구방법으로는 현대적인 개념적 접근방법과 과학적 연구에 이용되는 일반적인 방법인 관찰, 분석, 통계, 통합 등의 방법을 사용하였다.

본 연구를 통해 나온 주요 결과는 다음과 같다.

1. 저자는 고려인의 민족 간 결혼을 크게 3단계로 구분하고 있다. 소비에트 시기인 1930~60년대는 아직 타민족 간의 결혼이 미미하였고 1970~80년대 들어 고려인 사회에 민족 간의 결혼이 급격히 늘어남을 볼 수 있다. 이후 1990년대 들어서는 국가의 독립과 함께 유럽인구의 대량 이주가 이루어졌고 고려인들의 민족 간 결혼도 그 대상이 다양해짐을 관찰할 수 있다.

2. 늘어나는 민족 간의 결혼(1990년 기준 48.6%)에도 불구하고 고려인들의 동족간의 결혼 비율은 여전히 높게 나타났다. 이론적으로 고려인들은 동족간의 결혼을 선호하는것으로 보인다.

3. 민족적인 요소보다는 구체적인 사회-경제, 사회-문화적 그리고 인구학적인 요소들이 민족 간 결혼의 확산에 주요한 역할을 하고 있다.

4. 카자흐스탄의 앞으로의 인구 및 사회정책은 공화국의 역사적인 발전, 다민족적인 인구구성, 각 민족의 문화-생활 전통과 생활조건의 특수성 등을 고려한 방향으로 나아가야 할 것이다.

# 중앙아시아 고려인들의 고본질(고본지)

(Кобонджиль Корейцев в центральной азии)

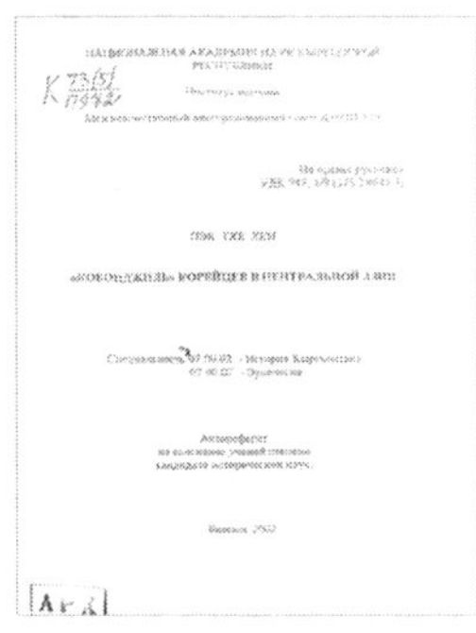

- 저자: Пэк Тхе Хен
- 자료유형: 학위논문 요약
- 언어: 러시아어
- 발행연도: 2002
- 장소: 비슈케크

본 논문은 중앙아시아 고려인들의 농업생산 형태인 고본질에 대해 처음 시도되는 구체적인 연구라고 할 수 있다.

논문에서는 우선 고본질이 갖는 정확한 개념과 구조 등을 밝히고 크게 3 단계로 시기를 구분하여 그 진화를 역사-사회적 맥락에서 살펴보고자 하였다. 이를 통해 고본질이 중앙아시아 고려인들에게 갖는 의미를 논하고 소련 시기와 소련이 해체된 이후 고본질이 갖는 사회 경제적 역할을 정의하고자 하였다.

고본질이란 중앙아시아의 일반적인 농업 형태와는 구별되는 독특한 영 농방식이라고 할 수 있다. 이 농업 방식은 구 소련에서 2차대전 후에 생겨 나게 되었고 사회주의적 집단 농업 생산 시스템과는 공존할 수 없는 몇 가 지 자본주의 요소를 가졌음에도 불구하고 널리 퍼져나갔다. 구소련 1985년 에 고본 합법화되었고 중앙아시아의 각국들이 독립한 지금까지도 고려인 사회에서 중요한 사회 경제적 역할을 하고 있다.

1937년 중앙아시아로의 강제이주 이후 고본질은 고려인들이 물질적 기 반을 닦는 데 중요 수단이었고 소수민족인 그들의 사회-경제적 위상을 확보 하는 데에도 도움을 주었다. 따라서 고본질에 대한 이해 없이 중앙아시아 고려인 디아스포라의 생활과 풍습을 이해하기는 불가능하다.

고본질은 고려인들의 부를 쌓는 수단으로 이용되었다. 불법적인 요소에도 불구하고 구 소련시기에 개인 농업형태에 의해 높은 소득을 올릴 수 있는 유일한 길이었기 때문이다. 그들은 집단 콜호스 농장에서보다 고본질을 통해 더 많은 소득을 올렸다. 고려인들은 고본질로 얻은 소득을 주택구입과 자식 교육 및 다른 사업자금으로 이용했다. 고본질은 사회주의 생산체계에 존재했던 자본주의적 생산 형태였기에 더욱 관심을 끈다.

고본질은 그 안에 포함되어 있는 몇 가지 복잡한 요소들 - 구소련이라는 역사적 배경과 독립 후 중앙아시아 각국의 환경, 생산지역의 자연, 농업적 환경과 유통 생산구조 등 - 로 인해 오늘날 고려인 사회에서 갖는 역사적 의미는 더욱 크다고 하겠다.

## ▌한국어 교수 학습에 있어서 문화적 측면의 중요성
(한국어능력시험(제5회~7회) 2,3,4급 문항의 내용분석을 중심으로)

- 언어: 한국어, 러시아어
- 저자: 김병호
- 자료유형: 학술대회 발표논문(2004년 10월27일 비슈케크)
- 논문수록서적: Актуальные проблемы преподавания корейского языка в высших учебных заведениях Кыргызстана
- ISBN: 9967-05-145-0

한국어 교육기관의 연수, 교육과정 및 교육평가 방법을 표준화하여 한국어를 모국어로 하지 않는 외국인 및 재외교민들에게 한국어 학습 방향을 제시하고, 한국어 보급확대와 아울러 그 결과를 한국어 학습, 국내외 대학에의 유학, 국내외서의 취업 등에 활용할 목적으로 1997년부터 시행해오고 있는 한국어능력평가 시험은 매우 중요하다.

본 논문에서는 한국어능력시험 2, 3, 4급 시험문제의 형태와 내용을 분석하여 앞으로의 시험에 대비한 지도방향을 제시하고 어떠한 방향으로 수업시간에 교사와 학생간의 학습이 이루어져야 하는지에 대한(특히 문화적인 면의 학습지도) 수업사례를 들고 있다. 이러한 연구를 통해 본 논문에서 제시되고 있는 효과적 학습방안은 다음과 같다.

첫째로, 학생과 교사는 동사의 변화에 대한 좀 더 세심한 학습이 필요하다. 둘째로, 지문이나 대화 속에 들어갈 적절한 문장 혹은 구를 찾는 문제가 많이 출제되기에 내용의 논리적 연결을 항상 생각하는 학습이 이루어져야 한다. 셋째로, 듣기나 읽기 평가에서는 청취하는 대화나 지문의 내용, 의미, 주제를 묻는 문항이 반 이상 출제되므로, 빠른 속도로 읽고 정확하게 이해할 수 있는 능력이 필요하다. 또한, 읽기 평가에 있어서는 급수가 올라감에 따라 읽어야 할 지문의 개수도 늘어나기 때문에 문제를 풀어가는 시간안배도 매우 중요하다.

한국어의 효과적인 학습은 매일 4시간씩 주당 5회, 모두 10주(총200시간)을 공부해야 한 과정(급)을 충실하게 이해할 수 있다. 그러나 현재 키르기스스탄의 여러 대학생들에게 이러한 학습 시간은 불가능하다. 그러므로 한국어 선생님들은 한국어능력평가시험의 출제경향을 잘 파악해서, 효과적으로 시험을 잘 준비하도록 도와야 한다. 또한 교과서를 이용한 학습뿐 아니라 다양한 시청각 자료를 이용해서 학생들로 하여금 한국문화를 간접 체험할 수 있도록 노력해야 한다.

# ▌키르기스스탄의 고려인들과 고려말

(Корейцы Кыргызстана и Корейский язык)

- 언어: 러시아어
- 저자: Вон Л.М.
- 자료유형: 학술대회 발표논문(2004년 10월27일 비슈케크)
- 논문수록서적: Актуальные проблемы преподавания ко рейского языка в высших учебных завед ениях Кыргызстана
- ISBN: 9967-05-145-0

　　본 논문은 키르기스스탄 거주 한국인(고려인)과 한국어의 발전사와 오늘날 살펴본 발전의 방향에 대해 이야기하고 있다.

　　소비에트시대 권력에 의한 소수 민족에게 행하여졌던 탄압의 역사는 한국인들에게도 예외가 아니었다. 1937년은 극동지방 한인들에게는 "검은" 해였다. 일본인들의 간첩활동을 막는다는 이유로 모든 한국인들은 미개간 지인 카자흐스탄과 우즈베키스탄으로 강제 이주되어야 됐다. 이루 형언할 수 없는 억압과 기본적인 인권마저 빼앗긴 상황 속에서 한민족은 끈기, 근면, 겸손, 영민함과 같은 민족성과 다른 민족들의 사심 없는 지원 덕에 지역 사회에서 존경과 인정을 받게 되었다.

　　키르기스스탄에서는 1953년 스탈린의 사망 이후 한인들이 거주하게 되었다. 이곳에서 한인들은 많은 다른 피억압 민족들과 함께 제2의 고향을 찾게 되었다. 1989년부터 한인들은 키르기스스탄 인구의 0.4%를 차지하고 있다. 오늘날 한인 인구는 2만 명에 이르고 이들은 이 나라의 북부인 추이 지역과 수도 비슈케크에 주로 거주하고 있다.

　　1937년의 강제 이주와 민족언어교육 시스템이 붕괴되기 전까지는 한국 어는 소련민족의 언어 중의 하나로 자리를 잡고 있었다. 그후로 오랫동안 구어 형태로만 존재하던 한국어는 공식적인 지위를 갖지 못한 채 "외국 민족들의 언어"로 분류되었다.

한국어는 키르기스스탄에 사는 한국민족의 '모국어'의 지위를 갖고 있다. 키르기스스탄 한인 디아스포라의 '모국어'는 어떤 본성을 갖고 있는가?

'고려말'은 한인 노세대들의 언어로서 주로 구어형태로 존재해 일상생활에서 쓰인 언어이다. 고려말은 주된 바탕은 백여년 전의 함경도 지역 말이다. 그러나 고려말은 한반도내의 방언들과는 달리, 이질적인 문화 속에서 다른 언어들과의 접촉을 통해 변화를 겪어 분명 대한민국의 한국어와는 다르다. 사실상 고려말의 문어형태는 존재하지 않고 학교에서 가르치지 않아 사라져가는 언어이다.

본 발표문에서 저자는 키르기스스탄내 고려말의 위치와 현황에 관해 다음과 같은 내용을 요약하고 있다.

1) 각종 수치들은 키르기스스탄내 대다수 한인들의 모국어의 교체를 나타내 주고 있다.
2) 정치, 사회-문화적인 요소와 민족심리적인 특징이 소수의 한인 노세대들의 고려말의 사용을 가족간의 일상대화로 국한시켰다.
3) 역동적으로 변모하는 키르기스스탄과 한국간의 관계와 키르기스스탄 공화국내 고려인연합의 활발한 활동 등이 한국어에 대한 관심을 증대시켰다.

아직 소비에트 시기였던 1989년부터 열정을 지닌 사람들에 의해 키르기스스탄에서 한국어교육이 시작되었다. 오늘날에도 사심 없이 한국어 교육에 앞장서고 있는 '선구자'들로 허가이 마가리타, 리 스베틀라나, 남 니나와 그외 여러 명을 들 수 있을 것이다.

# ▌키르기스 학생들을 대상으로 한 이동동사의 습득과 관련한 단어와 구절을 이용한 학습방법(Лексико-фразеологическая работа в связи с изучением глаголов движения в киргизской аудитории)

- 저자: Ли Ен Шин
- 언어: 러시아어
- 자료유형: 소논문
- 게재지: Труды Киргизского государственного университета им. 50-летия СССР. Фрунзе. 1974

본 자료는 키르기스 국립대학에서 1974년에 발간된 언어학 관련 논문 모음집에 실린 소논문으로 그 중심내용은 다음과 같다.

러시아어 학습에 있어 직설법이나 가정법 또는 명령법으로 표현된 동사 술어를 갖는 문장을 학습하는 데에 있어 이동동사에 특별한 관심을 기울일 필요가 있다. 이는 키르기스 학생들이 이동동사의 습득과 활용에 있어 큰 어려움을 보이고 있기 때문이다.

이동동사는 『공간속에서 장소의 이동』을 의미하는 일정한 동사의 그룹을 일컫는다. 현대 러시아어에서 14개의 동사가 1식과 2식의 쌍으로서 존재한다. 이들 동사는 모두가 불완료상이다. 1식에 속하는 동사들은 정해진 한쪽 방향으로의 이동을 표현한다. 예를 들면 『Студенты идут в университет(Studenty idut v universitet.)학생들은 대학교로 가고 있다』(학생들은 정해진 한쪽 방향으로 가고 있다 — 대학교로).

2식에 속하는 동사들은 다방향으로 진행되고 여러 번에 걸쳐 일어날 수 있는 행위를 의미한다(Студенты каждый день ходят в университет(Studenty kazhdyi den'hodyat v universitet.)학생들은 매일 학교를 다닌다).

이와 같이 이동의 방향을 고려한 이동동사의 해설은 키르기스 학생들에게 가장 무난하고 이해하기 쉬운 설명이라 할 수 있다.

이동동사 학습에 있어 키르기스 학생들에게 특히 어려운 점은 쌍으로 나누어진 대부분의 1, 2식 동사들이 모국어에서는 같은 동사로 번역된다는 사실이다. 따라서 강의자들에게는 다양한 예문과 도표 등을 이용한 학습을 통해 양 그룹의 동사가 갖는 어휘 의미를 올바로 이해할 수 있도록 주의를 기울여야 한다.

이동동사들이 1차적인 의미, 즉 물리적인 이동뿐 아니라 비유적인 의미로도 사용된다는 점도 학생들에게 주지시켜야 할 부분이다. 이동동사들이 1차적인 의미와 비유적인 의미로 쓰인 텍스트를 읽히고 내용을 학생들이 재구성하여 다른 동사들을 이용해 이야기하도록 하는 훈련을 추천할 수 있다. 이를 위해 파우스톱스키의 『숲에 관한 이야기들』이나 『역화(逆火)』 등의 단편을 활용할 수 있을 것이다.

## ▌고려말과 한반도의 방언들
(Корё-маль и диалекты Корейского полуострова)

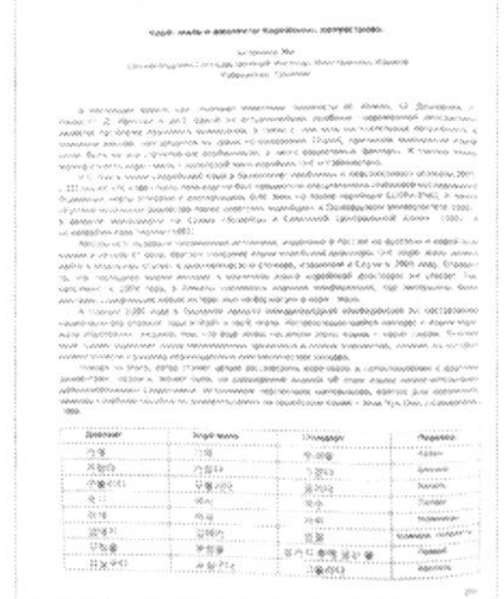

- 저자: Эм Антонина
- 언어: 러시아어
- 자료유형: 학술대회 발표논문
- 수록서적: The 9-th international conference on Korean studies Bishkek 2009.

현재 한국에서 '국어, 한국어'라고 부르는 우리말을 북한, 중국, 일본에서는 '조선어'라고 부르며 러시아, 우즈베키스탄을 포함한 중앙아시아 지역에 사는 동포들은 '고려말'이라고 한다. 이때 고려말은 단순히 남한에서 쓰는 국어를 다르게 표현한 것이 아니라, 러시아 중앙아시아 지역에 사는 동포들이 사용하는 언어를 칭한다고 보는 것이 더 정확할 것이다. 하지만 한국어와 조선어, 그리고 고려말이 하나의 언어라고 보아야 하며 조선어, 고려말은 국어에 속하는 방언이라고 이해해야 한다. 아래의 도표는 표준말과 고려말 방언의 어휘를 비교한 것이다.(일부)

〈표 Ⅱ-1〉 표준말 고려말 방언의 어휘 비교

| 방언 | 고려말 | 표준말 |
| --- | --- | --- |
| 가매 | 가매 | 무쇠솥 |
| 가찹다 | 가찹다 | 가깝다 |
| 국시 | 국시 | 국수 |
| 끄실구다 | 끄실구다 | 그을리다 |
| 농구다 | 농구다 | 나누다 |
| 박죽 | 박죽 | 주걱 |
| 벌거지 | 벌거지 | 벌레 |
| 복상 | 복상 | 복숭아 |
| 삐친다 | 삐친다 | 힘들다 |
| 전디다 | 전디다 | 견디다 |
| 풀헤지다 | 풀헤지다 | 파래지다 |
| 핑갓다와 | 핑갓다와 | 빨리갔다와 |

고려말이 쓰이는 지역은 한국과 지리적으로 멀리 떨어져 있다. 지리적 분리는 결과적으로 언어분화를 초래하였다. 하지만 최근 10여년 동안 한국과 이곳 우즈베크간의 사회 전분야에 걸쳐 매우 활발한 교류가 이루어지고 있어서 그동안 문제시되어 왔던 지리적 분리, 정치·이념적 차이로 발생했던 언어문제에 관한 여러 부작용이 고쳐지고 있다. 한국정부와 여러 단체에서 한국문화, 한국어교육 지원사업을 펼치고 있어, 고려인 3,4세들이 겪는

표준어 사용의 어려움에 도움이 되고 있다. 향후 고려말에 대한 적극적인 연구를 통해 세월이 흐르면서 벌어진 한국표준어와의 간격을 매울 수 있는 다각적인 연구와 현장교육이 병행되어야 할 것이다.


## ▌한국어와 러시아어에서 수사의 표현 방법

(Способы и выражения категории числа в корейском и русском языках)

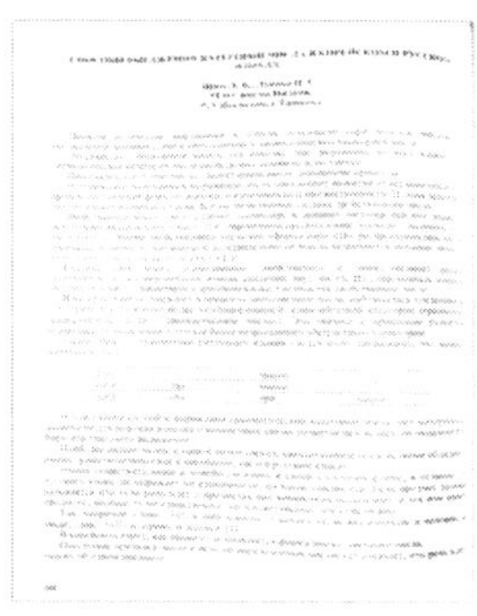

- 저자: Шим Л.В.
- 언어: 러시아어
- 자료유형: 학술대회 발표논문
- 수록서적: The 7-th international conference on Korean studies. Tashkent 2007.

수량의 개념은 언어에서 어휘적인 방법과 수를 나타내는 문법적인 범주에 의해 표현된다. 어휘적인 방법은 모든 언어에서 찾아볼 수 있으나 문법 범주에 의한 표현은 모든 언어에 해당되지는 않는다. 수와 관련된 범주의 분석에 있어 통시적인 관찰이 필요하다.

수의 표현에 있어 역사적인 변화를 살펴보면 우선 단수와 복수의 대립부터 시작해 쌍수(double number) 심지어 3쌍수(triple number)의 형태까지 생겨나게 되었다.

삼수(단수, 쌍수, 복수) 체계는 후에 인도유럽어들에서는 단수와 복수의 양수 체계로 대체되었다. 현대언어에서는 쌍수가 사용되는 아랍어에만 삼수 체계가 보존되어 있다.

한국어와 러시아어의 수량표현에 있어 흥미로운 것은 두 언어에서 모두 명사가 양적인 특질을 지닌다는 것이다. 단, 복수의 상관관계는 한국어와 러시아어에 있어 모두 셀 수 있는 물질명사에서만 가능하다.

셀 수 없는 물질명사의 경우 양국언어에서 모두 아무것도 첨가하지 않은 단수형태로 표현된다(물, 강철…). 단 복수형태로만 존재하는 물질명사는 예외이다.

요약하자면 한국어와 러시아어에서 수의 체계는 내용적으로 볼 때 의미론(semantics)적으로 비교적 가까움을 알 수 있다.

수 범주의 표현을 보자면 한국어는 러시아어에 비해 고정되고 규칙적으로 쓰이는 형태론적인 표현이 적다. 한국어에서는 수의 표현에 있어 기본적으로 분석적인 표현이 쓰이고 있다.

마지막으로 두 언어에서 모두 수의 표현에 있어 동질형태와(isomorphical) 이형태의(allomorphic) 표현수단이 쓰임을 알 수 있다.


## ▌키르기스민족과 고려인들 간의 관용성 근원

- 저자: Ли Герон
- 언어: 한국어
- 자료유형: 학술대회 발표논문
- 수록서적: The 5-th international conference on Korean studies.Bishkek 2005.


본 자료는 2005년 키르기스스탄의 비슈케크에서 있었던 제5차 한국학 국제학술대회에서 발표된 내용으로 저자가 40여년간 키르기스에 살면서 체험한 키르기스민족과 고려인 민족 간의 가족, 친족 간의 생활 등에 있어서의 공통점과 키르기스에 처음으로 정착한 고려인에 관하여 이야기하고 있다.

　민족마다 정신적 생활에는 한 국민의 민족적 특성을 규명하는 그 민족 문화의 전통, 풍습, 신앙 등이 중요한 위치를 차지한다. 40% 이상 원주민이 아닌 다른 민족들이 사는 키르기스에서 문화의 전통형식을 연구하는 것은 큰 의미를 가지고 있다.

　40년간의 키르기스 생활을 통해 저자는 우리와 키르기스 민족 간에 외모적인 공통점 이외에 인간과 자연과의 관계, 가정에 대한 관계, 사회에 대한 관계와 관련된 깊은 공통점이 있다는 생각을 밝히고 있다.

　우선 친척이라는 관계에 대한 두 민족의 공통점을 말할 수 있다. 키르기스 사회에는 예로부터 물질적 어려운 상황에 처한 친척을 도와주는 관습이 있다. 고려인 민족도 어려운 친척이나 이웃사람을 도와주는 유사한 풍습이 있다. 예로부터 농사를 짓거나 집을 지을 때 그리고 가정 행사와 명절 때 서로 도와주며 일을 하는 상부상조가 있었다. 고려인끼리하는 말 중에 "멀리 사는 친척보다 가까이 있는 이웃이 더 낫다"라는 '이웃사촌'이라는 말이 있다. 그 이유로 명절 때 어린아이들이 이웃집에 계신 어른들께 친척과 같이 큰절을 드리는 풍습도 있고 의형제를 맺기도 한다.

　사얀-알타이 고원고지의 가족, 가정, 인습들과의 공통점도 찾을 수 있다. 그래서 역사적으로 볼 때 고려인과 키르기스민족이 알타이 출신으로 여겨진다.

　키르기스 가정에서도 고려인들처럼 부르는 칭호(이름)를 중요시한다. 이름은 사람의 앞날과 관련되어 일정한 의미를 가졌다. 아이의 이름도 좋은 소원을 담아 지었다. 아이들이 일찍 죽는 가정에서는 아이 이름을 동물이나 새 이름으로 지었다. 이 가정에 아이의 명을 길게 하기 위함이었다.

　고려인, 키르기스인, 몽골, 부랴트 등 알타이 출신인 민족들은 엉덩이에 "몽고반점"을 지니고 태어난다. 다른 민족들에게는 그런 반점이 없다. 이 반점이 우리 민족의 근원을 하나로 설명해 준다는 것은 놀라운 사실이다.

　한국어는 음운적으로도 키르기스어와 화음을 이루고 알타이 언어계통에 속하는 역사적으로 같은 뿌리를 가지고 있다. 비슈케크 인문대학교에서 한국어를 배우는 학생들을 보면 키르기스인 학생들이 고려인 학생들에 비하여 한국어 발음을 더 쉽게 익히는 것을 볼 수 있다.

죽음과 관련된 의식에서도 유사점을 엿볼 수 있다. 키르기스 역사학자들에 따르면 키르기스 사람들이 이슬람을 받아들이기 전까지 한국사람처럼 장례식 때 죽은 사람의 옷과 이부자리를 불태우는 풍습도 있었다고 한다. 한국사람들처럼 돌아가신 분의 사망을 애도하는 것은 주로 여자들이 했고 생전에 했던 일들을 노래로 불렀다.

가장 중요한 것은 부모, 어른을 모시는 것이 한국사회와 무척 비슷하다는 점이다. 키르기스나 한국 가정생활에는 부족, 씨족 구조를 견지하고 따르려고 한다. 이러한 가정생활방식은 자식을 키우는 일, 가정을 꾸리는 일에 중요한 역할을 한다.

이 발표문에서 저자는 최초로 키르기스스탄에 정착한 한인에 관해서도 이야기하고 있다. 고려인의 이민 역사를 연구하는 수년에 걸친 노력은, 최초로 키르기스스탄에 온 한인은 한국의 독립운동가 최재형 의사의 가족(부인과 딸)이라는 것을 확인하였다. 최재형 의사(최 세면 페트로비치, 1860~1920)는 1919년 상하이 한국 임시정부 멤버였고 1920년 블라디보스토크에서 일본 총독부의 총에 맞아 사망하였다. 부인인 엘레나(1880~1953) 여사가 딸들과 프룬제에서 살았고 1938년부터 프리제발스크에서 살았다. 딸 소피아(1908~2003) 씨는 소련정부하의 키르기스 공화국 대표자인 호드잔 슈쿠로프의 부인이었다. 슈쿠로프는 1938년 총살당하고 1958년에 명예가 회복되었다.

소피아 씨는 프룬제, 프리제발스크에서 1969년까지 살고 2003년 모스크바에서 사망하였다. 또 다른 딸 류드밀라(1912~2004) 씨는 프리제발스크에서 35년 동안 화학선생을 했다. 애국자의 딸을 기억한다는 의미로 장례식 때 그녀의 관을 태극기로 덮어주었다.

## ▌민간요법의 처방들(Рецепты народной медицины)

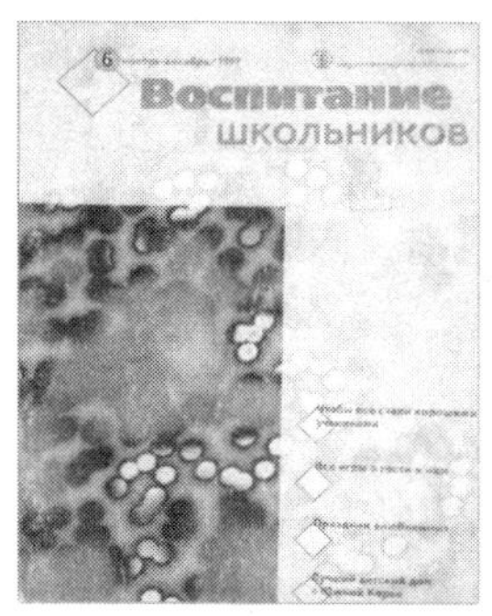

- 저자: Ким Л.Б.
- 언어: 러시아어
- 자료유형: 잡지 기사
- 수록잡지: Воспитание школьников
  (초중고생들의 교육)/1997년 6호/모스크바

이 자료는『초중고생들의 교육』이라는 잡지에 실린 기사로 민간요법 치료사인 Ким Л.Б. 씨가 소개하는 몇 가지 질병들의 치료요법에 관한 내용을 담고 있다. 키르기스 민족에게 이어져 내려오는 실용적이고 대표적인 몇 가지 민간요법의 처방을 소개한다.

- 치통이 올 경우 소금으로 소독한 신선한 돼지 비계 조각을 볼과 잇몸 사이 아픈 이에 15~20분 가량 대어준다.
- 이가 아픈 쪽의 귀에 질경이 뿌리를 붙이고 있어도 얼마가지 않아 고통이 완화된다.
- 옛날에는 솔잎을 달인 물이 잇몸을 튼튼히 하는 데 효과가 있었다. 더 좋은 방법은 마늘을 잘게 잘라서 잇몸 양쪽에 30분 정도 붙여두는 것이다. 이 과정을 3번 반복한다.
- 전립선 아데노마(용종)의 치료를 위한 처방을 소개한다. 팔팔 끓는 물 0.5리터에 레스타로우 2티스푼, 멜리사 1티스푼, 회향풀 씨앗 1티스푼, 야생 쇠뜨기 1티스푼, 털갈배나무 껍질 1티스푼, 노간주나무(잎이나 열매) 3티스푼을 넣고 2~3분을 더 끓인 뒤 1시간 반 정도 놓아둬서 진액을 우려낸다. 100그램씩 하루에 3번 식전에 복용한다.
- 탈모에는 코냑, 파즙, 우엉뿌리 달인 물을 1: 4: 6의 비율로 섞어 환부에 바른다. 그리고 난 후 정제된 등유를 환부에 바른다.
- 지친 발을 위해서는 족욕이 좋다. 뜨거운 물(40도)과 찬물(20도)에 10회를

번갈아 발을 담군다. 주의할 것은 마지막은 반드시 찬물에 발을 담그고 끝내야 한다. 물에 소금 한 스푼이나 보리수꽃 50그램을 추가해도 좋다.

- 발에서 악취가 날 때는 매일 아침 붕산가루를 발에 뿌려주면 효과가 있다.
- 신경통에는 달걀을 완숙으로 삶아 반으로 잘라서 가장 통증이 심한 곳에 갖다 댄다. 달걀이 식으면서 통증도 사라진다.

# 제3장

# 언론-방송 수집자료

## 1. 고려인 신문 『일치』 기사자료

### ▌『일치』(Ильчи)

- **발행:** 키르기스스탄 고려인연합
- **언어:** 러시아어, 한국어
- **자료유형:** 신문(격주간 발행)
- **발행날짜:** 2006년 2월 23일(창간호)
- **발행부수:** 1000부
- **발행면수:** 4면

**1면 창간사 제목: 평화와 우정과 화합을 위하여! −키르기스스탄 고려인 협회장의 창간 축하 인사**

존경하는 독자여러분! 고려인협회가 주관하여 첫 신문을 내놓게 되어 여러분과 함께 축하합니다. 저를 믿고 고려인협회 회장으로 뽑아주신 여러분

〈그림 Ⅱ-18〉 상 보리스 고려인협회장(해당기사 中 캡처)

들의 기대에 호응하고자 뜻을 같이하는 사람들과 이렇게 "일치"를 세상에 내 놓게 되었습니다. 이번 신문 발행이 한민족의 언어, 풍습, 전통과 문화를 되살리는 일에 새로운 전기가 되기를 기대합니다. 새 신문이 독자 여러분의 계속적인 사랑과 믿음속에 성장해 나가리라 믿어 의심치 않습니다. 한국어와 러시아어로 발행될 "일치"를 통해 키르기스스탄과 다른 지역 한인 디아스포라의 현안들을 접할 수 있다는 것은 큰 기쁨입니다. 아울러 이번 신문 발행은 키르기스에 거주하는 우리 동포들이 고려인협회의 활동에 관한 가능한 한 더 많은 정보를 구할 수 있도록 도움을 줄 것입니다. "일치"는 정치를 초월한 진실로 우리 민중의 이야기를 실은 신문입니다. 그 안에서 우리는 일상 근로자들의 삶과 우리가 자랑스러워하는 문화 예술인, 스포츠인들의 이야기를 할 것입니다.

키르기스스탄 고려인협회가 주관하는 신문의 탄생은 공화국내에 민족 간의 안정과 평화를 웅변해줍니다. 일치의 지면들 속에 우리는 한인뿐 아니라 우리 공화국에 거주하는 다른 국적, 민족들의 이야기도 실을 것입니다. 그리고 이것은 민족 간의 평화와 우정과 화합을 돈독히 하는 데에 일조하리라 믿습니다.

다시 한번 독자 여러분들과 일치의 만남을 축하드리고 편집진들에게 성공을 기원합니다.

**4면 스포츠기사 제목: 키르기스스탄에서 한국의 기적을**

현실적으로 우리 태권도선수들에게는 다가올 올림픽에서 입상권에 들 수 있는 가능성이 있다. 이것을 방해할 수 있는 것은 재정의 부족과 키르기스스탄 국가 올림픽위원회장직을 놓고 일어난 잡음으로 인해 우리나라가 올림픽참가에서 배제되는 것이다.

기사: 태권도 국가대표팀 감독인 이신규(6단) 씨는 제자들에게 믿음에 차 있었다.

-"나는 우리 선수들이 각종 대회에서 자신의 조국을 대표하기 위한 충분한 기량을 갖고 있다고 확신합니다."- 이신규 씨는 이야기한다. - "염려되는 것은 카자흐 선수들과 달리 우리 선수들이 대회 경험이 적다는 것이다."-

우리나라에서 태권도 발전의 역사는 1993년으로 거슬러 올라간다. 세계 태권도연맹 가입 및 국가올림픽 위원회로부터의 인정과 함께 키르기스스탄 공화국 태권도협회(WTF)가 창설되었다. 오늘날 이 협회는 다양한 연령층의 2000여명 이상의 회원을 아우르고 있다.

태권도협회의 창설과 동시에 훈련센터 건립의 문제가 대두되었다. 이 생각을 구체화시키는 데 10여년이 걸려 마침내 2005년 4월에 스포츠레저 종합센터인 "선클럽(sun club)"이 문을 열게 되었다. 이 클럽은 현대적인 각종 트레이닝 시설 및 우리나라에서 가장 큰 태권도 훈련을 위한 도장을 갖추고 있다. 현재 선클럽에 버금가는 스포츠 종합센터는 우리나라에 없고 가까운 미래에도 아마 없을 것이라고 말할 수 있다.

바로 이 "선클럽" 도장에서 우리나라 태권도 올림픽 대표팀이 한국에서 초청되어온 이신규 사범의 지도 아래 훈련을 하고 있다. 이 사범은 한국 외무부 산하 단체의 국제 협력 프로그램에 따라 2000년에 우리나라에 왔다. 오늘날 중앙아시아 지역에서 이신규 사범에게 필적할 만한 사람은 없다. 앞으로는 키르기스스탄에서 검은 띠의 수여가 이 사범의 주관 아래 이루어질 것이다.

그 외에도 선클럽은 우리나라 국가대표팀과 올림픽 대표팀 및 청소년 대표팀을 위한 합숙훈련장소가 되었다. 태권도협회에 17명의 자격증을 소지한 교관들이 있고 그중에는 "안드레이 강"이나 "아만 아부케노프" 씨처럼 "선클럽"에서 태권도를 지도하는 사람도 있다. 선클럽의 태권도장에서는 정기적으로 시합과 시범공연이 펼쳐지고 있다. 이곳에는 태권도 수련을 위한 필요한 모든 시설이 완비되어 있다. 12월 20일에서 22일까지 이곳 선클럽에서 1단에서 4단까지 검은띠 수여를 위한 국제 심사가 열렸다. 이신규 사범이 이 심사를 관장했으며 이 기간에 우리나라에는 중앙아시아의 가장 뛰어난 태권도 사범들이 모여들었다.

이번 심사결과 43명이 새로운 띠를 획득하게 되었다. 이렇게 높은 수준의 공연 및 심사가 우리나라에서 열리는 것은 즐거운 일이다.

기사작성: 나탈리아 필로노바

## ▌ 일치(Ильчи)

- 발행: 키르기스스탄 고려인연합
- 언어: 러시아어, 한국어
- 자료유형: 신문(격주간 발행)
- 발행날짜: 2006년 3월 30일(2호)
- 발행부수: 1000부
- 발행면수: 8면

**1면 머리기사 제목: 키르기스스탄 문화부 장관 라에바 술탄의 메시지**

존경하는 독자 여러분!

고려인협회가 발간하는 신문의 탄생은 우리 공화국에서 일어나고 있는 민주주의의 과정을 웅변해 주고 있습니다. 키르기스스탄에 거주하는 모든 민족들은 자신의 의사를 표현할 수 있고 그중에는 언론매체를 통한 방법도 포함됩니다. 저는 진심으로 일치 신문의 발행을 지지합니다. 이 신문은 고려인들에게 자신의 문화와 전통과 언어를 보전 발전시켜 나가도록 할 것입니다. 한국과 키르기스스탄은 사회 다양한 분야에서 좋은 상호 관계를 성공적으로 가꾸어 가고 있습니다. 예를 들면 우리나라에서는 해마다 한국에서 온 손님들이 참여하는 문화 행사가 열립니다. 그리고 이번 가을에는 한국에서 "키르기스스탄 문화주간" 행사를 계획하고 있습니다.

일치의 모든 독자 여러분들께 진심으로 그들이 살고 있는 땅에 대한 사랑을 간직하기를 바라며 안녕과 평화와 화합을 기원합니다.


**2면 머리기사 제목: 여기에서는 모두가 기뻐할 것이다**

"한국관" 건립의 아이디어는 고려인 사회에서 오래전에 제시되었다. 일을 하며 모임을 갖고 손님을 초대하고 어려운 사람들을 도와줄 수 있는 자신의 "집"을 갖는 것은 정말로 항상 바라왔던 일이 아니던가….

〈그림 II-19〉 한국관 조감도(해당기사中 캡처)


작년에 디아스포라 사회에서 건립비용을 모아보자는 소리가 나왔다. 그리고 바로 일이 시작되었다. 적지 않은 돈을 사업가들은 기부하였고 연금생활자들도 몇 솜씩-누구나 낼 수 있는 만큼 보태었다. 이 일에 무관심한 자들은 거의 없었다.

필요한 액수가 다 모이고 적당한 건물을 찾게 되어 작년에 일이 시작되었다. 건물 전면 보수작업이 이루어졌고 이번 달에 내부 건축작업이 완료되었음을 기쁜 마음으로 전한다. 다음달에 업무에 필요한 모든 가구가 들어가면 한국관은 자신의 활동을 시작할 것이다.  기사작성: 김 올가

## ▌일치(Ильчи)

- 발행: 키르기스스탄 고려인연합
- 언어: 러시아어, 한국어
- 자료유형: 신문(격주간 발행)
- 발행날짜: 2006년 5월 24일(4호)
- 발행부수: 2000부
- 발행면수: 8면

**1면 머리기사 제목: 선생님! 이 단어는 자랑스럽게 들린다**

5월에는 한국인들에게 기분 좋은 두 날짜가 있다. 이는 5월 5일 어린이날과 5월 15일 스승의 날이다. 이 두 날짜는 한국에서 널리 축하되고 있는 명절이다. 이 두 행사에 즈음하여 47번 종합교육원에서 한국어 공개수업이 진행되었다.

"안녕하십니까?"- 한국어 선생 리 스베틀라나 씨는 자신의 어린 제자들에게 인사를 했다. "수업을 시작하니 똑바로 앉아 웃어보세요. 우리가 아름답다는 것을 보여줍시다."

4~5세 된 어린 아이들이 자신들의 선생님인 스베틀라나를 경청하고 있다. 수업을 시작하며 스베틀라나는 자신의 학생들에게 머나먼 신비의 나라

한국에 관해 이야기하고 아이들은 한국어로 쓰인 자연과 모국어의 중요성에 관한 동시를 한 목소리로 어울려 읽어 나갔다. 아이들은 피아노 반주에 맞추어 한국동요도 열심히 따라 부른다. 아마도 이들에게 가장 즐거웠던 것은 재미있는 놀이일 것이다.

이러한 흥미로운 방식으로 아이들은 새로운 지식을 얻고 새로운 단어를 익힌다. 30분수업이 끝난 아이들은 조금도 지치지 않고 반대로 힘과 에너지가 넘쳐 난다. 수년간의 교육경험을 갖고있는 리 스베틀라나 씨는 본인이 직접 한국어 교육프로그램을 고안해 내었다. 이 프로그램은 한국 교육부의 허가를 얻었다.

〈그림 II-20〉 한국어 공개수업 모습(해당기사中 캡처)

스베틀라나 씨는 "어린시절부터 모국어에 대한 사랑을 심어 넣어주는 것이 중요합니다. 아이들은 활달하고 새로운 지식을 빨리 습득하지요. 중요한 것은 아이들이 흥미를 느끼게 하는 것인데 이것은 춤이나 놀이와 노래를 통해 할 수 있어요. 나 자신이 춤을 참 좋아해요."라고 말한다.

원장인 김 알라 씨는 "한국어 수업을 10년째 진행하고 있는데 아이들이 흥미를 갖고 배우려고 합니다. 이는 스베틀라나 선생의 공이에요." 라고 말한다. 부모들은 기꺼이 아이들을 이 수업에 등록시키고 있다.

한국어 교육원장인 조영식 씨도 스베틀라나가 보여준 높은 수준의 교육을 평가하고 이 교육원에 컴퓨터를 증정했다.

이날 또 한 사람의 초대 손님이었던 고려인협회 부회장인 강류드밀라 씨도 고려인협회장인 상 보리스와 자신의 감사의 말을 전하고 선물을 전달했다. 강류드밀라 씨는 "오늘 한글을 익히는 이 아이들이 장차 한국에 가서 그곳에서 자신의 지식을 펼칠 것이다."라며 희망을 감추지 않았다.

스베틀라나 씨는 이곳뿐 아니라 다른 중학교에서도 한국어를 가르치고 있다. 그녀의 학생들이 몇 년간 계속해서 한국어 경시대회에서 상위권을 차지하고 있다. 올해는 그녀의 제자 최 베로니카 양이 한국어 경시대회에서 1등을 해서 그 부상으로 한국을 가게 되었다. 한국어와 한국문화 발전에 대한 공로로 그녀는 해당 학교와 고려인협회로부터 상장을 받기도 했다.

그녀는 자신의 학생들에게 진심을 다해 한국문화와 한국어에 대한 사랑을 심어주고 있다. 그녀는 일요학교에서 한국어를 교육하는 일을 최초로 시작하였고 몇 년째 이 일을 무보수로 계속 해오고 있다. 이러한 공로로 그는 한국을 다녀오게 되었고 일간지 "석간 비슈케크"에 한국 여행에서 받은 인상을 싣기도 했다.

그녀의 유머감과 세심한 배려의 마음씨 그리고 교양은 두말할 나위 없는 재능과 함께 "스승"이라는 높은 호칭이 그녀에게 전혀 어색하지 않게 해주고 있다. 기사작성: 나탈리아 필로노바

**7면 기사 제목: "서울-비슈케크 동백화"－마음이 젊은 이들을 위한 모임**

해마다 5월 8일이면 한국에서는 어버이날을 기념한다. 이날 아이들은 부모님들에게 사랑과 공경과 고마움의 표시로 꽃을 선물한다. 동방예의지국의 전통을 간직한 한국에서는 이날을 전국적으로 여러가지 행사를 통해 기념한다. 유서깊은 이날을 키르기스스탄에서는 은퇴한 연금생활자들의 클럽인 "서울-비슈케크 동백화"에서 기념하였다. 클럽 동백화는 1999년 9월 19일에 설립되었다. 동백화라는 이름은 같은 이름의 꽃에서 따왔다. 이 꽃은 무척 아름다울 뿐 아니라 돌 속에서도 피어날 정도의 강인함을 지니고 있다.

〈그림 II-21〉 어버이날에 모인 클럽 "서울-비슈케크 동백화"의 회원들(해당기사中 캡처)

5월 8일에 식당 "북경오리-2"에서 이 클럽은 어버이날을 기념하는 조촐한 행사를 열었다. 모임에 참석한 회원들은 이날 모처럼 즐거운 시간을 보냈다. 할머니들은 명절분위기에 맞추어 전통 한복으로 차려입었고 모두들 웃고 춤추고 노래하며 이날을 기념하였다. 동백회 회원들이 직접 콘서트를 준비하였고 리더인 김 리디야 씨는 손님들이 무료하지 않도록 주의를 기울였다.

음악연주가 끝난 후 잔치음식이 차려졌다. 이날 차려진 모든 음식들은 할머니들이 직접 준비한 것들이라고 한다. 행사는 춤으로 계속 이어졌다.

할머니, 할아버지들의 즐거운 모습을 보며 그들이 우리에게 있다는 것만으로도 기뻐해야 한다는 생각을 하게 됐다. 그리고 더 기쁜 것은 그들의 마음이 젊다는 사실이다. 자식들은 이렇게 현명하고 열정적인 부모들을 자랑스러워 해야 할 것이다.  기사작성: 나탈리아 필로노바

## ▌일치(Ильчи)

- 발행: 키르기스스탄 고려인연합
- 언어: 러시아어, 한국어
- 자료유형: 신문(격주간 발행)
- 발행날짜: 2006년 9월 28일(8호)
- 발행부수: 2000부
- 발행면수: 8면

1면기사 제목: 독립국가연합의 고려인 젊은이들: "우리는 앞으로 서로 협력할 것입니다!"

8월 25일부터 30일까지 카자흐스탄의 수도 알마타에서 독립국가연합의 고려인 청년 대표자들이 모여 포럼을 가졌다. 이 모임에 키르기스스탄 고려인 청년연합의 대표들도 참석하였다.

일치 신문은 모임에 참석하고 돌아온 알렉세이 태와 갈리나 가르나쉔코의 이야기를 들어보았다.

문: 이 포럼에 대해 간단히 소개를 부탁한다.
답: 4년에 한번씩 개최된다. 독립국가연합에 속한 나라들의 고려인 대표 청년들이 참석한다. 이번에는 러시아와 타지키스탄, 키르기스스탄의 젊은이들이 참석하였다.
문: 이런 행사를 갖는 목적은 어디에 있나?
답: 한마디로 자신을 알리고 다른 사람들을 알 수 있는 좋은 기회이다. 서로들 모여 생각을 교환하고 서로의 일들에 대해 알아보고 다른 나라들의 청년운동가들과 친분을 쌓을 수 있도록 노력한다.
문: 이번 포럼을 통해 얻은 아이디어나 구상이 있다면?
답: 이웃나라인 카자흐스탄의 예가 우리에게 유용할 것 같다. 청년연합의 지부를 지역마다 열고 이를 통해 전국의 고려인 청년들의 단결을 도모할 수

있을 것이다. 한마디로 계획은 많다. 단지 이를 생활에서 구체화시키기 위한 노력이 필요하다. 무엇보다 우리에겐 없어서는 안될 열정과 힘, 그리고 가장 중요한 키르기스스탄 고려인연합의 지원이 있다.

기사작성: 나탈리아 필로노바

〈그림 II-22〉 포럼에 참석한 고려인 대표들(해당기사中 캡처)

**6면기사 제목: 선생님! 세상은 당신으로 인해 빛이 납니다**

임 스베틀라나 페트로브나는 체육학교에서 러시아어와 러시아문학을 가르치고 있었다. 그는 그 학교의 유일한 고려인 여성으로 1968년부터 일을 하기 시작했다.

1993년에 국가공식어로서 키르기스어에 대한 문제가 처음 제기되었을 때 그녀는 키르기스어 교재를 만드는 일에 전념하게 되었다. 교재를 만들면서 키르기스스탄의 민속과 문화도 열심히 익히게 되었다. 은퇴한 지금도 임 스베틀라나는 계속 키르기스어를 익히고 있다.

〈그림 Ⅱ-23〉임 스베틀라나 씨와 남편 최 빅토르 안토노비치 씨의 젊은 시절(해당기사中 캡처)

문: 어떻게 교직을 택하게 되셨나요?

답: 저는 우즈베키스탄에서 태어났습니다. 큰딸이고 남동생이 3명 있습니다. 아들의 교육에 더 신경을 쓰는 동양적인 사고에도 불구하고 저는 7학년까지 마칠 수 있었습니다. 학업을 지속하기를 무척 원했지만 중등학교는 1년에 학비 150루블을 내야 하기 때문에 학교를 그만두게 되었습니다. 그러나 1956년에 우리 아버지께서는 새로운 직장을 구하셨기 때문에 저는 중등학교 졸업장을 받을 수 있었습니다. 우리 어머니께서는 저에게 이제 학교는 더 다닐 필요가 없다고 하셨습니다. 그러나 저는 모스크바나 레닌그라드에 있는 대학교에 입학하고 싶었습니다. 우리 부모에게는 그곳으로 저를 보내줄 돈이 없었습니다. 그래서 저는 고향 학교에서 공산소년단원 지도자로 일을 하게 됩니다. 2년후인 1958년에 우즈베키스탄 국립대학교 언어학과에 입학했습니다.
  "머나먼 우즈베키스탄에서 젊은 시절을 보낸 사람은 정말 행복했다…. 그리고 눈 덮인 산과 고풍스러운 도시 사마르칸트를 보았다…." 그 당시 영감을 받아 제가 쓴 시의 일부입니다.
  저는 학교에서 일을 해 보니까 선생님이 되고 싶었습니다. 결국 그것이 내 인생의 선택이었죠.

문: 키르기스에 오신 후에도 계속 학생들을 가르칠 계획이었나요?

답: 물론이죠. 교직은 제가 항상 꿈꾸고 사랑하는 일이니까요. 우리는 1968년에 키르기스에 왔습니다. 제 남편도 교사예요. 남편은 코크자르 중학교 교장으로서 오랫동안 일을 했습니다. 저는 체육학교에 가서

30년을 일했습니다.

문: 은퇴 후에는 어떤 일을 하시게 됐나요?

답: 은퇴 후에도 아직 더 사회를 위해 봉사할 수 있는 힘이 있었습니다. 오늘날 키르기스 고려인협회의 전신이 된 알라무둔 지역 한인 디아스포라의 형성을 위해 힘썼습니다. 현재는 고려인 문화센터에서 키르기스어를 가르치고 있습니다. 물론 걱정거리는 항상 넘쳐났습니다. 아내인 동시에 세 아이의 엄마였으니까요. 이미 성인이 되어 자립한 아이들의 운명에 만족합니다. 5명의 훌륭하고 귀여운 손자를 둔 할머니보다 더 행복할 수가 있을까요?

1990년에 키르기스 공화국 여성위원회에서 "훌륭한 어머니, 훌륭한 리더, 훌륭한 전문가"라는 명칭으로 이 세 기준에 맞는 여성을 찾아 상을 주는 행사를 가졌다. 임 스베틀라나는 2등을 하였다.

일치신문사는 10월 1일 스승의 날을 맞이하여 임 스베틀라나 씨와 그의 부군 최 빅토르 씨에게 축하를 보낸다. 건강과 가족의 행복을 기원하며 제자들의 사랑이 영원히 그대들과 함께하기를! 기사작성: 다리야 타타르코바

## ▌일치 (Ильчи)

- 발행: 키르기스스탄 고려인연합
- 언어: 러시아어, 한국어
- 자료유형: 신문(격주간 발행)
- 발행날짜: 2006년 10월 26일(9호)
- 발행부수: 2000부
- 발행면수: 8면

**1면기사**(4,5면 계속) 제목: "한국의 집에 오신 것을 환영합니다!"

비슈케크에 살고 있는 고려인 민족의 진정어린 꿈이 이루어졌다.

키르기스스탄 비슈케크에 작은 한국의 공간이 들어 선 것이다.

10월 17일에 한국의 집 개관을 알리는 성대한 행사가 있었다.

〈그림 Ⅱ-24〉 한국관 개관을 축하하는 상 보리스 아나톨리비치 키르기스스탄 고려인협회 회장(해당기사中 캡처)

각 개인들만이 자기 집과 편안한 안식처를 찾는 것이 아니라 전체 민족도 그 꿈을 갖고 있다. 그렇기 때문에 한국의 집의 개관은 키르기스 고려인들에게 있어 역사적으로 오래 기다려오던 경사이다. 한국의 집은 문화-비즈니스 센터로서의 역할을 다할 것이고 고려인협회의 모든 활동의 중심지가 되고 모국과의 협력에 있어 중요한 연결고리가 될 것이다.

이날 개관식에는 키르기스스탄 유명인사들과 고려인협회 주요회원들이 참석하였다. 고려인협회회장 보리스 아나톨리비치가 먼저 축사를 하였다. "존경하는 동포들이 오랫동안 염원하던 한국의 집 개막을 진심으로 축하합니다. 오늘은 역사적인 날입니다. 이 집은 키르기스스탄에서 살고 있는 고려인들 덕분에 세워졌습니다. 이 건물은 동포를 위한 집입니다. 왜냐하면 모든 고려인들이 이 집의 건설에 참여했기 때문입니다. 저는 이 프로젝트의 실현을 위해 참여해 주신 한국 대사님, 종교지도자분들, 평범한 사업가들 모두에게 진심으로 고마움의 말씀을 드립니다. 한국의 집에 오신 것을 환영합니다!"

보리스 아나톨리비치는 공기 내에 건물을 완공하기 위해 불철주야로 노력한 건축가들에게 고려인협회의 이름으로 감사와 함께 공로상을 수여했다.

이날 행사에는 카자흐스탄과 키르기스스탄 겸임 김일수 대사도 참석하였다. 그는 이번 한국의 집 개관을 높이 평가하였다. "한국의 집 건설은 위대하고 중요한 일입니다. 제가 많은 나라를 다녀봤지만 디아스포라의 모금으로 이런 센터를 건설하는 것은 드문 일입니다. 키르기스스탄 고려인의 디아스포라 활동이 다른 나라들에서 동포들이 협력하는 것에 본보기가 되어야 한다고 생각합니다. 한국의 집과 대한민국 한국교육원의 협력이 계속되기를 기대합니다. 이 긴밀한 협력이 키르기스스탄에서의 한국문화의 발전을 촉진시킬 것입니다. 알마티에도 한국의 집이 있습니다. 한국의 집은 키르기스스탄과 카자흐스탄을 이어주는 연결고리가 될 것입니다. 비슈케크에서 한국의 집 개관은 한국과 키르기스 양국간의 관계발전에 있어 중요한 의미를 갖습니다. 한인 디아스포라가 키르기스스탄의 사회, 정치에 있어 무시 못할 역할을 한다고 알고 있습니다. 매번 키르기스스탄을 방문할 때마다 발전하는 것을 느낍니다. 한국 사업가들도 키르기스스탄에 매력을 느끼고 있고요. 이 긍정적인 두 나라의 가까워짐에 있어 한국의 집과 고려인협회가 중요한 역할을 할 것입니다. 한국의 집 개관을 축하 드리고 고려인협회의 발전과 키르기스스탄의 안정과 번영을 기원합니다."

이날 대사는 한국정부를 대신하여 한국의 집과 고려인 신문 일치의 발전을 위한 지원금을 전달하였다.

모든 행사가 끝난 후 한국음식과 함께 손님들은 한국의 집과 키르기스스탄 모든 민족들의 번영을 위해 건배를 하였다. 편하고 자유로운 분위기 속에서 참석자들은 한국의 집에 관한 인상을 나누었고 앞으로의 계획에 대해 이야기를 나누었다. 한국의 집의 개관이 키르기스스탄 고려인협회의 역사에 새로운 획을 그었다는 데에 모두들 동의하였다. 물론 앞으로 산적한 일이 많지만 이미 "희망의 기지"가 생겨서 미래에 대한 자신을 확인하였다.

기사작성: 나탈리아 필로노바

## ▌ 일치(Ильчи)

- 발행: 키르기스스탄 고려인연합
- 언어: 러시아어, 한국어
- 자료유형: 신문(격주간 발행)
- 발행날짜: 2006년 11월 30일(10호)
- 발행부수: 2000부
- 발행면수: 8면

### 1-2면 기사 제목: "만남"_재능과 젊음이 만날 때

『Маннам』은 한국어로 『만남』으로 번역된다. 만남이라는 이름이 갖는 상징은 1999년의 젊고 당차고 아름다운 젊은이들의 역사적인 만남에서 모든 것이 시작되었기 때문이다. 처음 시작은 4명이었다: 정 안드레이, 서가이 세닐가, 이 타치아나 그리고 장 올가. 공연팀은 한국의 전통춤이나 민요만을 고집하지 않고 현대적인 공연도 선보여 관객을 즐겁게 해주고 있다.

한국 명절 『단오』를 기념한 콘서트에서 그들은 첫 공연을 하였다. 그 이후로 만남의 공연모습은 고려인협회가 주관하는 모든 행사에서 볼 수 있었다. 생활비를 벌기 위해 도시의 레스토랑이나 카페에서 공연을 하기도 했다. 대중들 앞에서의 정기적인 공연을 통해 예술적으로 성숙해지는 소득도 있었다. 팀의 멤버가 교체가 되기도 하였다. 누군가 떠나고 새로운 사람이 들어왔지만 변하지 않고 남아있는 두 사람이 있다. 그들은 이 타치아나와 정

안드레이이다. 이 두 사람을 만남공연단의 진정한 설립자라고 할 수 있다.

〈그림 II-25〉 장구춤을 추고 있는 고려인 공연팀 "만남"(해당기사中 캡처)

타냐(타치아나의 애칭)와 안드레이는 진정한 창조적인 부부이다. 안드레이는 전문 음악가로 만남의 리더이고 타냐는 안무가로서 만남 팀의 모든 한국무용을 연출하고 있다.

〈그림 II-26〉 장구춤을 추는 타냐의 모습(해당기사中 캡처)

이들은 모스크바의 한 사립 예술학교에서 만났다. 1999년 젊은 커플은 비슈케크으로 향한다. 이 해에 『만남』의 역사가 시작되었다. 이들에게 처음 몇 년은 무용과 음악을 위한 시설이 열악했기에 무척 힘든 시간이었다. 그래서 특히 시설비용을 지원해주었던 당시 고려인 회장인 신 로만 씨에게 깊은 고마움을 간직하고 있다.

2001년 고려인협회의 주선으로 타냐는 서울 국립극장의 교육프로그램에 참가한다. 그녀는 키르기스스탄 고려인 역사상 처음으로 한국 국립극장에서 무용을 공부한 사람이 되었다. 타냐는 한국 예술가들이 좋은 조건에서 일하는 것에 충격을 받았다고 한다. 냉난방이 잘 되는 무용실, 편한 탈의장, 샤워시설 등 모든 시설은 현대적이었고 그곳에서 일하고 살고 싶다는 생각이 절로 생겨났다고 한다.

서울에 있는 동안 타냐는 한국 전통예술의 분위기 속에 푹 빠져 한국무용에 몰두하게 된다. 한국무용의 모든 세밀함을 최고의 선생님들에게서 익혔다.

〈그림 Ⅱ-27〉 만남의 보컬 트리오, 맨 우측이 정 안드레이(해당기사中 캡처)

한국에서 돌아온 후 타냐는 비슈케크 한국교육원에서 무용을 가르치기 시작해 금년 5월까지 근무하였다. 그는 열정을 다해 그가 알고 있는 한국무용에 관한 모든 것을 학생들에게 전수하였다. 최 카챠(Katya), 강 류다 등 그녀의 제자들은 『만남』 공연단의 솔리스트가 되었다. 카챠는 『만남』의 안무를 담당하고 안드레이는 보컬을 책임지고 있다. 그들은 러시아어와 한국어로 노래를 한다.

안드레이는 한국 예술가들을 초청할 수 있는 기회가 생긴다면 자신들의 공연에 한국문화를 접목할 수 있는 좋은 계기가 될 것이라고 말한다.

그들은 또한 미래를 희망적으로 보고 있다. 요즘 만남 단원들은 음력 새해인 설날을 맞아 올릴 완전히 새로운 공연 준비에 한창이다.

4면기사 제목: 한국교육원에 도서 수 증가

비슈케크 한국교육원에 도서 수가 늘게 되었다. 11월에 한국교육원은 서울에서부터 600여권의 책을 받았다. 교과서와 문학작품 등이 대부분인 이 책들은 서울 양천구에서 보내주었다.

〈그림 II-28〉 악수를 나누는 조영식 한국교육원장(좌)과 한규종 양천도서관장(우)(해당기사中 캡처)

이 책들은 한국교육원 조영식 원장의 부탁으로 기증되었다. 양천도서관에서는 앞으로 매년 책을 추가해서 보내주기로 약속하였다. 이에 관한 협약을 맺기 위해 11월 28일에 양천도서관 한규종 관장이 비슈케크를 방문하였다. 기증된 책들은 한국교육원뿐 아니라 한국의 집에도 나누어 배치될 예정이다.

## 일치(Ильчи)

- 발행: 키르기스스탄 고려인연합
- 언어: 러시아어, 한국어
- 자료유형: 신문(격주간 발행)
- 발행날짜: 2006년 12월 28일(11호)
- 발행부수: 2000부
- 발행면수: 8면

### 1면기사 제목: 말하기 대회

한국어로 말하기 경연대회가 12월 9일에 키르기스 국립대학교에서 개최되었다. 5개 대학에서 온 참가자들이 한국어로 아름답게 말하는 능력을 마음껏 펼쳐 보였다. 오늘날 많은 젊은이들이 자기 모국어로도 올바른 표현을 구사하지 못하는 것을 감안한다면 외국어로 말한다는 것은 결코 쉬운 과제가 아니다. 그러나 우리 참가자들은 멋지게 자기 과제들을 완수해 냈다.

5년째 계속되고 있는 이 대회는 해가 갈수록 참가자들이 늘고 있다. 올해에는 키르기스 국립대, 국립 인문대, 슬라뱐스키대, 아라바예바대, 중앙아시아 미국대학 등에서 총 21명이 참가하였다. 이들의 발표주제는 다양하였다. 가장 먼저 발표한 아라바예바 2학년생 이굴마이람은 『키르기스의 어머니들』이라는 주제로 한국어 말하기 실력을 뽐내었다.

〈그림 II-29〉 이날 대회 참가자의 발표모습(해당기사中 캡처)

국립대 김 블라디미르 학생은 생활의 의미라는 주제로 이야기를 하였고 중앙아시아 미국대학 김로만 군은 소련의 고려인들에 대해 발표를 했다. 그 외에도 재미있는 주제의 발표가 많았는데 예를 들면『아버지와 신발』,『자연의 아름다움』,『시간을 유익하게 보내자』등등… 참가자들은 자유로운 주제를 택해 5분 이내로 발표를 마쳐야 했다. 이들은 단순히 말로만 내용을 전달하지 않고 제스처나 컴퓨터나 프로젝트 등을 이용해서 자기 주제를 주어진 시간에 최대한 효과적으로 전달하기 위해 노력했다.

모두가 최선을 다한 경연이 끝나고 입상자 발표가 있었다. 모두가 최고의 실력을 보여준 참가자들의 순위를 정하는 것은 심사위원들에게 어려운 일이었다. 한국말의 정확성, 주제와 내용의 일치, 시간 내 발표 완료, 표정과 몸짓 등을 일일이 체크하여 1시간의 토의를 거쳐 어렵게 6명의 입상자를 발표하였다. 대상의 영예는『유목민들의 집』이라는 주제로 발표한 국립 인문대 3년 수바노바 자즈굴 양이 차지했다.

이 대회는 한국어 회화실력을 향상시키고 한국문화와 예술과 가까워지는 계기일 뿐 아니라 한국의 발전을 보여주고 있다. 오늘날 한국이 국제사회에서 차지하는 위치와 역할은 갈수록 증대되고 있다. 그러나 이 나라에 정치인들만 매력 있어 하는 것은 아니다. 풍부한 역사와 옛 문화 덕분에 이제 보통사람들도 한국에 대한 관심을 늘려가고 있다.

기사작성: 옥사나 알렉세예바

### 3면 기사 제목: 아직도 많은 것이 내 앞에 있다

이 데니스 니키포로비티(사진)는 "Dennik Li"라는 패션브랜드의 사장이다. 자기 이름을 따서 이 멋진 브랜드 네임을 고안했다. 그는 현재 런던 패션업계에서 교육을 받고 있는 유일한 키르기스스탄 출신 학생이다. 이 재능 있는 젊은이는 학사 학위를 받고 석사과정의 입학 준비를 하고 있다. 그는 옷 제작에 있어 초일류의 전문가가 되는 것을 꿈꾸고 있다. 패션 브랜드 "Dennik Li"는 2006년에 활동을 시작했다.

〈그림 Ⅱ-30〉 이 데니스
(해당기사中 캡처)

현재 그는 50여 점의 밑그림을 가지고 있고 그중 몇 점의 완성된 옷이 곧 세상에 나올 전망이다. 그의 첫 컬렉션(추동 남성복)의 이름은 "무성영화"이다. 무성영화의 가장 유명한 배우인 찰리 채플린에게서 영감을 받았다고 한다. "DL"의 옷은 특별한 모형에 따라 제작되고 독특한 실루엣과 많은 디테일이 장점이다.

젊은 디자이너의 미래는 꿈으로 가득하다. 사업이 순탄하게 진행된다면 내년에는 춘하 여성복을 만들 생각이다. 그 외에도 액세서리, 향수에도 관심이 있고 패션잡지도 만들 계획을 갖고 있다. 패션 브랜드 "Dennik Li"의 궁극의 목표는 세계시장에 안정된 패션 브랜드로 진출하는 것이다.

## ▌일치(Ильчи)

- 발행: 키르기스스탄 고려인연합
- 언어: 러시아어, 한국어
- 자료유형: 신문(격주간 발행)
- 발행날짜: 2007년 2월 22일(2호)
- 발행부수: 2000부
- 발행면수: 8면

1면기사 제목: 영혼과 뜨거운 가슴의 일치

음악은 만국 공통의 언어이다. 이 언어를 이해하기 위해서는 영혼과 가슴이 필요할 뿐이다. 당신이 어느 나라 사람이건 각자의 가슴속에 울리는 보이지 않는 멜로디의 선율은 우리 모두를 하나로 만들어준다. 고려인 강제이주 70년을 기념한 콘서트에서 울려퍼진 선율은 한민족의 역사, 문화, 생활을 이해하는 데 도움을 주었다.

2월 2일 비슈케크 키르기스 국립 오페라 극장에서 고려인협회 지원으로 키르기스스탄과 한국국민들의 친선을 위한 음악회가 열렸다. 한국의 전통음악 앙상블인 『소리나루』가 초청되었다. 음악회의 주최자들은 "이러한 행사를 통해 양국간의 문화를 이해하는 데 도움이 된다. 비록 지리적으로 서로 멀리 떨어져 있지만 우리 가슴은 음악 덕분에 서로를 이해한다고 믿고 싶고 우리의 문화도 해가 갈수록 점점 더 가까워지고 있다."라고 희망이 담긴 메시지를 전달했다.

강호준 씨가 지휘하는 앙상블 『소리나루』와 키르기스스탄 민족 앙상블 『아라산』의 합동 연주회는 청중들에게 잊을 수 없는 음악적 감흥의 시간을 선물했다. 청중들은 연주가 시작되는 첫 순간부터 두 민족의 작품의 템포가 유사한 것과 악기 음색이 거의 비슷한 사실에 놀라워했다.

〈그림 Ⅱ-31〉 한국 전통음악 공연단 "소리나루"의 공연모습(해당기사中 캡처)

한국의 전통음악 앙상블인 『소리나루』는 한국의 전통음악을 현대적인 리듬에 맞추어 새롭게 해석하여 한국의 전통미와 신명을 국내외에 소개하여 왔다. 소리나루는 2002년에 설립된 이래로 카자흐스탄 알마티에서 2003, 2004, 2005년에, 베트남의 호치민 시에서 2005년과 2006년에 현지 예술단과 함께 친선음악회를 성공적으로 개최하였고 마침내 올해 2007년에는 키르기스스탄에서 공연을 갖게 되었다. 연주단 관계자들은 이번 행사가 연례적인 전통이 되어 다시 한번 키르기스스탄의 청중들과 만나게 되기를 희망한다고 말했다. 기사작성: 옥사나 알렉세예바

**2면기사 제목: 노래는 우리를 하나로 만들어준다….**

2월 3일 한국교육원에서는 흔하지 않은 강의가 있었다. 작은 홀에서는 지루하고 단조로운 강사 1인의 목소리 대신에 한시간 반 동안 음악 소리가 끊임없이 울려 퍼졌다. 한국 전통문화 예술단 『소리나루』의 솔리스트인 이원태 씨와 김창훈 씨는 고려인 청년들을 대상으로 한국음악에 대한 첫 강습을 하였다.

두 강사는 흥미로운 지도법을 사용하여 수업이 누구에게도 지루하지 않도록 하였다. 참가 학생들 모두 독창을 하고, 강사의 안무에 맞추어 춤을 추거나 아니면 『고유한』 자기 안무로 춤을 추기도 했다. 자유롭고 격의 없는 대화와 흥겨운 음악 그리고 열정적인 선생님들의 지도 덕분에 모두들 웃고 떠들며 즐거운 시간을 보낼 수 있었다.

〈그림 II-32〉 한국음악 강습의 한 장면(해당기사中 캡처)

강의는 한국어로 진행되었다. 한국어를 못하는 학생들도 있었지만 큰 문제가 되지 않았다. 한국어를 이해하는 학생이 서로 통역을 해주었다.

이날 강사들은 한국악기 대금과 장구를 가져왔다. 15명이 참가한 이날 수업에 모두들 만족하는 분위기였다. 두 강사는 수업의 목적은 해외동포들에게 국악을 알리고 이를 통해 자신의 뿌리를 확인하고 한국문화를 소개하는 데에 있다고 밝혔다. 이번 행사를 위해 키르기스스탄 주재 한국대사관, 한국재단, 비슈케크 한국교육원과 키르기스스탄 한인회가 후원을 하였다.

기사작성: 조야 베즈베르흐나야

## ▌일치(Ильчи)

- 발행: 키르기스스탄 고려인연합
- 언어: 러시아어, 한국어
- 자료유형: 신문(격주간 발행)
- 발행날짜: 2007년 8월 16일(11호)
- 발행부수: 1500부
- 발행면수: 8면

**1면 기사 제목: 안녕하세요, 태권도!**

7월 11일 스포츠회관에서 한국 태권도 올림픽팀이 시범공연을 가졌다.

한국과 키르기스스탄 사이에 예술 문화교류가 활발히 이루어지고 있다. 여기에는 키르기스스탄 고려인협회의 여러 활동이 많은 도움을 주었다.

최근 문화예술 분야에서 양국 간의 이벤트는 7월 11일 스포츠회관에서 열린 한국 태권도 시범공연이었다. 이 행사는 한국태권도협회, 키르기스스탄 WTF(세계태권도연맹), 스포츠-레저 Sun Club, 키르기스스탄 고려인협회의 주관으로 열리게 되었다.

〈그림 Ⅱ-33〉 한국에서 온 태권도 올림픽팀의 시범공연(해당기사中 캡처)

올림픽 종목인 태권도의 인기는 이곳에서 갈수록 늘어나고 있다. 이날도 체육관에는 빈 좌석을 찾아보기 어려웠다. 태권도를 통해 양국 간의 관계가 돈독해지고 교류를 통한 친목과 우의를 다지고 있다.

공연팀은 시범공연 이외에도 정부관계자들과의 만남을 통해 기술 장비 보급 등 태권도분야의 지속적인 협력에 대해 논의했다.

키르기스스탄 WTF 회장은 인사말에서 "자신의 인생을 태권도에 바친 선수들한테 고마운 마음을 드리고자 합니다. 선수들의 인내와 능력 덕분에 태권도는 올림픽 종목이 되었습니다."라며 이들의 노력을 치하하고 기념품을 선물했다. 한국태권도협회장 심종환 씨는 이에 대한 인사에서 "동양과 서양문화의 기원이 만나는 곳인 여기 키르기스스탄에서 한국의 전통 민중 무술을 소개해서 영광으로 생각합니다. 약 2천년 전 자신을 보호하는 무술로 생겨났습니다. 그러나 이제는 전 세계에서 인정받는 올림픽 종목이 되었습니다. 한국에서는 태권도가 건강 스포츠랍니다. 이번 행사가 키르기스스탄에 한국문화를 소개하는 좋은 기회가 되기를 바라고 양국 간의 교류가 앞으로도 계속되기를 바랍니다."라고 언급했다.

시범공연에서 특히 어린이들의 반응이 뜨거웠다. 이들 중에 미래의 운동선수의 꿈을 이루는 자들이 있기를 기대해본다.  기사작성: 옥사나 알렉세예바


6면기사 제목: 한국학 학자들의 중앙아시아 학술대회

2007년 7월 4~5일에 걸쳐 타슈켄트에서 연례 중앙아시아 한국학 학술대회가 고려인들의 중앙아시아 강제이주 70주년을 같이 기념하여 개최되었다. 회의에는 카자흐스탄, 우즈베키스탄, 키르기스스탄에서 온 한국관련 연구 학자들이 참석했다. 중앙아시아에서의 한인들의 삶을 연구하는 것이 회의의 목적이었다.

〈그림 Ⅱ-34〉 학술대회 현장의 모습(해당기사中 캡처)

중앙아시아에 이주한 고려인들은 항상 온순하고 법을 잘 따르고 고향을 한 순간도 잊지 않으면서 자신들의 전통과 풍습을 지키면서 살아왔다. 이러한 전통 덕분에 강제이주 고려인들은 언어를 잃었지만 구소련의 모든 지역에서 문화와 고유함을 간직할 수 있었다. 그래서 최근 일고 있는 고려인들의 모국어와 문화에 대한 부흥의 열망은 충분히 이해가 된다.

회의는 이틀간 계속되었고 회의 프로그램은 빡빡하면서도 매우 알찬 내용들로 채워졌다. 문학, 예술, 언어, 역사, 종교, 경제, 사회학 등 다양한 영역에서의 구소련 지역에 거주하는 고려인들의 삶과 업적에 대해 발표했다. 특히 한민족뿐 아니라 다른 민족의 학자들도 이번 대회에 많이 참석한 것은 매우 기분 좋은 일이었다. 이것은 구 소련지역에서 한국 문화에 대한 관심과 그 영향을 보여주는 일이라 생각된다.

흥미로운 발표가 많았는데 그중 몇 가지 예를 들면 『중앙아시아의 고려인문화와 극장』, 『한국과 중앙아시아의 문화적 관련의 기원에 관해』, 『고려인들 멘탈리티의 특성』, 『카자흐스탄 한인들의 시장경제로의 적응』, 『극동 고려인들의 카라칼파크스탄으로의 추방역사』 등이다. 특히 마지막 논문은 우즈베키스탄의 젊은 학자가 발표하였는데 그는 이전까지 볼 수 없었던 1937~38년도의 한인강제이주에 관한 문서들을 살펴볼 수 있었다.

강제 이주 고려인들의 고생과 비극의 여정도 주요 발표주제 중의 하나였다. 전체 고려민족에 대한 근거 없는 비난, 저명인사들의 체포 및 총살, 강제이주 과정에 있었던 굶주림과 사망…오직 불굴의 의지와 근면성으로 고려인들은 모든 어려움을 극복해냈고 이제는 인정과 존경을 받으며 자신의 지역사회의 경제, 사회, 문화 등에 기여를 하고 있다.

〈그림 II-35〉 키르기스스탄에서 온 고려인 학자들(해당기사中 캡처)

키르기스스탄의 고려인 학자들(사진)도 현지의 고려인 디아스포라 현황과 문제들에 대해 발표했다. 우리 키르기스스탄에서도 한국학에 관한 학문적인 연구가 시작된 것은 반가운 일이다. 학술대회에 참여한 다른 공화국들에 비해 키르기스스탄의 고려인 수는 적지만 그들의 위상은 결코 무시할 수 없다. 이를 반증하듯 다음 학술대회는 키르기스스탄에서 개최하기로 결정되었다.

이번 학술대회를 마치며 중앙아시아 한국학협회회장을 선출했다. 타슈켄트대학의 한국학과 학과장이며 철학박사인 김 빅토리아 씨가 당선되었다. 젊고 에너지 넘치는 새 회장의 리더십을 기대한다.  기사작성: 박 스텔라

## █ 일치(Ильчи)

- 발행: 키르기스스탄 고려인연합
- 언어: 러시아어, 한국어
- 자료유형: 신문(격주간 발행)
- 발행날짜: 2007년 8월 30일(12호)
- 발행부수: 1500부
- 발행면수: 8면

1면기사 제목: 사랑하는 동포, 키르기스인들이여!

키르기스 공화국 고려인협회는 키르기스스탄 독립기념일을 축하합니다. 우리의 젊은 독립 정부는 지난 기간 순탄하지 않은 역사적인 길을 지나 왔으나 우리 다민족『가족』은 평화를 보전할 수 있었습니다. 우리 협회는 이 평화의 지속과 우리의 사랑하는 국토의 번영을 위해 모든 노력을 다할 것입니다. 고려인연합

〈그림 Ⅱ-36〉 독립기념일 행사에 참석한 상 보리스 고려인협회회장(우측에서 4번째) (해당기사中 캡처)

### 2면기사 제목: 한국의 키르기스 경제 투자

키르기스스탄에는 순수한 한국계와 합자형식의 100개가 넘는 중소규모의 회사들이 일을 하고 있다. 국가 통계청에 따르면 2006년 한국과의 대외무역은 총 3천 110만 불에 이르렀고 그중 수출이 2백만, 불 수입이 2천 910만 불을 기록했다.

양국 간의 앞으로의 무역·경제 협력과 2008년 서울에 키르기스 대사관을 여는 문제를 8월 23일에 알마즈벡 아탐바에프 키르기스 총리와 이상수 한국 노동부장관이 비슈케크에서 논의했다. 한국 대표단의 일원으로 키르기스에서의 투자가능성을 조사하기 위해 현대자동차의 대표도 포함되었다.

### 2면 메인기사 제목: 나는 러시아어를 마스터할 텐데…

오늘날 점점 많은 젊은이들이 몇 개의 외국어를 구사하고 있다. 일에서 성공을 거두기 위해서는 모국어 하나만으로는 부족하다. 이러한 경향은 키르기스뿐만 아니라 외국에서도 마찬가지이다. 얼마 전 러시아어를 배우는 한국의 대학생들이 키르기스를 찾았다.

〈그림 II-37〉 대구가톨릭대학에서 온 연수생들(해당기사中 캡처)

대구가톨릭대학의 학생들은 벌써 몇 해를 CIS의 나라들에서 여름방학을 보내고 있다. 예를 들면 작년에는 우크라이나와 러시아를 방문했고 모스크바에서 연수를 받기도 했다. 올해 그들의 선택지는 키르기스스탄과 카자흐스탄이었다.

“우리는 여행이 너무 좋아요. 긴 여정도 낯선 나라도 무섭지 않아요. 눈앞에 펼쳐지는 새롭고 흥미로운 세상이 즐겁습니다.” 한 여학생의 말

학생들이 인솔교수와 같이 방문한 한국관에서 우리는 인사를 나누고 이야기를 할 수 있었다. 고려인협회 부회장 강류드밀라 씨는 한국 손님들의 모든 질문에 답하고 고려인 강제이주 역사를 설명하고 자신의 한국방문 소감 등을 같이 나누었다. 다양한 학년의 학생들로 구성된 이들 중에 러시아어를 상당히 잘 하는 여대생 김윤지 양과 이야기를 나누었다.

문: 왜 러시아어를 공부하는지?
답: 우리 학교에서는 중국어, 일본어, 러시아어 중에 하나는 꼭 배워야 하는데 러시아어가 가장 쉬울 것 같았어요(웃으며).
문: 실제 배우니 어떤가요?
답: 너무 어려워요.
문: 러시아어를 택한 것이 후회되지는 않아요?
답: 전혀 그렇지 않아요. 너무 재미있어요. 제 생각에 어떤 외국어든 선생님의 역할이 중요한 것 같아요. 무슨 언어든지 간에 선생님이 학생들에게 흥미를 심어주지 못하면 아무리 쉬워도 배울 수 없을 거라고 생각해요.
문: 먼 거리를 어떻게 왔는지?
답: 한국과 키르기스간에 직항이 없어서 먼저 카자흐스탄으로 갔습니다. 그곳에서 5일을 보내고 버스를 타고 키르기스로 왔어요.
문: 여행 경비는 누가 지불하나요?
답: 각자 개인이 부담합니다.
문: 이스쿨에는 가봤나요?
답: 물론이죠. 그곳에서 4일을 지냈습니다. 아름다운 호수하며 비교할 수 없는 경치였어요. 언젠가 이곳에 다시 오기를 기대합니다.

아쉽게도 우리가 한국학생들과 만난 날은 그들의 키르기스 체류 마지막

날이었다. 그날 저녁 그들은 고향으로 돌아갔다.　기사작성: 옥사나 알렉세예바

## 4면기사 제목: 선물로 받은 이름

키르기스 지역에 사는 2만명 가량의 고려인들의 대다수는 러시아 이름을 갖고 있다.

19세기 러시아로 이주한 한국인들의 다수는 러시아정교를 받아들였고 세례를 받을 때 그들에게 러시아 이름이 주어졌다. 이 이름들은 12사도 성상들에게서 가져온 것이어서 1920~25년까지 태어난 고려인들은 대부분 프라스코비아(прасковья), 아쿨리나(акулина), 메포디이(мефодий ) 같은 쇠퇴한 예스러운 이름을 지녔다. 시간이 어느 정도 지난 후 이런 쇠퇴한 이름들은 일반적인 소련-러시아식 이름으로 교체되었다. 1930년대에 고려인들은 러시아에서는 흔하지 않은 안젤라, 게르만, 에두아르드 같은 이름을 사용하게 되었다. 많지 않은 한국인 성(姓)이 많지 않은 전통 러시아 이름과 결합했다. 그 결과 수많은 동명이인들이 생겨났다.

〈그림 II-38〉 선물 받은 이름을 들고 있는 고려인들(해당기사中 캡처)

이러한 상황을 안타까워한 한국교육원 조영식 원장의 아이디어로 한국에서 이름을 지어주는 전문가인 '작명가'들이 이곳 비슈케크에 새로운 순수

한국 이름을 받기를 원하는 고려인들을 위해 방문하였다.

　8월 21일부터 29일까지로 예정된 이들의 방문기간에 500여명이 새 이름을 받았다. 작명가들이 떠난 이후로도 원하는 고려인들에게 한국이름을 선물하는 일은 계속될 예정이다. 　기사작성: 알미라 이슈크네바


## ▎ 일치(Ильчи)

- 발행: 키르기스스탄 고려인연합
- 언어: 러시아어, 한국어
- 자료유형: 신문(격주간 발행)
- 발행날짜: 2008년 4월 10일(7호)
- 발행부수: 1500부
- 발행면수: 8면


　**1면기사 제목: 젊은이들은 전통과 풍습을 계속 배워나가고 있다**

　지난 4월 3일에 키르기스스탄 고려인 청년연합 회원들이 모여 한민족의 전통과 풍습에 관한 정기 교육을 받았다. 이번에 젊은 청년들은 한민족의 중요한 풍습 중의 하나인 '한식'에 대해 알게 되었다. 한편 한국에서 온 젊은 이들도 이날 강사로 나선 최 콘스탄틴 바실리에비치 씨와 함께 한국 전통과 풍습에 관한 지식을 나누었다.

　고려인협회 부회장인 강류드밀라 씨가 이들 한국 젊은이들을 소개하는 것으로 만남은 시작되었다. 류드밀라 씨는 이들이 7월을 우리 고려인 청년들과 같이 보낼 계획임을 알리고 서로간의 친화를 부탁했다. 한국 젊은이들은 귀기울여 최 콘스탄틴 씨의 한식에 관한 강의를 들었다.

〈그림 II-39〉 고려인 청년들과 한국인 청년들의 기념촬영(해당기사中 캡처)

콘스탄틴 씨는 학생들에게 한국에서 절의 종류가 몇 개냐는 질문을 던졌다. 누군가의 3개라는 답을 듣고 나와서 그중의 하나라도 시범을 보여 달라 했지만 아무도 나서지 못했다. 유감스럽게도 우리의 대부분은 한국의 이런 저런 풍습들의 자세한 부분까지 알지는 못한다.

콘스탄틴 씨는 젊은이들에게 직접 절하는 방법의 시범을 보였다. 그는 500년 전 유학의 대가이자 철학가였던 율곡의 말을 상기시켰다. "풍습과 의식을 행하는 데 있어 얼마나 정확한가 보다는 진실의 마음이 더 중요하다. 우리 이것을 다 같이 기억합시다."

마지막으로 콘스탄틴 선생은 이날 모인 젊은이들에게 4월 5일 한식날 선조들의 영혼에 고마움과 존경을 표하도록 부탁하였다. 그리고 구체적으로 어떻게 이를 행하여야 하는지 그리고 이것이 어떤 좋은 결과를 가져오는지도 설명하였다. 기사작성: 블라드 라지코프

6면기사 제목: 선조에게 올리는 절

> 친족의 관에 꽃을 바친다.
> 살아있는 우리는 조상들의 전통을 존경하고,
> 이 무덤의 아름다움에
> 심장이 멎어,
> 여기 친족이 잠들어 있다.
>
> 양원식

한식(절기)은 동지로부터 105일째 되는 날이다. 4대 명절의 하나로 청명절 다음날이거나 같은 날에 들기도 한다. 음력으로는 보통 2월에 찾아오고 드물게는 3월에 들기도 한다. 양력으로 4월 5일이며 이날은 한국에서 식목일이기도 하다. 계절적으로는 한해 농사가 시작되는 철이기도 하며 겨우내 손상된 조상의 무덤을 돌보는 때이기도 하다.

한식은 원래 한국의 풍습이 아니라 중국에서 들어온 절기였으나 한국에서 토착화되었다. 지역적으로는 한반도 북쪽지역이 남쪽지역에 비해 한식을 중요시하는 경향이 있다.

〈그림 II-40〉 한식날의 제사풍경〈해당기사中 캡처〉

이날은 불을 쓰지 않고 찬 음식을 먹는 풍속이 있다고 한다. 나라에서는 종묘와 각 능원에 제향을 지내고 관공리들에게 공을 주어 성묘하도록 하였다. 민간에서는 산소를 돌보고 제사를 지낸다. 농가에서는 이날 농작물의 씨를 뿌리기도 한다.

키르기스스탄과 극동지역 고려인들에게 있어 오늘날까지 그들이 지켜오고 있는 풍습과 의식들은 세대에서 세대를 거쳐 오면서 수수께끼와 의문으로 가득차게 되었다. 물론 우리들의 다수가 어린 시절부터 이것을 가르쳤다면 이러한 혼란은 오지 않았을 것이다. 생명발생의 비밀까지 이제 막 밝혀내려고 하는 2000년대에 이런 오래된 풍습들을 왜 알아야 할까라는 생각이 들기도 한다. 과연 그것들이 우리에게 어떻게 영향을 주었고 앞으로의 세대에게 영향을 미칠 것인가?

이 물음에 대한 답은 '매우 강하게'이다. 세계에서 한국 민족같이 조상들에게 예의를 갖추는 곳은 없다. 근면성실함과 노인에 대한 공경, 교육의 숭배가 오늘날에도 한국민족의(키르기스스탄의 고려인들도 포함하여) 주요 미덕으로 간주되고 있다.

우리 모두는 앞으로 수천의 후손들을 가질 것이다. 조상들은 오늘날의 우리를 있게 하였다. 따라서 우리가 그들에게 고마움을 표시하는 것은 자연스러운 일이다. 여기에 우리 한국인들이 한식을 포함하여 정기적으로 조상들을 기리는 의식을 거행하는 이유가 있다.

이러한 조상들에 대한 존경의 원칙이 개별 한국인들의 성공의 근본에 자리 잡고 있다. 조상들 덕분에 번창할 수 있고 또 벌을 받을 수도 있다. 성공의 주요 원인 중의 하나는 과거의 좋은 것들을 잘 지키는 것이고 이 중에는 어려운 시절 민족을 하나로 단결시켰던 풍습과 의식이 포함된다.

키르기스스탄의 고려인들은 이미 오랫동안 한국에서 지켜지고 있는 풍습과 의식들을 행하지 않고 있다. 예를 들면 설날 조상들을 기리는 '차례'나 음력설날 차례를 지낸 후 노인들에게 올리는 '세배' 등이 그것이다. 물론 '한식'도 포함된다.

"천릿길도 한걸음부터"라는 속담이 있다. 따라서 우리의 풍습과 의식에 대해 처음부터 새롭게 배우는 일에 결코 늦음이 있을 수 없다.

"노인을 공경하고 항상 존경하는 사람에게는 네 가지 법(法, dharma)이 돌아간다: 생명, 아름다움, 행복, 기운" – 부처의 말이다.  기사작성: 발레리 한

## ▌일치(Ильчи)

- 발행: 키르기스스탄 고려인연합
- 언어: 러시아어, 한국어
- 자료유형: 신문(격주간 발행)
- 발행날짜: 2008년 5월15일(9호)
- 발행부수: 1500부
- 발행면수: 8면

4면기사 제목: 한국어가 아주 재미있어요

비슈케크 한국교육원 한국어 올림피아드 개최

1등 컴퓨터, 2등 텔레비전 등 상품도 다양

비슈케크 한국교육원(원장 조영식, 사진 가운데)은 4월 25일 비슈케크 한국교육원에서 쉬콜라(한국의 초·중·고등학교에 해당) 학생을 대상으로 한국어 경시대회를 개최했다.

이번 대회는 쉬콜라 학교에서 한글을 배우는 현지학생들을 대상으로 실시하였는데 15개 학교에서 뽑힌 31명이 참여해 자신들이 배운 한국어실력을 마음껏 발휘했다.

개인별로 한국어를 배우는 기간은 달라 1년부터 3년까지 다양하고 참가자의 학년도 3학년에서 10학년까지 다양했다. 비슈케크 한국교육원에서는

〈그림 II-41〉 한국어 경시대회 수상자들의 모습(해당기사中 캡처)

이들을 상위그룹과 하위그룹으로 나누어 평가 시상했다.

이번 한국어 올림피아드대회에서 1등은 대통령아카데미 학생 카느베크즈아셀과 70번쉬콜라 학생 압드라자코바아딜라가 차지했으며 이들은 펜티엄4급 중고컴퓨터를 부상으로 각각 받았다. 한편 1등을 배출한 학교의 한국어 교사에게는 부상으로 핸드폰이 1개씩 제공되었다. 2등에게는 TV, 3등에게는 DVD플레이어, 4등에게는 고급 다리미가 부상으로 전달되었다.

또한 모든 참가자들에게 한국에서 제공받은 아동복을 선물하여 참가자 모두가 기쁨이 넘치는 이벤트가 되었다.

조영식 비슈케크 한국교육원장은 "한국어를 재미있게 공부하도록 흥미를 높이기 위해서 다양한 행사를 하고 있다"라며 한국어 올림피아드대회가 새로운 학습의 촉매가 되며 동기유발에 크게 기여할 것이라고 말했다.

**7면기사 제목: 세대를 통한 삶의 길**

지난주 키르기스스탄의 고려인협회는 또 하나의 기쁨을 맛보았다. 단행본 "세대를 통한 삶의 길"이 양장본으로 세상에 처음 빛을 보게 되었다.

5월 7일 한국의 집에서는 이 책의 제작에 참여한 모두에게 책을 전달하는 행사가 있었다. 고려인협회 부회장 강류드밀라 씨(사진)는 이날 모인 사람들에게 "많은 우리 아이들은 우리 역사, 특히 연해주에서 우즈베키스탄과 카자흐스탄으로의 강제이주에 대해서 잘 모릅니다. 이 책에는 22편의 사연이 실려있고 사연 하나하나마다 특별한 의미를 갖고 있습니다. 이 역사적인 책을 쓰는 데 참여해준 모든 분들께 감사를 드립니다."라고 인사말을 했다.

이 책은 키르기스스탄 민족협회 의장에게도 전달되어 호평을 받았다.

이날 모인 사람들의 소회도 남달랐다. 리 게론 씨는 "개인적으로 모든 참여자들에게 축하를 드린다. 나는 이 책을 가슴속의 노래, 그리고 1937년 강제이주 된 조상들의 영혼이라 부르고 싶다."라고 말했다.

이날 만남에서 이 책을 고려인들이 거주하는 중앙아시아와 러시아 각지로 나누어 보내자는 제안이 나왔다.

〈그림 II-42〉 인사말을 하는 고려인협회 부회장 강류드밀라 씨(해당기사中 캡처)

인쇄되어 나온 1000권의 책들은 무료로 배포될 예정이다. 책은 눈물과 함께 단숨에 읽혀지는 500여 페이지의 살아있는 한민족의 역사를 담고 있다. 키르기스스탄 고려인협회는 이와 같은 종류의 책을 이번에 처음으로 발간하였다.  기사작성: 블라드 라지코프

## ▌일치(Ильчи)

- 발행: 키르기스스탄 고려인연합
- 언어: 러시아어, 한국어
- 자료유형: 신문(격주간 발행)
- 발행날짜: 2008년 10월 16일(17호)
- 발행부수: 1500부
- 발행면수: 8면

1, 4면기사 제목: 인생의 가을을 감사하게 맞이하자

노인들을 위한 명절이 가을에 찾아오는 것은 아마 우연이 아닐 것이다. 풍부한 삶의 경험, 거기서 우러나오는 지혜와 현명함… 이것이 아마 인생의 가을을 대변해 줄 것이다. 10월 1일은 유엔이 정한 국제 노인의 날이다. 키르기스스탄 고려인협회에서는 이날을 맞아 고려인 노인들을 국립극장에 초대해 2시간 가량 즐거운 시간을 가졌다.

〈그림 II-43〉 한복을 차려 입고 행사장 앞에서 기념촬영을 한 고려인 할머니들(해당기사中 캡처)

〈그림 II-44〉『만남』공연단의 북춤 공연(해당기사中 캡처)

〈그림 II-45〉 김 막달리나 씨의 솔로 공연 모습(해당기사中 캡처)

〈그림 II-46〉 고려인 사회 발전에 공헌이 큰 노인 분들에게 상장과 메달을 수여하는 고려인협회(해당기사中 캡처)

7면기사 제목: 아이들은 우리 인생의 꽃이다

이 『꽃』이 얼마나 아름다워질지는 바로 부모에게 달려있다. 교육과 문화 그리고 주변환경에 달려있다. 모든 부모는 자식에게 가능한 한 많은 사랑과 관심을 주기 위해 애쓴다. 그리고 그들의 『꽃』이 아무런 부족함 없이 자라나 피어날 수 있도록 할 수 있는 모든 것을 다하기 위해 노력한다.

〈그림 II-47〉 "다문화" 유치원(해당기사中 캡처)

올바른 교육이란 무엇인가, 그리고 국가와 국적이 아이들의 양육에 영향을 주는가를 알아보기 위해 본 기자는 정보를 검색해 보았다. 무엇보다 한국에서 한국아이들이 어떻게 양육을 받는가를 알고 싶었다. 한국아이들의 교육은 우리 소련식 교육과는 근본적으로 다르다. 우리들에게 한국 어린아이들의 자유스런 행동과 응석부림 등은 익숙하지가 않다. 어린아이에게는 많은 것이 허용되고 실질적으로 금지되는 것이라고는 아무것도 없다. 오늘날 한국에서는 대부분의 여성은 일을 하지 않는다. 일을 하더라도 온종일이 아닌 경우가 많다. 그래서 엄마들은 아기를 키우는 데에 모든 시간을 쏟아붓는다.

한국 아이들이 누리는 이러한 자유는 초등학교에 입학하면 규율과 엄격함의 통제로 바뀌게 된다. 치열한 경쟁사회인 한국에서 자식의 더 좋은 교육은 모든 부모의 열망이고 이를 위해 그 어떤 부모도 돈을 아끼지 않는다. 한 조사에 따르면 평균적으로 한 가정에서 교육비로 지출되는 액수가 월 1100$ 이상인 것으로 나왔다. 아이들은 아침 일찍 집을 나서 학교수업 이후 각종 과외수업을 받고 저녁 무렵에야 집에 돌아온다.

기자의 느낌으로는 한국 아이들의 어린 시절은 매우 짧은 듯했다. 인생의 첫 6~7년 정도가 전부였고 이후로는 치열한 경쟁이 시작된다. 그들 앞에는 끝없는 학업과 일이 기다리고 있다. 따라서 한국의 어린아이들에게 모든 것이 허용되는 자유는 어쩌면 정당한 것일지도 모른다는 생각이 들었다. 실로 그들에게는 너무나도 빨리 이 모든 허용이 엄격한 규율로 바뀌지 않는가. 한국과는 달리 키르기스스탄을 포함한 구소련지역 아이들의 어린 시절은 좀 더 오래 지속된다. 또 기자가 보기에는 그들의 교육은 한국아이들과 비교하면 좀 더 부드럽다. 물론 이곳에도 경쟁은 있다. 하지만 그 정도가 훨씬 약하다.

덧붙일 것은 한국의 부모들이나 키르기스스탄의 부모들이나 자식이 교양 있고 훌륭한 사람으로 성장하기 위해 최선을 다하는 것은 마찬가지라는 것이다. 단지 이 목적을 이루기 위한 방법이 조금 다를 뿐이다.

기사작성: 김 다리야

## 일치(Ильчи)

- 발행: 키르기스스탄 고려인연합
- 언어: 러시아어, 한국어
- 자료유형: 신문(격주간 발행)
- 발행날짜: 2009년 6월 25일(12호)
- 발행부수: 1500부
- 발행면수: 8면

4면기사 제목: ―한국의 혼이 실린 문화―사물놀이

사물놀이를 문자 그대로 번역하면 "4가지 물건을 갖고 하는 놀이"라는 뜻이다. 여기서 4가지 물건은 타악기를 말하며 장구, 북, 꽹과리, 징이 해당된다. 우리에게 잘 알려진 부채춤이나 북춤과 비교하자면 사물놀이는 연주에 좀 더 혼을 실어 표현하는 음악이다.

〈그림 II-48〉 강습에 열중인 수강생들(해당기사中 캡처)

비슈케크에서 사물놀이 공연을 관람하기는 어려웠다. 기술을 가르치고 거기에 맞추어 공연을 보여줄 만한 전문가들이 없었기 때문이다. 반면 매우 많은 사람들이 사물놀이를 배우기를 희망했다.

지금까지 비슈케크에 있는 한국교육원의 전통 춤을 배우는 동아리에서는 장구만 접해볼 수 있었다. 그러나 사물놀이에 관심을 보인 학생들은 오랫동안 이 연주기술을 익히기를 꿈꿔왔다. 이에 한국교육원 원장 조영식 씨는 비슈케크에서의 사물놀이 강습을 위해 최대한 노력을 기울였고 마침내 훌륭한 전문가를 찾아 초청하게 되었다. 이에 따른 제반 경비는 한국교육원 측이 부담하기로 하였다.

그러나 사물놀이 강습이 이루어지기까지는 많은 어려움이 있었다. 우선 악기들의 소리가 너무 크기에 적합한 강습장소를 찾는 것이 어려웠다. 여러 우여곡절 끝에 시내중심가에 위치한 조형예술박물관의 홀을 빌려 강습이 이루어지게 되었다.

그 다음 문제는 참여인원수의 조정이었다. 너무 많은 이들이 강습을 받기를 원했기에 희망자들을 일일이 살펴보고 교육받기에 적합한 이들을 추려야만 했다.

한국교육원 원장 조영식 씨는 "사물놀이를 통해 한국문화의 아름다움을 보여줄 수 있게 되어 기쁘다."라고 소감을 밝혔다. 강습은 6월 15일부터 2주간에 걸쳐 한국에서 온 사물놀이 지도자 임호석 씨에 의해 진행될 예정이다. 사물놀이 강습 및 공연 관련소식은 다음호에 이어진다.

### 5면기사 제목: "통일회" 회원들의 만남

6월 23일 카페 "인사이트"에서는 노인들의 클럽 "통일회" 회원들의 만남이 있었다. 오랫동안 이 행사를 기다려온 100여 명의 회원들이 모여 그동안의 회포를 풀 수 있었다. 카페 "인사이트"는 고려인 최 발레리 씨가 주인으로 있기도 하다.

〈그림 II-49〉 만남의 시작은 춤과 함께!(해당기사中 캡처)

〈그림 II-50〉 통일회의 여성회원들(해당기사中 캡처)

〈그림 II-51〉 통일회의 남성회원들(해당기사中 캡처)

　　클럽 "통일회"는 회원 수로 봤을 때 비슈케크의 연금자들을 대상으로 한 클럽 가운데 가장 큰 규모를 자랑한다. 이 클럽은 이전에 존재했던 몇몇 클럽을 통합하였다. 현재 이 클럽의 대표자는 고려인협회로부터 발전의 공로로 수차에 걸쳐 감사패와 상장 등을 수여 받은 바 있는 김 류보비 씨가 맡고 있다. 고려인협회는 클럽의 다양한 행사의 진행을 위해 물질적인 도움을 주고 있다. 김씨는 고려인연합 덕분에 노인의 날과 단오를 비롯한 많은 명절 행사를 치를 수 있다고 말하고 있다.

통일회는 비슈케크의 한국교육원과도 협력을 하고 있다. 또 클럽의 큰 행사가 있을 때마다 예술 공연단 만남이 초대되어 흥을 돋워 주기도 한다. 최근에는 한국에서 온 사물놀이 팀의 공연을 인상 깊게 볼 수 있었다.

김씨의 말에 따르면 회원들의 다수는 통일회에만 나오지 않고 다른 클럽에서도 활발히 참여하고 있다. 김씨는 또 "이 클럽의 대다수는 여성들로 그들의 나이 대부분이 70~80의 고령이지만 클럽모임에 나올 때는 항상 옷을 아름답게 차려 입고 높은 구두를 신고 나오고 있다. 그들은 이곳에 나와 젊음의 활력을 얻는다."라고 말하고 있다. 그러나 이 클럽은 단순히 회원들의 즐거움을 위한 만남에 머무르지는 않는다. 통일회가 추구하는 두 가지 큰 목표가 있다. 첫째는 비슈케크의 모든 고려인 노인들을 하나로 단결시키는 것이다. 단순히 하나로 뭉치게 하는 것이 아니라 그들에게 빛나는 한국의 전통과 풍습을 가르쳐 고향을 떠나 살며 그들의 가슴속에 잊혀진 기억들을 되살리는 것이다. 두 번째는 노인들에 대한 도움과 관심이다. 최근에 클럽 회원인 음악가 그리고리 씨가 세상을 떴다. 그에게는 친척이 한 명도 없었다. 김 류보비 씨는 자신이 장례의 모든 책임을 맡아 그의 마지막 길을 배웅하였다.

이날 클럽에서 만난 회원들은 한 목소리로 사는 동안 통일회에 계속 나올 것이라고 말했다. 실로 그들은 이곳에서 이야기하고 춤추고 노래하며 흥겨움을 느끼고 삶의 문제와 고민들을 나누고 있었다. 김 류보비 씨는 클럽의 장래에 대한 희망에 대해 이렇게 말했다. "고려인 사회가 약해지지 않았으면 좋겠다. 젊은 세대들로 채워지며 항상 앞으로 나아가기를 바란다. 그리고 그들이 모국의 전통과 풍습을 잊지 않도록 하는 것이 우리의 남은 과제다."

## ▌일치(Ильчи)

- 발행: 키르기스스탄 고려인연합
- 언어: 러시아어, 한국어
- 자료유형: 신문(격주간 발행)
- 발행날짜: 2009년8월 27일(13호)
- 발행부수: 1500부
- 발행면수: 8면

1, 4, 5면 기사 제목: 우리 모두 오늘 여기 모이니 얼마나 좋은가!

한국 서울에서 개최되는 전세계 차세대 한인 지도자들의 연례대회에 키르기스스탄의 고려인들도 초대를 받았다. 이들은 비슈케크 지역의회 위원인 신 세르게이, 의학박사 김 알렉산드르, 일치 신문의 편집장 허가이 바딤이다.

2009년 제12회 세계한인차세대대회의 목적은 세계 각 분야에서 활약하는 한인 젊은이들을 초청해 이들의 친목과 인맥형성을 쌓으며 나아가 모국과의 상생을 도모하기 위한 행사이다.

〈그림 II-52〉 우정과 화합을 다지며 비빔밥을 같이 준비하고 있는 각국에서 온 대표들 (해당기사中 캡처)

24개국에서 89명의 차세대 리더들이 참석해 프로그램에 따라 3박4일간의 일정으로 서울 힐튼호텔에서 체류하였다.

짧지만 우리 키르기스 대표단들에게는 유익한 시간이었다. 전 세계에서 온 한인들에 관해, 그들이 어떻게 다양한 나라들에 살게 되었는지 알게 되었다. 대부분의 한인들이 부모들과 함께 경제적으로 더 나은 삶을 위해 이민을 갔다는 사실이 흥미로웠다.

38선 지역을 방문하고는 이것이 분단의 현실이라는 것을 깨달을 수 있었다. 또 역사 박물관에서는 참으로 많은 새로운 것들을 알게 되고 우리의 정체성을 생각하게 되었다.

〈그림 II-53〉 키르기스스탄 대표들의 기념촬영(해당기사中 캡처)

12회 세계한인차세대대회에 참가한 우리 키르기스스탄 대표들은 키르기스스탄 주재 한국대사관과 고려인협회관계자들에게 이번 대회에 참석할 기회를 제공한 것에 대해 진심으로 감사의 뜻을 전한다.

3면기사 제목: 사물놀이 – 우수한 한국문화의 상징

비슈케크 주재 한국교육원에서는 이번 여름에 흔하지 않은 행사를 기획하였다. 한국에서 사물놀이를 지도하는 전문가를 초청한 것이다. 이전에는

〈그림 II-54〉 판필로바 공원에서 가진 시범공연(해당기사中 캡처)

4가지 한국악기로 연주되는 이 국악공연을 아는 이가 키르기스스탄에는 드물었다.

6월 15일부터 6월 27일까지 임호석 씨는 한국교육원의 교사와 학생들을 비롯해 몇 명의 중고생과 고려인협회 회원들을 대상으로 사물놀이를 지도했다. 총 24명의 강습생들은 2주의 기간 동안 열심히 사물놀이를 배웠다. 첫 주에는 사물놀이의 기초부터 시작해 여러 가지 리듬을 익혔으며 한 주가 지난 후에는 이미 청중들 앞에서 시범공연을 할 수 있게 되었다.

한국교육원 원장인 조영식 씨는 "이제 키르기스스탄에서 빛나는 한국의 국악예술인 사물놀이에 대해 알게 되어 기쁘다. 앞으로는 결혼식이나 회갑, 아이 돌 같은 행사들에 우리 공연팀이 초청되어 사물놀이 공연을 펼쳐 보일 수 있을 것이다."라며 매우 기뻐했다.

이들은 2주의 기간 동안 레스토랑과 유치원, 야외 공원 등지에서 현지인들의 폭발적인 관심 속에 시범공연을 가졌다.

## ▌일치(Ильчи)

- 발행: 키르기스스탄 고려인연합
- 언어: 러시아어, 한국어
- 자료유형: 신문(격주간 발행)
- 발행날짜: 2009년 12월 24일(21호)
- 발행부수: 1500부
- 발행면수: 8

### 키르기스 고려인연합 20주년 특집기사

12월 22일 오후 3시에 키르기스 국립극장에서는 키르기스 공화국 고려인연합의 창립 20주년을 기념하는 행사가 개최되었다. 이날 우리의 20번째 생일을 축하하기 위해 고려인 디아스포라의 가족들과 손님들은 객석을 가득 메웠다. 이날 행사는 오후 3시 극장의 조명이 어두워지며 전통 공연예술 클럽 "만남"의 축하 공연으로 시작되었다.

〈그림 II-55〉 20주년 행사의 개회식 (해당기사中 캡처)

〈그림 II-56〉 축하메시지를 전하는 김병호 대사(해당기사中 캡처)

20년 전에 키르기스 공화국의 고려인연합은 이 땅에 그 첫 발을 내디뎠다. 지난 20년 우리 연합은 활발하고 적극적인 활동을 보여 주었고 이제는 키르기스 공화국의 권위있는 사회 단체 중의 하나로 우뚝 섰다. 이는 무엇보다 우리 연합 활동가들의 노력에 가장 큰 공을 돌려야 할 것이고 그중에서도 우리 연합의 모태가 된 "친선"의 초대 회장 정 라지이 라브렌티에비치(Тен Радий Лаврентьевич), 2대 회장 안 리차드 인세코비치(Ан Рычард Ынсекович), 3대 회장 신 로만 알렉센드로비치(Шин Роман Александрович), 이 3인의 노력을 빼 놓을 수 없을 것이다. 2005년부터 상 보리스 아나톨리비치가 키르기스 고려인연합을 이끌고 있으며 그는 이날 축하행사의 공식적인 개회를 선포하였다.

개막 공식 행사 이후 지난 고려인연합 20년을 기념하는 다큐멘터리 영상물을 시청하였다. 현 연합 회장인 상 보리스 아나톨리비치는 축사에서 특히 키르기스 국민들에 대한 감사를 전했고 우리의 두 고향 한국과 키르기스스탄 모두의 발전과 번영을 기원했다. 키르기스 정부를 대표한 인사들의 축사에 이어 한국 대사관 김병호 대사의 축하 메시지도 전달되었다. 김 대사는 축사에서 글로벌 시대 700만 해외 동포의 중요성을 강조하고 이들에 대한 한국정부의 계속적인 관심과 지원을 약속하였다. 모든 축사 낭독이 끝난 후 고려인연합의 발전에 공을 세운 이들에 대한 메달과 상장 수여가 있었다. 4명의 전·현직 회장 외에 이날 메달과 상장을 수여받은 주요 인사들은 박 니콜라이 이로비치(고려인연합 부회장), 리 게론 니콜라이비치(작가), 정 니콜라이 메포디에비치(키르기스 민중교육가), 최 블라지미르 카피토노비치(전 고려인연합 부회장), 조영식(한국어교육원장), 홍 발레리 파블로비치(고려인 사회활동가), 김 류보비(통일회 대표), 정 블라디미르 세르게에비치(카라볼타지역 고려인연합 부회장) 등이 있다.

이후 본 행사를 지원해준 모든 분들께 대한 감사의 인사가 있었고 마지막으로 이날 초청된 모든 예술인들이 같이 무대에 올라 공연을 하였다.

〈그림 Ⅱ - 57〉 고려인협회 20주년 축하공연(해당기사中 캡처)

순수 열정으로 시작한 우리의 작은 모임은 이제 커다란 사회 조직이 되었다. 20번째 생일을 맞아 무엇보다 고령의 나이에도 불구하고 협회의 발전을 위해 힘써주시는 "노병"들께 감사의 마음을 전한다. 키르기스스탄 정부는 민족 간의 평화와 우정을 증진하는 데에 기여하고 있는 고려인협회의 활동을 높이 평가하고 있다.


## 2. 고려인 라디오 〈아리랑〉 방송자료


### ▌〈아리랑〉

- 방송일자: 2002년 8월 17일
- 언어: 러시아어
- 진행: 박 스베틀라나
- 방송제작: 키르기스스탄 고려인협회


박 스베틀라나: Здравствуй те! Дорогие радиослушатели, пр ограмма 『Ариран』, общественное объединение корей цев Кыргызской Республики, выходит в эфир на волне FM 104 государственной телерадиокорпорации Кыргызской респ ублики. Сегодня и каждую среду в двадцать сорок мы рад

ы приветствовать вас. 『Ариран』 - это информационно-муз
ыкальная программа, которая будет знакомить дорогих ра
диослушателей  с важными событиями корей цев Кыргы
зстана, Республики Корея и других стран.

(박 스베틀라나: 안녕하세요 라디오 애청자 여러분! 키르기스 공화국의 고려인협회 아리랑 프로
그램이 키르기스 국영 라디오 방송국인 FM104를 통해 방송을 시작합니다. 오늘과 앞으로 매주 수요
일 8시 40분에 여러분을 찾아뵙게 되어 기쁘게 생각합니다. 『아리랑』은 정보와 음악을 전달하는 프
로그램으로 애청자 여러분들께 키르기스 공화국과 한국 그리고 다른 여러 나라 한인들의 중요한 소
식들을 전달할 것입니다.)


박 스베틀라나: 『Ариран』 приветствует вас и принимает поз
дравления по случаю своего первого выпуска. Сегодня в п
ередаче принимают участие директор Центра Просвещени
я при посольстве Республики Корея в Казахстане и Кыргы
зской  Республики, господин Сим Сан До.

(박 스베틀라나: 아리랑은 첫 방송을 기념하는 여러분들의 축하를 받고 있습니다. 오늘은 카자흐
스탄과 키르기스스탄 대사관 부설 한국교육원의 심상도 원장님을 모셨습니다.)


심상도 원장: 『먼저 매주 수요일 고려인협회 아리랑 프로그램 개설을 진
심으로 축하를 드립니다. 지난주 한국은 국가 경축일인 광복절이 있었습니
다. 그래서 이 시간은 한국의 광복절에 대한 뜻과 그리고 광복절에 한국국
민들이 무엇을 하는지를 소개해 드리고 이어서 비슈케크 한국교육원에서
하고 있는 일들을 소개하고 마지막으로 키르기스 독립기념일을 축하하도
록 하겠습니다. 먼저 한국의 4대 국경일의 하나인 광복절은 한국이 일본의
식민지 지배로부터 벗어난 것을 기념하고 한국의 정부수립을 기뻐하고 축
하하는 날입니다. 이날이 되면 한국의 모든 가정들은 큰 축하행사를 갖습니
다. 가정마다 국기를 게양하고 국가에서도 각 건물마다 태극기를 겁니다.

그리고 이날이 되면 독립기념관 앞에서 대한민국의 정부 대표들을 비롯해서 아주 많은 대표들이 나와서 이날을 축하하고 기념하는 행사를 갖습니다. 그리고 각종 매스컴이라든가 텔레비전, 라디오, 신문에서는 민족의 독립을 위해 목숨을 바친 분들의 위대한 업적을 보도하고 그리고 좌담회도 개최해서 광복절의 뜻을 되새기게 합니다. 그리고 나라에서는 각종 놀이공원이라든지 고궁, 기념관, 박물관을 개방해서 온 국민들이 무료로 그날을 기뻐하고 즐길 수 있도록 만들어 줍니다.

그리고 비슈케크 한국교육원에서 하는 일을 소개합니다. 비슈케크 한국교육원은 한국을 이해시키기 위해서 이 키르기스에 개설이 되었습니다. 먼저 한국을 알리기 위해서는 한국어를 가르쳐 줘야 하기 때문에 우리 고려민족뿐만 아니라 이 키르기스 민족들에게도 한국어를 가르쳐주고 그리고 키르기스어 강좌뿐만 아니라 컴퓨터 교육도 지금 실시하고 있습니다. 그리고 이 나라에서 우수한 학생들을 선발해서 한국을 배울 수 있는 장학생을 매년 2~3명 선발해 2년 내지 3년간 보내는 일을 하고 있습니다. 그 외에도 한국어 능력시험, 올림피아드 대회라든지 그리고 한국어를 배우고 있는 각 학교에 공부를 잘할 수 있도록 여러 가지 교육기자재를 보내주고 있습니다. 그리고 마지막으로 키르기스도 8월 31일이 독립기념일인 줄 알고 있습니다. 진심으로 한국민족을 대표해서 키르기스 독립기념일을 축하드립니다.

**박 스베틀라나:** Директор Бишкекского Центра Просвещения при посольстве Республики Корея в Казахстане и Кыргызской Республики рассказал об одном из самых важных праздников корей цев, Дне независимости Кореи, который отмечается пятнадцатого августа. А сей час, дорогие радиослушатели, мы предлагаем вашему вниманиюнародную песню 『Ариран』 в исполнении артистки Республики Корея, Ким Ён Им.

(박 스베틀라나: 카자흐스탄과 키르기스스탄 대사관 부설 비슈케크 교육원 원장님께서 매년 8월 15일에 기념하는 한국의 가장 중요한 국가경축일 중의 하나인 광복절에 대해 말씀 해주셨습니다. 애청자 여러분, 한국의 김영임 씨가 부르는 민요 아리랑을 들으시겠습니다.)


-음악방송-


박 스베틀라나: Мы будем рады получить от вас предложения и пожелания. Для того, чтобы программа 『Ариран』 стала лучшей  и интересней . Мы очень надеемся на то, чтобы наше сотрудничество будет плодотворным и принесёт хорошие плоды. До скорой  встречи в следующую среду. Программу вела Светлана Пак.

(박 스베틀라나: 저희는 아리랑방송이 재미있고 좋은 프로그램이 될 수 있도록 청취자 여러분들의 의견과 제안을 기다립니다. 저희들의 협력이 좋은 열매를 맺을 수 있기를 희망합니다. 다음 주 수요일 방송 때까지 안녕히 계십시오. 프로그램 진행에 박 스베틀라나였습니다.)


## ▍〈아리랑〉

- 방송일자: 2002년 9월 18일
- 언어: 러시아어
- 진행: 박 스베틀라나
- 방송제작: 키르기스스탄 고려인협회


박 스베틀라나: Добрый  вечер! В эфире информационно-музыкальная программа 『Ариран』 общественного объединения корейцев Кыргызской  Республики. Прошедшие полмесяца ознаменовались важными событиями. Продолжает в Кыргызстане работу Конституонное совещание по реформ

ированию системы государственного управления. Мир с со
чуствием и озабоченностью встретил одиннадцатое сентя
бря, отдавая дань памяти погибшим во время террористич
еских актов в Америке. Республика Корея проводит перве
нство мира по дзюдо среди юниоров в городе Чеджу, куда о
тправилась и сборная молодёжи Кыргызстана. В преддвер
ии национального праздника Чусок, который  в этом году
отмечается двадцать первого сентября, мы пригласили 법
웅 스님. 법웅 스님 многие годы оказывает благотворительну
ю помощь не только общественным объединениям корей
цев, но и национальным культурным центрам Ассамблеи
народа Кыргызстана, детскому приюту и Дому малюток.

(박 스베틀라나: 안녕하세요. 키르기스 공화국의 고려인협회가 주관하는 음악-정보 프로그램 아
리랑입니다. 지난 2주간은 중요한 일이 많았습니다. 키르기스스탄에서는 헌법 개정 작업이 계속되
었습니다. 세계는 미국에서 테러공격에 희생된 사람들을 기리며 9월 11일을 맞이했습니다. 한국 제
주도에서는 제1회 세계청소년 유도선수권대회가 열리고 있고 이 대회에 참가하기 위해 키르기스 젊
은이들도 한국으로 떠났습니다. 올해 9월 21일에 찾아오는 추석을 앞두고 법웅스님을 초대했습니
다. 법웅스님은 여러 해 동안 고려인들을 비롯해 키르기스스탄의 고아원, 탁아소 등에 도움을 주시
고 계십니다.)


**법웅스님:** 안녕하세요! 저는 한국에서 온 법웅스님입니다. 우리나라 명
절 가운데 가장 큰 명절이 두 개가 있는데 그게 설날과 추석이죠. 추석에 대
해서 키르기스스탄 라디오에 나와서 이야기를 드리게 되었습니다. 우선 키
르기스 민족 모든 분들에게 추석을 맞이해서 진심으로 축하를 드립니다. 추
석은 삼국사기에 따르면 신라 유리왕 때 왕의 두 사람이 6부의 여자들을 두
편으로 나누어 7월 15일부터 한달 동안 매일 일찍 모여서 베를 짜는 길쌈을
하였답니다. 8월 15일에 이르러서는 그 성과가 많고 적음을 살펴 진 쪽에서

술과 음식을 내놓아 승자를 축하하고 가무를 하며 각종 놀이를 하였는데 이것을 가배라 하였습니다. 그 말이 변하여 가위가 되었고 가배라는 말은 가운데라는 뜻으로 보이는데 곧 음력 8월 15일은 달이 가득찬 만월이므로 이것을 뜻하는 것이라고 볼 수 있습니다.

추석에는 조상의 묘를 찾아서 추수를 한 음식을 깨끗이 차려놓고 가족들이 모여서 조상에게 차례를 올리고 음식을 나누어 먹는 아주 아름다운 풍습이 있습니다.

지금 서울에서는, 많이 발전된 현대사회에서는, 추석에 전 인구의 3분의 2 이상이 시골로 고향으로 찾아서 떠나는 바람에 고속도로가 온통 마비가 되고, 한 3일씩 4일씩 온통 나라가 축제 분위기죠. 이것이 한국에서 볼 수 있는 특별한 추석의 미덕이라고 할 수 있습니다.

추석날에는 부모님과 여러 어르신들을 찾아서 세배를, 송편을 드시고 차례를 지내는 것도 있지만 그동안 고생하신 아버지, 어머니를 자식들이 가벼운 효도 돈을 모아서 동남아시아나 따뜻한 나라로 여행을 보내드리기도 하고, 몸이 불편하신 부모님에게는 좋은 보약을 지어서 약을 드리기도 하고 또 좋은 옷을 해드리기도 하고 형제간에는 좋은 선물과, 어려운 일이 있는 형제들을 돕는 그런 아름다운 일을 하는 날이 특별히 추석이라고 할 수 있죠.

이곳 중앙아시아 키르기스스탄은 인류가 출발한 최초의 성스러운 지역으로 알고 있습니다. 우리 한국에서 살고 있는 고려민족도 이곳으로부터 출발했다고 알고 있습니다. 저는 언젠가 어느 모임에서 이러한 인사말을 했습니다. 우주가 아름다운 것은 지구가 있기 때문이며 지구가 아름다운 이유는 키르기스스탄이 있기 때문이라고 말입니다. 이 아름답고 성스러운 키르기스스탄에 사시는 모든 분들에게 추석을 맞아 큰 축하의 인사를 드립니다.


박 스베틀라나: Общественное объединение корейцев присоединяется к поздравлениям и пожеланиям Пубунсэнима и желает всем, особенно бабушкам и дедушкам, матерям и о тцам, братьям и сёстрам тепла и изобилия в доме, радости в семье и счастья. Мы предлагаем песню 『Мама, сестра』 в исполнении Ли Сон Вона.

(박 스베틀라나: 고려인협회도 법웅스님과 함께 모든 분들, 특히 할머니, 할아버지, 어머님, 아버님, 그리고 형제자매들에게 행복과 가족의 안녕을 기원합니다. 이성원 씨가 부르는 『엄마야 누나야』를 들으시겠습니다.)


-음악방송-


박 스베틀라나: До новых встреч, наши радиослушатели. И мы надеемся, что программа 『Ариран』 стала добрым другом для вас. Передачу подготовила и вела Светлана Пак.

(박 스베틀라나: 애청자 여러분, 다음 방송 때까지 안녕히 계십시오. 아리랑 방송이 여러분들의 좋은 친구가 되기를 희망합니다. 방송 제작 진행에 박 스베틀라나였습니다.)


## ▌〈아리랑〉

- 방송일자: 2002년 11월 5일
- 언어: 러시아어, 한국어
- 진행: 박 스베틀라나, 백승혜
- 방송제작: 키르기스스탄 고려인협회


백승혜: 안녕하십니까! 여러분은 지금 키르기스 공화국 고려인협회의 아리랑 방송을 듣고 계십니다. 청취자 여러분과 만나 뵙게 되어 반갑습니다. 먼저 키르기스스탄과 외국에서 일어난 주요한 뉴스를 전해드리겠습니다.

현재 키르기스에서 열리고 있는 비슈케크 세계산악정상회담에서는 산악국가와 산악지대의 발전 전망에 대해 검토하고 있습니다. 이 회담에는 26개국에서 온 500여명의 대표위원들과 마쓰우라 고이치로 유네스코 총장님께서 참가하고 계십니다. 남북한은 세계의 안정과 그의 보장을 위한 양 정부 간의 교섭과 안전, 경제협력의 지속, 핵문제 그리고 한반도 철도 복구의 촉진에 대한 공동성명서에 서명했습니다. 10월 30일 조형예술박물관에서는 세계산악정상회담을 기념하여 고려인협회와 비슈케크 한국교육원이 주최한 실크로드 예술의 밤이 한국 전통음악과 무용으로 꾸며졌습니다.

박 스베틀라나: Добрый вечер!В эфире программа обществе нного объединения корей цев Кыргызской Республики 『Ариран』. Мы рады новой встрече вместе с вами, дорогие н аши слушатели. Сначала коротко о важных событиях в Кы ргызстане и за рубежом. Бишкекский глобальный горны й саммит, проходящий в нашей республике, рассматрива ет проблемы горых государств и перспективы по устой чи вому развитию горных регионов. В саммите принимают уч астие около пятисот делегатов из двадцати шести стран и Генеральный директор ЮНЕСКО Гоичиро Мацуро.

Между Республикой Корея и Корей ской Народно-Демо кратической Республикой подписано совместное заявлен ие по итогам межправительственных переговоров по обес печению и мерам безопасности, и продолжению экономиче ского сотрудничества, в том числе, по ядерной проблеме, и ускорению работ по восстановлению железных дорог на Корей ском полуострове. А тридцатого октября в Музее из образительных искусств прошёл Вечер корей ской музык и и танцев, в рамках Фестиваля искусства Шёлкового пут и, посвящённый Глобальному Саммиту гор. Этот Вечер п одготовили Общественное объединение корей цев и Бишк

екский Центр Просвещения при Посольстве Республики К
орея.

**백승혜:** 한국인들의 풍습과 명절에 대해 계속 알아보겠습니다. 오늘은
한글날에 대하여 말씀 드리겠습니다. 1446년 세종대왕께서는 10개의 모음
과 14개의 자음으로 이루어진 한글을 창제하셨습니다. 한글의 창제는 교육
수준을 새로운 단계로 끌어올렸고 민족의 자각과 문화와 경제발전 등에 강
력한 자극을 주었습니다. 오늘날 매년 10월 9일이면 한글날을 기념하고 있
습니다. 키르기스스탄의 고려인들도 유치원에서부터 시작하여 초중고등학
교와 대학, 비슈케크 주재 한국대사관 산하 한국어교육원 등에서 이제 한국
어를 배울 수 있게 됐습니다. 언어, 특히 모국어를 아는 것은 우리 모두가
자신의 뿌리를 알고 시간과 세대의 관계를 깊이 인식할 수 있도록 도와줍니
다. 김종환 씨가 부르는 『존재의 이유』입니다.

**박 스베틀라나:** Мы продолжаем знакомить вас с обычаями и
праздниками корей цев. И сегодня мы расскажем вам о пра
зднике Дне Хангыль. В тысяча четыреста сорок шестом го
ду король Седжон, переходя от китай ской иероглифики к
корей скому алфавиту основал Хангыль, имеющий в своё
м основании десять гласных и четырнадцать согласных б
укв. Это позволило поднять уровень образования на новую
ступень и дала мощный импульс для развития национал
ьного самосознания, культуры и экономики. И теперь, каж
дый год девятого октября Корея отмечает свой праздник
День Хангыль. Корей цы Кыргызстана теперь также име
ют возможность изучать свой язык начиная с детского сад
а в школах и ВУЗах, а также на курсах в Бишкекском Центр

е Просвещения при Посольстве Республики Корея. Знание языка, а особенно родного, позволяет каждому из нас знать свои истоки и глубже осознавать связь времён и поколений . Мы предлагаем вашему вниманию песню 존재의 이유 в исполнении Ким Джон Хвана.


-음악방송-


박 스베틀라나: До скорой  встречи на передаче Ариран. Мы ждём ваших отзывов и предложений .


백승혜: 여러분의 많은 의견과 관심을 부탁드립니다. 다음 시간까지 안녕히 계십시오. 지금까지 백승혜, 박 스베틀라나였습니다.


## ▌〈아리랑〉

• 방송일자: 2003년 9월 3일
• 언어: 러시아어, 한국어
• 진행: 박 스베틀라나, 김옥렬
• 방송제작: 키르기스스탄 고려인협회


김옥렬: 아리랑 라디오 방송 청취자 여러분 안녕하십니까? 키르기스 고려인들의 정보와 음악, 사회, 종합 프로그램으로 아리랑 방송을 하고 있습니다. 9월부터 수요일마다 15분씩 방송을 하게 되었는데, 이 프로그램이 키르기스에 살고 있는 다른 민족에게도 소개되어 기쁘게 생각합니다.

박 스베틀라나: Добрый  вечер, дорогие радиослушатели!

В эфире информационно-музыкальная программа общест венного объединения корей цев Кыргызской  Республики 『Ариран』. Программа 『Ариран』 рада сообщить, что с сентяб ря месяца мы будем выходить в эфир каждую среду по пят надцать минут. И одна из передач будет посвящана культ уре других этносов, живущих с нами в Кыргызстане.

김옥렬: 오늘 전해드릴 뉴스를 간단히 소개하겠습니다.

지난 8월 21일 한국의 경희대학교에서 기자와 대표위원들이 이곳을 방문 했습니다. 8월 22일에는 키르기스 건국 2200년과 국민 작가 칭기스 아이트 마토프의 75세를 기념하기 위해 한국의 민속 공연팀 "가무악"이 비슈케크 를 방문하여 키르기스 그룹 "악마랄"과 함께 콘서트를 열었습니다. 8월 27 일에는 간시 항공 기지에 주둔한 한국군 병원 동의부대가 교체되었습니다. 8월 29일에는 키르기스 독립 기념과 건국 2200년 주년을 기념하는 두 번째 쿠를타이가 졸펀아타에서 있었습니다. 8월 31일에는 키르기스 건국 2200 년과 독립 12주년을 맞아 키르기스 민족총회가 있었는데 여러 분야에서 많 은 인사가 참여했습니다.

박 스베틀라나: Коротко о новостях. Двадцать первого авгус та в Кыргыстане с кратким визитом побывала делегация журналистов из института Кёнгхи Республики Корея. Два дцать второго августа был проведён совместный  концер т фольклорного ансабля 『Гамуак』 Республики Корея и Кы ргызского коллектива Акмарал в честь две тысячи двухсо тлетия Кыргызской  государственности и семидесяти пят илетия народного писателя Чингиза Ай тматова. Двадцат

ь седьмого августа произошла смена военного контингент
а врачей Республики Корея, дислоцированного на авиабаз
е Ганси. Двадцать девятого августа в городе Чопон-Ота пр
оведён Второй всемирный курултай кыргызов в честь д
ня независимости Кыргызской Республики и две тысячи
двухсотлетия Кыргызской государственности. Тридцать
первого августа Кыргызстан праздновал двенадцатилети
е независимости и две тысячи двухсотлетие Кыргызской
государственности. Ассамблея народа Кыргызстана прини
мала активное участие во всех праздничных мероприятиях.

**김옥렬**: 오늘 이 방송도 독립을 기념하는 특집으로 마련했습니다. 금년
에 우리는 국제연합의 인준을 받은 키르기스 건국 2200주년 기념행사를 하
고 있습니다. 국가와 민족이 국제연합의 인증을 받아 자기의 페이지를 인간
문명연대기에 등록을 했습니다. 우리가 표기법 없이 마나스 서사시를 구술
로 유지할 수 있었으므로 세상을 놀라게 했습니다. 우리의 눈처럼 하얀 산
들, 독특한 고대의 호두숲들, 멋진 산맥의 호수인 찰트쿨, 손쿨, 이스쿨이
마나스의 옛날 땅의 매력에 한 번만이라도 취해본 사람이라면 마음이 끌리
지 않을 수 없습니다.
　키르기스 사람들의 동정, 성실함과 신실함, 친절함은 물론 특히 키르기
스 국가를 이루는 80여개의 다양한 민족들이 자신의 고유문화를 간직하며
살고 있는 것은 키르기스를 다녀간 많은 사람들의 가슴에 오랫동안 감동으
로 남게 될 것입니다.

**박 스베틀라나**: Наш выпуск посвящён Дню Независимости
Кыргызской Республики. В этом году мы отмечаем две т
ысячи двухсотлетие Кыргызской государственности, под

держанной Организацией Объединённых Наций . Народ, имеющий государство, признанный международным соо бществом, вписал в свою страницу летопись человеческо й цивилизации. Мы удивляем мир тем, что не имея пись менности сумели сохранить в устном виде эпос Монас. На ши белоснежные горы, уникальные реликтовые ореховые леса, плеяды изумительных горных озёр Четыр-куль, Сон -куль, Иссык-куль пленяет каждого, кто хоть раз прикосну лся к очарованию древней земли Монаса. Но неизгладим ые впечатления в сердцах гостей оставляет доброжелате льность, открытость, гостеприимство и искренность кырг ызстанцев; и особенно сохранение родных истоков культу ры каждого из восьмидесяти этносов, представляющих на род Кыргызстана. О своих впечатлениях и пожеланиях на м расскажут гости нашей страны.

Мин Бёнг-ук, кореец из Канады, президент благотворит ельного фонда Ливингстон-оф-централ азия, который уже третий год обучает и лечит людей иглоукалыванием и полынной терапией.


민병욱: 캐나다에 사는 민병욱입니다. 저는 15년 전에 한국 사람으로서 캐나다에 이민 가서 한의원을 운영하면서 살고 있었습니다. 그런데 2001년 에 의료 봉사팀과 함께 키르기스산 비슈케크에 와서 봉사하면서 모든 사람 들이 참 친절하고 우리와 생김새도 같고 여러 가지 생활습관이 같아서 참 친절하고 가족 같은 인상을 받았습니다. 그래서 제가 2002년에 의사와 간 호사에게 침술을 가르치기 위해서 이곳에 와서 봉사하고 있고 어려운 여러 환자들을 진료하고 있습니다.

요번 키르기스스탄이 국가 탄생 2200년과 독립된 지 12년을 맞이하여 이 기쁜 행사를 축하합니다. 앞으로 키르기스스탄이 빠른 속도로 국가 경제와 사회 정치적인 모든 면에서 발전할 것을 기대합니다.

**박 스베틀라나:** Ли Абраам, преподаватель духовной  семинарии из Республики Корея, десять лет проживающий  в Кыргызстане.

(박 스베틀라나: 이 아브라함 씨는 한국에서 오셔서 10년째 키르기스스탄에서 신학교 선생님으로 일하고 계십니다.)

**이 아브라함:** 안녕하세요! 전 이 아브라함입니다. 키르기스스탄에 온 지가 이제 한 10년이 지났고요. 전 여기에서 선생님으로 일하고 있습니다. 10년 전에 여기 올 때 키르기스스탄에는 건물이 죄다 회색이었고 마가진(상점)이 어디 있는지 그것도 찾아보기 힘든 그런 때였는데 지난 10년 동안에 키르기스스탄이 많이 발전하여 좋은 마가진도 많고, 그리고 모든 건물들이 이젠 여러 색깔로 아름답게 꾸며지는 것을 보고 얼마나 좋은지 모릅니다. 그리고 사람들이 서로서로 문화와 종교 이런 것을 초월해서 서로를 받아들이는 그런 마음이 있었기에 모든 종교들이 서로 화합해서 서로 이해해주는 마음을 가지게 된 것에 대해 감사를 드려요. 10년이 지난 지금 이제 다시 한번 이 나라가 2200년을 맞이하여 한번 중앙아시아의 중심국가로 서기 위해 굉장히 노력하고 있는 것 같습니다. 대통령을 중심으로 해서 경제계·정치계·교육계 모든 분들이 힘을 합쳐서 앞으로 키르기스스탄이 살기 좋은 나라 또 민주화가 가장 잘된 나라 그리고 많은 사람들이 참 부러워하는 그런 나라가 되기를 바랍니다.

**박 스베틀라나:** Я присоединяюсь ко всем поздравлениям и пожеланиям наших гостей  и желаю дорогим кыргызстанцам здоровья, мира, счастья!

-음악방송-

김옥렬: 오늘 아리랑 방송은 여기서 마치겠습니다. 다음 주 수요일까지 안녕히 계십시오. 프로그램 제작에 스베틀라나 박, 진행에 스베틀라나 박, 김옥렬이었습니다.


## ▌〈아리랑〉

• 방송일자: 2004년 2월 4일
• 언어: 러시아어, 한국어
• 진행: 박 스베틀라나, 김은희
• 방송제작: 키르기스스탄 고려인협회


김은희: 아리랑 방송 청취자 여러분 안녕하십니까? 키르기스 고려인들의 정보와 음악, 사회, 종합 프로그램 아리랑 방송을 스베틀라나 박, 김은희가 진행하고 있습니다.


박 스베틀라나: Добрый  вечер, дорогие радиослушатели!
В эфире информационно-музыкальная программа Общественного Объединения корей цев Кыргызской  Республик и『Ариран』. У микрофона Ким Мин Хи и Светлана Пак.


김은희: 아리랑 뉴스를 말씀 드리겠습니다.
남북 양국간의 군사대표들을 위한 새로운 관계를 위해 두 번째 전화선이 열렸습니다. 그것은 철도본선과 자동차도로를 연결하는 일에 협조하기 위해서 비무장지대 동쪽 군사분계선 지점에 설립되었습니다. 이 철도와 도로는 물자와 시설의 운송 및 관광객들을 금강산으로 안전하게 운송하기 위한 수단이 될 것입니다. 이탈리아 외교관인 그비도 마르티니 씨를 회장으로 하

는 EU 대표위원단이 북한 외무상 백남순 씨와 있었던 교섭 이후 유럽연합 회의에서 원자로 핵 프로그램 중단을 조건으로 경제적 도움을 제안했지만 북한정부는 이에 대해 북한의 확실한 안전보장을 이유로 이 제안을 받아들이지 않았습니다.

한국과학자들이 광우병에 대한 면역성이 있을 수 있는 네 마리 송아지가 태어났다고 발표했습니다.

1월 30일에 키르기스 총회 10주년을 기념하여 네 번째 쿠를타이가 열렸습니다. 키르기스 대통령 아스카르 아카예프 아카예비치의 축사 후에 키르기스 총회에 '다나게르'라는 훈장을 수여했습니다.

2월 1일은 '크르마나이트'라는 키르기스스탄의 명절이었습니다.


박 스베틀라나: Новости 『Ариран』. Открылась вторая линия телефона межкорей ской  горячей  связи для военных пре дставителей  двух Корей . Она создана в восточном сектор е демилитаризованной  зоны для содей ствия работам по восоединению железной  магистрали и параллельной  авт одороги. Этот надёжный  канал связи необходим для безо пасной  транспортировки материалов и оборудования, а та кже для перевозки туристов по наземному маршруту в Кы мгансан.

Делегация Европей ского Союза (ЕС) во главе с итальянс ким дипломатом Гвидом Мартини после переговоров с Ми нистром иностранных дел Корей ской  Народно-Демократи ческой  Республики Пэк Нам Суном заявил, что на предло жение Евросоюза о дополнительной  экономической  помо щи в обмен на прекращение ядерной  программы, правите льство КНДР потребовало предоставления убедительных гарантий  безопасности и отказалась от предложения ЕС.

Учёные из Республики Корея сообщили о рождении чет
ырёх клонированных телят, возможно, обладающих имму
нитетом против коровьего бешенства.

Тридцатого января прошёл Четвёртый  курултай Ассам
блеи народа Кыргызстана, посвящённый  десятилетнему
юбилею Ассамблеи. Президент Кыргызской  Республики
Аскар Акаев Чакаев выступил с поздравлениями и вручил
ордер 『Донакер』 Ассамблеи народа Кыргызстана.

Первого февраля Кыргызстан праздновал Курман-аит.


**김은희**: 오늘 아리랑방송은 키르기스 총회 네 번째 쿠를타이에 대한 프로
그램입니다. 쿠를타이에는 800여명의 키르기스스탄 대표들과 300여명의
각 지역 인사들, 외교관들, 국제단체장 및 정당대표들이 참석했습니다. 고
려인협회에서도 쿠를타이에 25명이 참석했습니다. 그 외에 달라스 지역 고
려인회 회장인 김 비치슬라브 미하릴로비치께서 달라스지역 현장대표로
참석했습니다. 이 쿠를타이에서 키르기스 고려인협회 회원인 상 보리스 아
나톨리비치께서 키르기스 명예상을 받았습니다. 총회 10주년을 기념하며
네 번째 쿠를타이는 많은 민족사회의 정치적 전망을 예견하며 민족발전 구
상을 채택하였습니다. 쿠를타이 명절에 참석했던 분들의 말씀을 통해서 그
날의 인상과 감동적인 분위기에 함께 잠겨보시기 바랍니다.


**박 스베틀라나**: Наш выпуск посвящён Четвёртому курулта
ю Ассамблеи народа Кыргызстана. В курултае участвовал
о восемсот делегатов и триста приглашённых из всех реги
онов Республики. А также представители дипломатическ
их миссий , международных организаций , партий  и непр

авительственных организаций . Общественное Оъединен ие корей цев делегировало на курултай  двадцать пять у частников от Объединения. Кроме того, от Алыской  облас тной  администрации был делегирован Ким Вячеслав Ми хай лович. На этом курултае Сан Борис Анатольевич, член Совета Общественного Оъединения корей цев был награж дён почётной  грамотой  Кыргызской  Республики. Четвё ртый  курултай , отмечая свой  десятилетний юбилей , п ринял концепцию этнического развития, предопределяя п ерспективы этнической  политики полиэтнического обще ства. Мы предлагаем окунуться в атмосферу праздника, ко торым был пронукнут курултай  через мнения и впечатле ния делегатов. Сегодня у нас в гостях Сан Борис Анатолье вич, награждённый  почётной  грамотой  Кыргызской  Рес публики.

보리스 아나톨리비치: Мне посчастливилось участвовать в юб илей ной  сессии Ассамблеи народа Кыргыстана, где мне вручили почётную грамоту. Конечно же, эта заслуга, я счи таю, что, прежде всего, всех корей цев, проживающих в К ыргызстане. Ассамблее уже десять лет. За это время она п роделала огромную работу. Особенно для нас корей цев Ас самблея является институтом защиты. Поэтому я, конечн о же, хочу, чтобы Ассамблея и дальше существовала и бол ьше оказывала нам помощь. Всем радиослушателям 『Арир ан』 я желаю в этом году здоровья, счастья и успехов.

(보리스 아나톨리비치: 키르기스 민족총회에 참석해 상장을 받게 되어 행복했습니다. 물론 이 상

은 키르기스스탄에 거주하는 모든 고려인들의 공입니다. 민족협회가 생긴 지 10년입니다. 이 기간에 협회는 큰일을 했습니다. 특히 우리 고려인들에게 민족협회는 보호기관 같은 곳입니다. 그래서 나는 이 단체가 앞으로 더 존속하고 우리에게 많은 도움을 주었으면 합니다.)

김은희: 키르기스 민족연합회에서 준비한 이날 콘서트는 무지개처럼 화려한 장식과 더불어 독창적인 작곡, 민요로 모든 참석자들을 매료시켰습니다. 또한 김 이리나 니콜라에브나가 지도하는 '도라지'란 어린이 무용단이 참여하여 휘파람이란 춤을 추었습니다. 쿠를타이에서 명예대상을 받은 고려인들에게 축하인사를 전하며 세계평화 유지와 화합에 기여하기를 바라며 평안과 행복을 빕니다. '우리는 한가족'이라는 노래를 들려드리겠습니다.

박 스베틀라나: Концерт, организованный Общественным Объединением Ассамблеи народа Кыргызстана, напомина л радугу красочностью и многоцветием нарядов и фей рве рком оригинальных музыкальных композиций , чаруя все х делегатов народными мелодиями. В концерте принима л участие детский танцевальный ансамбль Торади, под руководством Ким Ирины Николаевны, который исполни л танец Хипарам. Мы поздравляем с высокими наградами всех соотечественников. Желаем им дальней ших успехов в деле укрепления мира и межнационального согласия, ли чного счастья и благополучия. А сей час для вас звучит пе сня Уринын хан каджог(우리는 한 가족).

김은희: 2월 12일 오전 10부터 10시 40분까지 다민족 프로그램 담당자들과의 간담회가 생방송으로 진행됩니다. 65035038로 전화를 주시면 직접 간담회에 참석하실 수 있습니다. 여기에서 아리랑 방송을 마치겠습니다. 제

작에 박 스베틀라나, 진행에 김은희와 박 스베틀라나였습니다. 다음 주 수요일에 만날 때까지 평안하시고 안녕히 계십시오.


박 스베틀라나: А сей час, дорогие радиослушатели, неболь шое объявление. Двенадцатого февраля с десяти часов до десяти часов сорока минут будет прямой  эфир с участием этнических радиопрограмм. Наш телефон в студии 65-33-38. Программу 『Ариран』 подготовила Светлана Пак, а вели её Ким Ыин Хи и Светлана Пак.

До встречи в следующую среду! И пусть радость не поки дает вас!


## ▌〈아리랑〉

- 방송일자: 2005년 4월 27일
- 언어: 러시아어, 한국어
- 진행: 박 스베틀라나, 김명찬
- 방송제작: 키르기스스탄 고려인협회


김명찬: 청취자 여러분 안녕하십니까? 키르기스 고려인들의 정보와 음악, 사회, 종합 프로그램인 아리랑 방송을 스베틀라나 박과 김명찬이 함께 진행하고 있습니다.


박 스베틀라나: Добрый  вечер! В эфире информационно-муз ыкальная программа общественного объединения корей ц ев Кыргызской  Республики 『Ариран』. У микрофона Ким Мён Чан и Светлана Пак.

김명찬: 오늘은 '훌륭한 사람'이라는 주제로 방송을 하려고 합니다. 그래서 아름답고 창조적인 삶을 살아온 이리나 니콜라에브나 김을 소개해 드리겠습니다. 이리나는 어렸을 때부터 춤추는 것을 좋아했습니다. 그렇지만 어머니의 권유에 따라 음악대학 작곡과에 입학하였습니다. 이분의 운명은 어렸을 때부터 한국과 연결되어 있었습니다. 이분의 아버지는 김 니콜라이 이바노비치 씨며 의사이시고 60년대 북한의 지도자인 김일성을 치료했습니다. 김 이리나의 어머니는 바울리나 배라 피트로브나 씨며 그분도 또한 의사이시고 남편을 따라 다니셨습니다. 이리나는 5년 동안 평양에 살며 공부했습니다. 어렸을 때부터 이리나는 배우가 되려고 했습니다. 그래서 그의 성도 바울리나-김입니다. 그러나 그의 형제들의 성은 두 개가 아닙니다. 대학생 때 그분은 취미로 춤을 위한 협주들을 만들었고 음악대를 졸업한 후에는 음악학교에서 과장을 하면서 조곡, 드라마, 심포니들을 작곡하였습니다. 소련붕괴이후 일어난 민족혼의 자각은 고려인 연합의 탄생을 이끌었고 그녀는 연합과 함께 적극적으로 고려인 어린이 무용단 '도라지'를 설립합니다. 도라지는 많은 행사의 귀중한 초대 손님이 되었습니다.

박 스베틀라나: Наш выпуск посвещён рубрике 『Удивительные люди』. И сегодня мы расскажем об Ирине Николаевне Ким, чья жизнь неразрывно связана с творчеством и созиданием красоты. С детства Ирина любила танцевать, но по совету матери, закончив школу, она поступила в консерваторию на композиторское отделение. Судьба её с детства связана с Кореей. Отец Ким Николай Иванович, врач по профессии, в шестидесятые годы лечил Ким Ир-сена, руководителя Корейской Народно-Демократической Республики. Мать, Баулина Вера Петровна тоже врач, сопровождала своего мужа. Ирине посчастливилось жить и учиться в Пхе

ньяне в течение пяти лет. С детства Ирина готовилась к а
ртистической карьере. Поэтому и фамилия у неё Баулина-
Ким хотя у её братьев фамилии не двой ные. В студенчес
кие годы она организовала танцевальный ансамбль и это
было её хобби. Закончив консерваторию, Ирина работала в
музыкальном училище зав. отделом, но вместе с тем и соз
давала произведения класической музыки: сюиты, интер
медии, симфонии. С распадом Советского Союза рост нацио
нального самосознания повлёк за собой организацию Ассо
циации корей цев и она в первых рядах энтузиастов стала
создавать детский корей ский танцевальный Ансамбль.
Детский Ансамбль Торади - бесменный участник массов
ых мероприятий .

김명찬: 100여명의 어린아이들이 아름다움과 춤과 다른 문화와 친구가
되는 '도라지'를 거쳐 갔습니다. 어떻게 이 연약한 여성이 큰 의지와 끝없는
열정으로 도라지 앙상블을 10년 이상 지켜왔을까요? 이리나의 노력으로 도
라지의 아이들은 아름다움을 만들고 볼 수 있는 능력을 키웠습니다. 그녀가
무대에 올리는 '비둘기', '겨울의 환상', '탈춤'이 특히 인기가 있습니다. '비둘
기'는 평화에 대한 갈망과 아이들의 사랑스러움으로 가득 차 하늘로 놓아준
비둘기의 고동치는 심장소리처럼 관객들을 매혹합니다. '탈춤'은 한국의 옛
춤이며 한국인들의 혼을 엿볼 수 있습니다. '겨울의 환상' 은 크리스마스 이
브의 밤처럼 신비와 기적의 기다림을 표현합니다. 이리나 니콜라예브나 씨
에게 더 많은 성공과 건강과 사랑과 그리고 끝없는 열정과 복된 행복을 바
라고 싶습니다. 이리나 니콜라예브나 씨, 이 음악을 당신을 위해 들려드리
겠습니다.

박 스베틀라나: Более сотни детей  прошли школу красоты, танца и знакомство с другой  культурой . Как этой  хрупко й  женщине с огромной  силой  воли и не иссякаемым опти мизмом удаётся сохранять коллектив Торади более десят и лет. Ведь дети растут и меняют свои увлечения, но кол лектив её всегда наполнен детьми от одиннадцати лет и старше, которые благодаря ей  раскрывают свои способнос ти и просто учатся творить, созидать и уметь видеть красо ту. Особенно популярны танцы Пидульги, Зимняя фантаз ия и танцы в масках, поставленные Ириной  Николаевно й . Пидульги в переводе означает голуби. и этот танец пр онизанный  мирными устремлениями и детским очарован ием трогателен как биение сердца голубя в руках человек а, отпускающего его на волю. Танцы в масках - древний  к орей ский  танец, олицетворяющий  дух корей ского народ а. Зимняя фантазия - это ожидание сказки и чуда как зимн яя рабсодия, как рождественская ночь.

Хочется пожелать Ирине Николаевне больших успехов, з доровья, любви и неиссякаемой  энергии в творчестве огро много счастья. Этот концерт посвящается Вам, Ирина Нико лаевна.

## ▌〈아리랑〉

• 방송일자: 2005년 5월 18일
• 언어: 러시아어, 한국어
• 진행: 박 스베틀라나, 김명찬
• 방송제작: 키르기스스탄 고려인협회

**김명찬**: 청취자 여러분 안녕하십니까? 키르기스 고려인들의 정보와 음악 사회, 종합 프로그램인 아리랑 방송을 스베틀라나 박과 김명찬이 진행하고 있습니다.

**박 스베틀라나**: Здравствуй те, дорогие радиослушатели!

В эфире информационно-музыкальная программа Ассоци ации корей цев Кыргызской Республики 『Ариран』. У мик рофона Ким Мён Чан и Светлана Пак.

**김명찬**: 오늘은 한국의 국립명절인 석가탄신일을 주제로 방송을 하려고 합니다. 한국인들이 실용주의자로서 신앙에 대한 그들의 관계를 변덕스럽 다고 말할 수 없습니다. 한국인들의 성격에 중요한 점은 신 안에서 조화를 찾는 것입니다. 불교는 세상욕심을 버림으로써 얻어지는 해방을 말하는 밀 교도의 교리였습니다. 처음에 불교에는 신이 없었습니다. 영적인 규칙들을 지킴으로써 세상의 고통을 받지 않는다는 규정들만 있었습니다. 4세기 고 구려·백제·신라시대 때 한국에 불교가 확장되었습니다. 서기 372년도에 순도라는 중국 수도사가 고구려에 왔습니다. 10년 후에 마라난타라는 인도 수도사가 백제에 옵니다. 그리고 50년 후에 불교가 신라에 전해졌습니다. 처음에는 불교신자들이 큰 핍박을 받았습니다. 그러나 서기 528년도에 이 차돈의 고통스러운 순교 후에 자유롭게 불교를 믿을 수 있었습니다.

**박 스베틀라나**: Наш выпуск посвящён Дню рождения Будд ы, который в Корее является государственным празднико м. Отношение корей цев к религии нельзя назвать непост оянным или легко меняющимся. Скорее всего, они прагма тики. Главной чертой корей ского национального характ ера является бесконечные поиски гармонии, выходящие за рамки всех существующих религиозных систем. Буддизм в своей первоначальной форме был изотеричсокой филос офской доктриной , проповедующее личное освобождение путём уничтожения мирских желаний . Изначально будди зм был религией  без Бога. Он состоял из набора положени я о том, как избегать земных страданий , следуя специаль ным духовным дисциплинам. В четвёртом веке, когда бу ддизм распространился в Корее, это был период Трёх госу дарств: Когурё, Пэкчэ и Силла. Впервые в Когурё прибыл китай ский  монах Сондо в триста семьдесят втором году; а спустя десять лет в Пэкчэ прибыл индий ский  монах М аранандха. И только полвека спустя буддизм пришёл в си лу. Но, в начале, буддисты подвергались большим гонени ям и только в пятьсот двадцать восьмом году после муче нической  смерти Чадона стало возможным открыто пропо ведовать буддизм.

**김명찬:** 서기 668년에 신라가 삼국을 통일하였고 불교가 국교로 공인되었습니다. 이때부터 불교예술 중 사원 건축술이 개발되었습니다. 그래서 고대 신라의 수도인 경주가 박물관으로 불리고 있습니다. 종교는 민족을 보호하고 인간의 삶에 대한 문제들을 잘 해결함으로써 민족의 신앙이 되고 널리 확장됩니다. 한국 신앙인들 중에서 불교신자가 많습니다. 1990년도에 한국에는 20개의 불교종파, 9231개의 절, 1100만 명 이상의 불교신자가 있었습니다.

가장 큰 종파가 조계종입니다. 그들의 본부가 서울 조계사에 있고 전국에 24개의 지부가 있습니다. 오늘날 불교수도원으로 온 세계에서 많은 학생들이 오고 불교에 대한 사람들의 관심이 많아지는 것을 느낄 수 있었습니다. 자유롭게 불교를 전파하고 외국에 절을 세웁니다. 예를 들면 비슈케크에도 한국의 법웅스님이 세운 보리사라는 절이 있습니다. 지금 한국노래를 들려드리겠습니다.

박 스베틀라나: В шестьсот шестьдесят восьмом году Силла объеденила три государства и буддизм стал государствен ной религией . Именно на этот период приходится расцве т храмовой архитектуры и буддий ского искусства. И до с их пор Кёнджу - столица Силла является музеем под откр ытым небом. Буддизм широко распространился, т.к. стал религией народа, помогая решать не только жизненно нео бходимые проблемы, но и отстаивать национальные инте ресы. Из всех корей ских религий буддизм имеет самое бо льшое количество приверженцев. В тысяча девятьсот дев яностом году в Корее насчитывалось двадцать шесть буд дий ских сект, девять тысяч двести тридцать монастыре й и храмов и более одиннадцати миллионов верующих.

Самая большая ассоциация - Чогеджон, их центр находи тся в храме Чогеса, в Сеуле; а по всей стране ещё двадцат ь четыре региональных центра. Сегодня наблюдается нов ая волна интереса к буддизму, которая проявляется в том, что ежегодно в корей ские монастыри приезжают ученики из всех стран мира. Новая политика открытости также спо собствует развитию буддизма за счёт строительства храмо в за рубежом, например, в Бишкеке тоже существует храм Пориса, возглавляемый Пубунсенимом. И в этом году в э том храме также проводилось празднество День рождения

Будды. И сей час мы предлагаем вашему вниманию коре
й ские народные песни.


-음악방송-


김명찬: 오늘 방송은 여기서 마치겠습니다. 아리랑 방송 청취자 여러분
다음 방송시간인 수요일까지 안녕히 계십시오. 이 방송 프로그램은 제작에
스베틀라나 박, 진행에 김명찬과 스베틀라나 박이었습니다.


박 스베틀라나: Выпуск 『Ариран』 подготовили и вели Ким
Мён Чан и Светлана Пак.

До свидания! До встречи! И пусть удача не покидает вас.



## ▌〈아리랑〉

• 방송일자: 2005년 6월 3일
• 언어: 러시아어, 한국어
• 진행: 박 스베틀라나, 김옥렬
• 방송제작: 키르기스스탄 고려인협회


김옥렬: 청취자 여러분 안녕하십니까? 키르기스 고려인들을 위한 정보와
음악, 사회, 종합 프로그램인 아리랑방송은 스베틀라나 박과 김옥렬이 함께
진행하고 있습니다.


박 스베틀라나: Добрый  день, дорогие радиослушатели!
В эфире информационно-музыкальная программа Ассоци
ации корей цев Кыргызской  Республики 『Ариран』. У мик
рофона Ким Ок Иль и Светлана Пак.

**김옥렬**: 오늘은 지난 11일 한국의 집에서 있었던 단오절 행사를 소개하려고 합니다. 비가 오는 날씨에도 불구하고 행사장 주변은 한국어와 러시아어로 쓰여진 플래카드와 한복을 곱게 차려입은 사람들로 가득 찼으며 울려 퍼지는 아름다운 음악이 행사장 분위기를 한껏 들뜨게 하였습니다.

사물놀이 패와 두 명의 여인들이 북을 치며 행사가 시작되었습니다. 먼저 키르기스 민족협회 회장 이산 아시랄이에비치 타카에프, 키르기스 국회의원 하지물라트 카르크나조프, 아이다르 케렌쿨로프, 탈라이 사바날리에프, 비슈케크 한국교육원 강덕신 원장, 고려인연합회 명예회장 국회의원 신로만 알렉산드르비치, 그밖의 초청자들의 축사가 있었습니다. 특히 한국의 집 건축과 수리를 위해 모금을 했는데 고려인협회 회장 상 보리스 아나톨리비치, 신 로만 알렉산드로비치와 명예회원들이 함께했습니다.


Этот праздничный  репортаж был записан с площади Ко рей ского народного дома. Площадь украшена фонарями и транспорантами на корей ском и русском языках. Звучит д уховой  оркестр, под звуки которого стекаются толпы наря дных людей . Несмотря на то, что впервые Тано проводит ся в восточной  промзоне; и дождь, который  с утра освежае т Бишкек, люди веселы и радостны в предвкушении праз дника. И вот, начинается дей ство. Праздник открывается под звук самульнори, четырёх барабанщиков, создающих о собый  колорит. К ним органично звуки двух барабанщико в. В празднике принимают участие почётные гости: предс едатель Ассамблеи народа Кыргызстана, Иссан Асыралие вич Такоев; депутаты Дюгаткур Кенеж: Ходжимурат Карк мазов, Ай дар Керенкулов, Талай  Саваналиев; директор Б ишкекского Центра Просвещения при посольстве Республ

ики Корея, Кан Док Син; Почётный президент Ассоциаци
и корей цев, депутат Дюгаткур Кенежа, Роман Александр
ович и многие многие другие. В этот же день был дан ста
рт сбору пожертвования на строительство Корей ского нар
одного дома и первыми были Борис Анатольевич Сан, Ром
ан Александрович Шин и почётные гости.

**김옥렬:** 비가 내리는 중에도 태권도 시범과 노인회원들의 춤과 노래, 어
린이 무용단 '도라지', 청년그룹인 '만남', 아나톨리 최 등의 공연이 박수 갈
채 속에 진행되었습니다. 점심식사 후에는 남녀노소가 함께 어울려 춤과 노
래로 명절을 한껏 흥겹게 했습니다. 단오의 기쁨과 소망이 여러분 가정에
항상 계속되기를 바라면서 노래를 보내드리겠습니다.

**박 스베틀라나:** Не смотря на усиливающий ся дождь, высту
пили со своими программами тэквондисты и гимнасты, ар
тисты из клуба пенсионеров и детского танцевального ан
самбля Торади, молодёжная группа Мана и порадовал коре
й ской песней Анатолий Цой . Гости Тано были приятно
удивлены подаркам, веерами, которые вручили им органи
заторы Ассоциации корей цев. Затем был дан благотворит
ельный обед и гости праздника остались довольны. Стои
т отметить, что в этом году было много детей и людей с
реднего возраста, которые с удовольствием сидели в круг
у своих родных. А затем начались народные гулянья и все:
стар и млад танцевали, пели и весилились; мужчины обм
енивались новостями и, по случаю праздника, с удовольст
вием принимали чарку по тосты за здравие и радость. А се

й час вашему вниманию предлагаем концерт корей ской песни, чтобы праздничное настроение, радость и веселье п родолжалось в ваших домах, семьях и сердцах.


-음악방송-


김옥렬: 오늘 방송은 여기서 마치겠습니다. 아리랑 방송 청취자 여러분 다음 방송시간까지 안녕히 계십시오.

이 방송은 프로그램 제작에 스베틀라나 박, 진행에 김옥렬, 스베틀라나 박이었습니다.


박 스베틀라나: Выпуск Ариран подготовили и вели Ким Ок Ёль и Светлана Пак. До свидания! И пусть удача будет все гда с вами!


## ▎〈아리랑〉

• 방송일자: 2005년 7월 22일
• 언어: 러시아어, 한국어
• 진행: 박 스베틀라나, 김옥렬
• 방송제작: 키르기스스탄 고려인협회


김옥렬: 청취자 여러분 안녕하십니까? 키르기스 고려인들을 위한 정보와 음악, 사회, 종합 프로그램 아리랑 방송을 스베틀라나 박과 김옥렬이 함께 진행하고 있습니다.


박 스베틀라나: Добрый день, дорогие радиослушатели!

В эфире информационно-музыкальная программа Ассоци ации корей цев Кыргызской Республики 『Ариран』. У мик рофона Ким Ок Ель и Светлана Пак.

김옥렬: 오늘은 한국인의 성에 관해 방송하려고 합니다. 한국인들은 아버지의 성을 따르고 있습니다. 가족마다 족보가 있는데 족보를 보면 가족의 내력이 기록되어 있고 조상들을 알 수 있습니다. 한국인들이 성을 가지게 된 것은 조선시대부터였다고 합니다. 옛날에는 왕족이나 귀족들만 성이 있고 평민들은 성이 없었다고 합니다. 평민들이 성을 가지게 된 것은 고려시대 문종왕 때부터라고 합니다. 한국인의 성씨는 총 259개라고 합니다. 이, 송, 최, 김, 박 등이 있고 성에 관한 전설들도 있습니다. 성씨 외에 본관도 중요합니다. 본에는 언제 어디서 태어났다는 정보가 있습니다. 한국민은 단일 민족이기 때문에 혈통을 지키기 위해 1147년에는 동성동본과는 결혼이 금지되는 법이 만들어졌습니다.

박 스베틀라나: Наш выпуск посвящён происхождению корей ских фамилий . Корей цы наследуют свою фамилию по о тцовской  линии и у каждого семей ного клана имеется св оя родословная история. У корей цев сильно развит культ предков и любви к своей  нации. Фамилия несёт в себе отз вук таинства старины и, вместе с тем, осуществляет взаи мосвязь тысячелетиями передававшимися семей ных уз. Исторические факты свидетельствуют, что первые корей ские фамилии появились в период Древнего Чосона.

Вначале фамилию имели или члены королевской  семь и или особо отличившиеся личности, полководцы и други е герои. Простым людям фамилии начали присваивать во время короля Мундёна династии Корё, в связи с вводом ин ститута феодального экзамена на государственной  должн

ости Квагэ. В старинных книгах, родословных Тёгбо, запи
сано, что в фамилиях отражены те местности, откуда родо
м члены семьи. Всего насчитывается двести пятьдесят де
вять корей ских фамилий . Существует множество легенд
о небесном происхождении родоначальников наиболее рас
пространённых фамилий : Ли, Тэн Сон, Цой , Би, Пак, Ким.
Некоторые фамилии связаны с мифическим началом. Кро
ме фамилий  у корей цев большое значение имеет 『пон』.
Пон - это название местности, где когда-то обосновался ро
доначальник фамильной  династии и пустил свои корни.
Корея является, чуть ли не единственной  страной  в мир
е, где проживает единая нация. Возможно, для чистоты ге
нофонда был введён запрет на брак между родственникам
и до пятого колена 『чон』 в тысяча сто сорок седьмом году.
И поэтому, даже сегодня существуют традиции, по которо
й  не могут вступить в брак люди с одинаковой  фамилие
й  и одинаковым поном.


**김옥렬:** 오늘은 박씨의 성에 대한 전설을 소개하겠습니다. 전설에 의하
면 박씨의 조상은 알에서 나왔다고 하는데 그의 이름이 박혁거세입니다. 혁
은 훌륭하다는 뜻이고 거세는 이 세상에 태어나 살고 있다는 뜻입니다. 그
가 13세 때 신라의 첫 번째 왕이 되었다고 합니다. 박씨는 많은 본을 가지고
있는데 밀양, 강릉, 고성, 번남, 상조, 선상, 순천, 연해, 울산, 충주, 함양입
니다. 한국인들은 조상에 대해 존경심을 가지고 있습니다. 박씨는 키르기
스에도 많이 살고 있습니다. 박 알렉세이 바실리에비치 씨는 국가에서 메달
을 받았습니다. 동양학자 박 알렉산드르 피트로비치, 2차 대전에서 공을 세
운 박 니꼴라이 세르게이비치, 박 알렉산드로 바실리에비치, 박 요시프 니

콜라이비치, 키르기스스탄 한국 우정기금 사장인 박 니콜라이 이로비치, 태권도협회 회장 박 알렉세이 필리포비치, 유도협회 부회장 박 블라지미르 바실리예비치, 시인이며 화가인 박 알렉산드르, 고려인연합회 지회장 박 치모페이 안드레이비치, 의사 박 미론 알렉세이비치, 아시아 은행장 박 유리 페트로비치, 고려인 노인회 예술지도자 박 게오르기 이바노비치, 슬라비안 대학의 강사인 박 스베틀라나 니콜라에브나, 그밖의 많은 분들이 있습니다.

박 스베틀라나: Сегодня мы расскажем о происхождении фамилии Пак. Существуют два мифа. Первый , что герой мифа сошёл с неба на землю. Второй  миф, что герой  вылупился из небесного яй ца. Так, согласно второй  легенде, родоначальник фамилии Пак появился в шестьдесят девятом году до нашей  эры на горе Алчон. Шесть управляющих собрались для решения вопроса об объединение своих территорий  в единое государство и выборе правителя. Долго шли споры и вдруг произошло чудо. С неба на край  родника Надём хлынул поток ярких лучей . Они увидели, что с неба спустилась белая лошадь и кланяется большому яй цу лилового цвета. Яй цо треснуло и из него вышел красивый  крепкий  ребёнок. Его назвали Пак, поскольку яй цо было похоже на тыкву-горлянку. Имя Хёк Кёсэ. Хёк означает блестящий , замечательный ; Кёсэ - появился и живёт на этом Свете. Когда этому герою стало тринадцать лет управители короновали его первым государём Силла. Фамилия Пак имеет множество понов, такие как, миллянг, канлынг, корён, косон, банам, сангдю, сонсан, сончон, мёнхё, олсан, чундю, хамян. Корей цы - законопослушные граждане.

Они с почтением и чувством глубокого уважения относятся к своим предкам. В народе считалось, что поступки семейных династий обязательно могут отразиться на дальнейшей судьбе потомка. И генеологическая книга Тёкбо, куда вносятся фамилии, пон со стороны отца, а также родословная матери. Тёкбо - это живая история корейцев, отражающая вековые традиции и связь времён многих тысячелетий. Фамилия Пак в Кыргызстане также известна. Пак Алексей Васильевич - знаменитый председатель колхоза, награждённый государственными орденами и медалями; Пак Александр Петрович - учёный-востоковед, внёсший большой вклад в науку. Участники Великой Отечественной войны: Пак Николай Сергеевич, Пак Александр Васильевич, Пак Иосиф Николаевич; Пак Николай Ирович - президент Общества дружбы Корея-Кыргызстан, заслуженный строитель Кыргызской Республики; Пак Алексей Филипович - президент федерации Тэквондо; Пак Владимир Васильевич - вице-президент федерации дзюдо; Пак Александр - поэт, художник; Пак Тимофей Андреевич - председатель панфиловского отделения Ассоциации корейцев Кыргызской Республики; Пак Мирон Алексеевич - директор психо-неврологического диспансера; Пак Юрий Петрович - директор банка Ази; Пак Георгий Иванович - художественный руководитель клуба Кореноэн; Пак Светлана Николаевна - преподаватель Славянского университета и многие многие другие.

А сей час мы предлагаем вашему вниманию концерт кор

ей ской  песни.


-음악방송-


김옥렬: 오늘 방송은 여기서 마치겠습니다. 아리랑 방송 청취자 여러분 다음 방송시간까지 안녕히 계십시오.

이 방송 프로그램은 제작에 스베틀라나, 박 진행에 김옥렬과 스베틀라나 박이었습니다. 다음 시간까지 안녕히 계세요.


박 스베틀라나: Выпуск Ариран подготовили и вели Ким Ок Ёль и Светлана Пак.

До свидания! До следующей  встречи! И пусть удача не покидает вас!


## ▎〈아리랑〉

- 방송일자: 2005년 8월 5일
- 언어: 러시아어, 한국어
- 진행: 박 스베틀라나, 김옥렬
- 방송제작: 키르기스스탄 고려인협회


김옥렬: 청취자 여러분 안녕하십니까? 키르기스 고려인들을 위한 정보와 음악, 사회, 종합 프로그램 아리랑 방송을 스베틀라나 박과 김옥렬이 함께 진행하고 있습니다.


박 스베틀라나: Добрый  день, дорогие радиослушатели!

В эфире информационно-музыкальная программа Ассоци ации корей цев Кыргызской  Республики 『Ариран』. У мик рофона Ким Ок Ёль и Светлана Пак.

김옥렬: 오늘은 지난번에 이어 한국인의 성씨와 이름에 대한 소개를 하겠습니다. 한국에는 298개의 성이 있는데 그 중에서 11개의 성씨가 제일 많습니다. 김, 이, 박, 최, 조, 한, 정, 장, 민, 오, 홍, 윤, 황, 안씨 등을 꼽을 수 있습니다. 한국인의 이름은 석 자로 되어있습니다. 첫 자가 성이고 다음의 두 자가 이름입니다. 아주 친한 사람이나 아이들에게는 이름만 부르기도 합니다. 그리고 남녀 모두에게 성이나 이름 뒤에 '씨'자를 붙입니다. 선생님이나 귀한 분들의 부인에게는 사모님이라 부릅니다.

박 스베틀라나: Мы продолжаем знакомить вас с корейским и именами и фамилиями. Как уже сообщалось ранее, существует двести девяносто восемь корейских фамилий и одиннадцать кланов. Наиболее распространёнными являются Ким, Ли, Пак, Цой , Чо, Хан, Чонг, Чанг, Мин, О, Хвон, Юн, Хван и Ан.

Корейские имена состоят из трёх слогов. Первый слог - это фамилия, а два последующих слога - имя. Причём, имя, состоящее из двух слогов, отдельно по слогам не употребляется. В соответствии с обычаем по имени к человеку обращаются только очень близкие друзья или же взрослые к детям. В Корее принято обращатся к мужчине, например, к господину Ким как Ким-си; к женщине - Ким-ёса. К женщинам, старших по возрасту или званию, обращаются самоним.

김옥렬: 제일 많은 성씨 중에 김씨는 본이 170개나 됩니다. 전설에 의하면 경상북도 낙동강 유역에 많은 마을들이 아주 화목하게 살고 있었는데 매

년 5명의 지도자들이 하늘에 제사를 지냈습니다. 42년째 되는 해에 하늘에서 빛이 내려오면서 음성이 들리는데 "거기 사람이 있느냐?"라는 질문에 "네, 있습니다."라고 대답을 했더니 하늘에서 보라색 줄이 내려오는데 그 끝에 금으로 된 상자가 달려있었습니다. 상자를 열어보니 여섯 개의 알이 있는데 그 알에서 여섯 명의 아이들이 생겨났다고 합니다. 첫 번째 아이가 가락국의 김수로왕인데 김은 "금"이고 수는 "첫째"라는 뜻이며 로는 "생기다"라는 뜻입니다. 김해 김씨의 조상입니다. 여섯 형제가 힘을 합해 문화를 일으키고 외적을 물리쳐 나라의 힘을 크게 확장시켰습니다. 본향으로는 김해, 강릉, 경주, 고령, 고성, 진주, 연안, 안동, 전주, 금산, 청주, 나주, 강화, 개성, 광산, 남양, 남원 등이 있습니다.

**박 스베틀라나:** Самая распространённая фамилия в Корее - это Ким. Ким имеет сто семьдесят понов - корней рода. Легенда появления этой фамилии говорит о небесном происхождении. Согласно легенде, в начале нашей эры в низовьях реки Нактон жили в мире и согласии несколько сёл. Девять старост этих сёл ежегодно проводили церемонию жертвоприношения Небу; а в сорок втором году нашей эры во время такого обряда вдруг с неба появился поток света и раздался голос: 『Есть ли тут люди?』. Сотни человек дружно ответили: 『Да, есть!』. Тогда голос продолжил: 『Раз вы здесь, я по велению Небесного царя собираюсь спутиться вниз чтобы создать государство и стать его королём』. После этих слов с неба появилась верёвка феолетового цвета, на конце которой был привязан золотистый ящик. Люди, открыв его, увидели шесть яиц. Взяв этот ящик домой, старосты сёл собрались в доме старосты Адо. Когда они откры ли ящик, то увидели в нём шесть красивых малышей . Ма льчик, который  первый  вышел, стал вождём государств а Караг и его назвали Ким Суро. Ким по-корей ски означае т золото; су – первый ; ро – рождение или появление. Так п оявился государь, пон которого Кимхэ. Второй  брат возгла вил государство Арагаи и стал Ким Хам Ан; третий  – госу дарство Корёнкая и стал Ким Чён Джу; четвёртый  – госуд арство Тэгая и Ким Ко Рёнг; пятый  возглавил Сонсагая и стал Ким Сон Дю; шестой  – Сагая и стал Ким Ко Сонг. Эти шестеро братьев совместно развивали культуру, наращива ли мощь и вместе защищались от нападения внешних вра гов. Наиболее распространённые поны Кимов: канын, кён джу, корёнг, косон, чинджу, ёнгнам, андонг, чёнджу, кван дю, кимнё, кимсан, чхонджу, кимхэ, надю, кванха, кэсонг, квангсан, намъян, намвон.

김옥렬: 김씨는 키르기스스탄에도 많이 있습니다. 김 니키포르 루케에비치는 소비에트 연방시절에 농업부장을 지냈고 김 넬랴 니콜라에브나는 법률가로, 교육부차관 김 발레리 레오니드비치, 교육가 김 알라 니콜라에브나, 시의원 김 발레리 니콜라에비치, 댄스그룹 도라지의 지도자 김 이리나 니콜라에브나, 고려노인회 김 류보비 그리고리예브나가 있습니다.

박 스베틀라나: Фамилия Ким также хорошо известна в Кыр гызстане. Это Ким Никифор Лукеевич, бывший  в Советск ом Союзе Министром Сельского строительства Кыргызста на; Ким Нелля Николаевна – Министр Юстиции и председ атель Верховного Суда Кыргызской  Республики; Ким Вал

ерий Леонидович - заместитель Министра Образования, н
ауки и культуры, ныне ректор Кыргызского Государствен
ного института физической культуры, доктор педагогиче
ских наук; Ким Алла Николаевна, отличник народного обр
азования, заведующая садом номер сорок девять; Ким Вале
рий Николаевич, доктор медицинских наук, профессор, за
ведующий роддомом номер один, депутат городского кен
геша; Ким Ирина Николаевна, бессменный руководитель
детского танцевального ансамбля Торади; Ким Любовь Гр
игорьевна, ветеран корей ского движения, председатель к
луба Кореноэ и многие многие другие.

김옥렬: 오늘 방송은 여기서 마치겠습니다. 아리랑 방송 청취자 여러분
다음 방송시간까지 안녕히 계십시오.
이 방송 프로그램은 제작에 스베틀라나 박, 진행에 김옥렬과 스베틀라나
박이었습니다. 다음 시간까지 안녕히 계세요.

박 스베틀라나: А сей час, дорогие представители фамилии
Ким, для вас прозвучит концерт корей ской песни.
Выпуск Ариран подготовили и вели Ким Ок Ёль и Свет
лана Пак.
До свидания! До следующией встречи! И пусть удача бу
дет всегда с вами!

# ▌〈아리랑〉

- 방송일자: 2007년 10월 5일
- 언어: 러시아어, 한국어
- 진행: 김옥렬, 박 스베틀라나.
- 방송제작: 키르기스스탄 고려인협회

**김옥렬:** 청취자 여러분 안녕하십니까? 키르기스 고려인들의 정보와 음악, 사회, 종합 프로그램인 아리랑 방송은 스베틀라나 박과 김옥렬이 함께 진행하고 있습니다.

**박 스베틀라나:** Здравствуй те, дорогие радиослушатели! В эфире информационно-музыкальная программа Ассоциации корей цев Кыргызской Республики 『Ариран』. У микрофон а Ким Ок Ёль и Светлана Пак.

**김옥렬:** 오늘 방송은 고려인들이 이민한 지 70년, "시간에 따돌림 당한 자들", "운명의 방향"이라는 새로운 주제로 시작하겠습니다. 1937년 고려인들에게 정치적인 박해의 파도가 밀려왔습니다. 소련의 동쪽에 살고 있는 모든 고려인들이 카자흐스탄과 우즈베키스탄의 먼 땅에 이주해야만 했습니다. 소련민족협회의 명령으로 14만 가족이 국외로 추방당했습니다. 이주한 사람들의 말로는 3시간에서부터 3일 안에 모두 철수하라는 명령이 떨어졌다고합니다. 대부분의 재산을 돌려주겠다는 말을 믿고 자기 재산을 다 놓고 나왔습니다. 동물을 싣는 기차에 태워져 행선지도 모르는 채 몇 주를 달렸습니다. 사람으로서는 도저히 참을 수 없는 조건이었습니다. 배고픔과 추위, 비위생적인 환경 때문에 수천 명씩 죽어나갔습니다. 죽은 사람들을 묻지 못하고 아픈 사람들에 대해 알리지 못하며 다른 병들이 발생했습니다. 블라디보스토크에서 여기까지 오는 길은 우리 조상들의 시체로 깔려있었습니다.

**박 스베틀라나**: Сегодня наш выпуск посвящён новой рубри ке 『70 лет депортации корей цев, изгнанники лехолетий и поворот судьбы』

В сентябре тысяча девятьсот тридцать седьмого года на корей цев обрушилась волна политических репрессий . Вс е корей цы Советского Союза, проживавшие, в основном, в Дальневосточном Крае (ДВК), должны были выехать в да лёкие степи Казахстана и Узбекистана. По постановлению Совнаркома Советского Союза были выселены около ста со рока тысяч семей . По рассказам переселенцев, в зависимо сти от рвения исполнителей , сроки сбора вещей  и отъезд а варьировались от трёх часов до трёх суток. Многие остав или всё своё хозяй ство поскольку им была обещана компе нсация оставленного имущества. Погрузив людей  в товар ники, или, иначе говоря, вагоны, в которых перевозили ск от и грузы, повезли наших соотечественников долгими не делями через всю страну. Нечеловеческие условия, голод, холод, антисанитария и болезни косили жизни людей  дес ятками тысяч. Невозможность похоронить своих родных п риводило к тому, что люди скрывали заболевших в пути, тем самым, увеличивая число инфекционных больных. Д орога от Владивостока до мест прибытия усыпана неизвес тными могилами наших сородичей .

**김옥렬**: 에가이 코프타의 말에 의하면 우수리스크의 시골에 살고 있는 우 리 모두를 모이게 하고 점심 때까지 모두 다 출발할 준비를 하라고 했습니 다. 옷과 제일 필요한 물건들만 가져가라고 했습니다. 말을 잘 듣는 우리 부

모님들은 먹을 음식까지 안 가지고 나왔습니다. 우리 가족은 세 명의 아이들이 있었습니다. 저는 16살이었고 저보다 어린 남동생과 여동생이 있었는데 길에서 저희 남동생이 죽었습니다. 길에다 겨우 묻을 수 있었습니다. 아픈 사람들을 데리러 왔을 때 여동생을 어떡해서든 안 보이려고 제가 노력했습니다. 카자흐스탄 아무도 살지 않는 들에다 우리들을 내려다 놓았어요. 10월에 왔지만 벌써 눈이 많이 내리고 있었고 너무 추웠습니다. 추위에 죽지 않기 위해서 우리 할아버지들이 땅에 구덩이를 파고 아이들을 눕히고 위에 어른들이 누워 아이들을 따뜻하게 지키려 했습니다. 아침에 일어나면 구덩이마다 울음소리가 났습니다. 어떤 사람들은 추워서 죽고 어떤 사람들은 그냥 밟혀서 죽었습니다. 이주한 후 새로운 곳에 적용하던 이때가 우리의 기억에 가장 오래 남은 아픔이었습니다.

박 스베틀라나: Из рассказа очевидца Егай Копта. 『Утром нас, жителей села Близуссурий ска собрали и сказали, чтобы к полудню все были готовы к отъезду. Разрешили брать только одежду и нехитрый скарб. Законопослушный родитель оставил всё, не взяв даже запасов еды. В нашей семье было трое детей. Мне шестнадцать лет, брат младше меня и сестрёнка. По дороге братишка заболел и умер и его едва успели присыпать землёй на одной из стоянок, а сестрёнку я прикрывала собой, когда приходили санбригады и снимали больных с поезда. Выгрузили нас в диких необхитых степях Казахстана. Прибыли мы в октябре, а в степях возле Кызыл-Орды в это время, уже лежали снега и постоянно дул пронизывающий ветер. Чтобы не замёрзнуть старики велели выкопать яму и укладывать детей, а сверху ложится взрослым, согревая детей своим теплом. Н

аутро возле каждой  ямы стоял плач. Одни замёрзли; друг
ие были просто задавлены. Это страшное время переезда
и выживания в новых условиях надолго врезались в нашу
память』.

김옥렬: 그때 얼마나 많은 사람들의 삶이 파괴되었는지 정확한 조사가 이
루어지지 않아 그 실태를 아무도 모릅니다. 일본사람들 때문에 일어난 민족
의 이동이 고려인이라는 이름으로 살아남기 위한 시련의 연속이었습니다.
우리는 오랜 시간 동안 공부할 수 있고 이사할 수 있고 일하고 물고기 잡고
과일과 야채를 심고 거두는 일을 못하게 되었습니다. 80년대에 이르러서야
우리민족의 수가 늘었습니다. 이주할 때 한 가족을 4명이라고 보면 한 50만
명 정도 됩니다. 새로운 환경과 새로운 곳에서 우리 부모님들은 자기 자손
들에게 언어와 문화를 지키기 위해서 많은 노력을 했습니다. 소련이 무너졌
으나 아쉽게도 우리 고려인들은 자기 언어를 잊어버리고 이름까지 러시아
식으로 지어 부르게 되었습니다. 한국이름들은 우리 할아버지, 할머니들에
게만 남아있습니다.

박 스베틀라나: Сколько поломанных судеб из-за потерь род
ных тех времён до сих пор неизвестно, поскольку не прово
дились исследования о трагедии корей ского народа. Депо
ртация целого народа из-за надуманных страхов японской
агрессии фактически являлась для корей цев самым серьё
зным экзаменом на выживаемость. 『Мы надолго потерял
и возможность получения высшего образования, возможно
сть переездов в другие места, заниматься прежними вида
ми жизнеобеспечения, охоты, рыболовства и сбором даров
моря и лесов. Мы восстановили численность населения то

лько к восьмидесятым годам. По приблизительным подс
чётам численность корей цев составляла на момент репре
ссии около пятисот тысяч человек; если считать, что семь
я, в среднем, состояла из четырёх человек. Новые условия
жизни, новый  уклад требовали от наших родителей  нече
ловеческих усилий  для сохранения потомков, языка, куль
туры и традиций . К сожалению, на момент распада Советс
кого Союза корей цы утратили свой  язык и обрусели насто
лько, что исконно корей ские имена остались лишь у дедов.

김옥렬: 부지런함과 참을성으로 카자흐스탄과 우즈베키스탄에 이민한
고려인들은 착한 민족으로 이 땅에 남게 되었고 소련에서 교육을 잘 받은
민족으로 자리를 잡았습니다. 1989년도에 민족등록을 했을 때 고려인들이
제일 교육을 잘 받은 민족이었습니다. 1956년도에는 고려인들만이 자유로
운 국내여행을 할 수 있었습니다. 물론 모든 사람들이 다 그렇지는 않았습
니다. 어떤 사람들은 일찍 집도 마련했고 일도 얻었습니다. 그러나 우리 부
모들의 대부분이 언어와 아시아 민족들의 문화를 몰라서 많은 어려움들을
겪었습니다. 다른 언어와 문화에 대한 두려움 때문에 우리 민족의 문화와
언어를 잊게 만들었습니다. 특별한 날인 돌, 환갑, 장례식 때만 사용하게 되
었습니다. 자기 가족과 친인척들을 잃은 사람들은 슬픔의 아픔을 안고 있습
니다. 한가지 부끄러운 일은 일본인들의 박해 때문에 소련으로 탈출한 고려
인들이 그곳에서 다시 일본인의 앞잡이가 되었다는 사실입니다. 이런 역사
적인 잘못은 크게 반성해야 할 것입니다. 자기 민족의 뿌리를 망각한 이런
잘못은 지금도 남아있습니다. 우리는 강제이주라는 아픈 역사 속에서도 우
리민족의 정체성을 지켜준 위대한 조상들에게 감사한 마음을 잊지 말아야
할 것입니다. 청취자 여러분들에게 부탁하고 싶은 말씀은 부모님들에게 전
해들은 숨겨진 이야기가 있다면 지금 알려주십시오. 금년 한해는 이 주제를

많이 다루게 될 것입니다.

박 스베틀라나: Только трудолюбие, терпение и доброе отно
шение простого народа Казахстана и Узбекистана несмотря
на клей мо депортированных, а значит неблагонадёжных
позволило нашим предкам сохраниться как народу и даже
стать одним из самых высокообразованных в СССР. По пер
еписи тысяча девятсот восемдесят девятого года корей ц
ы занимали второе место по количеству специалистов, им
еющих высшее образование. Причём, стоит отметить, что
только в тысяча девятсот пятьдесят шестом году было по
лучено разрешение на перемещение по всей  стране и пост
уплению во все ВУЗы (Высшее учебное заведение). Конеч
но, не все переселенцы попадали в такие экстримальные
ситуации. Некоторые сразу же получали жильё и работу. Н
о по рассказам наших родителей  большая часть корей цев
испытывало неимоверные трудности, усугублённые незн
анием русского языка и культуры азиатских народов. Стра
х, психологический  шок и невозможность изучения родно
го языка привели к доминированию адаптационной  схем
ы выживания, оставив генетическую память народа лишь
в обрядах и традициях, основных дат и событий  корей це
в таких как, Доль - годовщина ребёнка, свадьба, шестидес
ятилетний  юбилей Хвангаб и похоронные ритуалы. Пот
ерявшие родных помнят и понимают боль утрат, тем боле
е, когда рок опустился на целый  народ. Как могли додум
аться, что корей цы могут быть шпионами в пользу Япон

ии, если корей цы эмигрировали в Россию из-за колониаль ной окупации Кореи японцами. Этот исторический абсур д до сих пор не нашёл отражения ни в научных исследован иях ни в исторических летописях. Мы, потомки легендарн ых переселенцев, должны чтить память наших предков, с охранивших нам наши корни, жизнь, нашу культуру и трад иции. Мы должны восполнить белые пятна нашей истор ии, чтобы хоть таким образом отблагодарить всех, кто в т рудный период жизни был добр и щедр к нам. Открывая э ту рубрику, мы ждём от вас, дорогие радиослушатели, вос поминаний и рассказов, переданных вашими родителями. В течение всего года мы будем вести эту рубрику как рекв ием всем, отдавшим свои жизни в годы лехолетия на пере ломе судьбы. Звоните, пишите.

-음악방송-

**김옥렬:** 오늘 방송은 여기서 마치겠습니다. 아리랑 방송 청취자 여러분 다음 방송시간까지 안녕히 계십시오. 이 방송은 프로그램 제작에 스베틀라 나 박, 키르기스스탄 라디오 류보비 다니엘첸코, 나탈리아 순두코바가 함께 했고 진행에는 김옥렬, 스베틀라나 박이었습니다.

**박 스베틀라나:** Над передачей 『Ариран』 работали:
Автор: Светлана Пак;
Режиссёр: Любовь Данельченко;
Звукооператор: Наталья Сундукова;
Ведущие: Ким Ок Ёль и Светлана Пак.

До свидания! Любви и радости вам!

## ▌〈아리랑〉

• 방송일자: 2007년 10월 12일
• 언어: 러시아어, 한국어
• 진행: 김옥렬, 박 스베틀라나
• 방송제작: 키르기스스탄 고려인협회

**김옥렬:** 청취자 여러분 안녕하십니까? 키르기스 고려인들이 정보와 음악, 사회, 종합 프로그램인 아리랑 방송은 스베틀라나 박과 김옥렬이 함께 진행하고 있습니다.

**박 스베틀라나:** Здравствуй те, дорогие радиослушатели!
В эфире информационно-музыкальная программа общест венного объединения корей цев Кыргызской Республики 『Ариран』. У микрофона Ким Ок Ель и Светлана Пак.

**김옥렬:** 오늘 방송은 고려인들이 이주 70주년이 되는 해를 맞아 두 번째로 '방랑자와 운명의 회전'을 주제로 하겠습니다. 먼저 고려인들이 중앙아시아에 어떻게 와 살았는지 말씀 드리겠습니다. 이주를 한 지 한 달 정도가 고려인들에게는 가장 고통스럽고 가족과 친지들을 잃는 슬픔의 기간이었습니다. 고려인들에게 살 곳을 준 아시아 사람들의 언어와 문화적 차이가 고려인들에게는 두려움이었습니다. 다른 생활 환경과 여건은 고려인들에게 엄격한 학교와 같았습니다. 고려인 엘리트들은 감옥에 갇혔기 때문에 모국어를 배울 수 있는 방법이 없었습니다. 하마터면 민족과 조상에 대한 기억이 사라질 뻔했습니다.

박 스베틀라나: Сегодня в нашем выпуске мы продолжаем рубрику 『70 лет депортации корей цев, изгнанники лехоле тий и поворот судьбы』. Итак, мы продолжаем рассказ о ре прессиях корей цев, в результате чего корей цы оказались в Средней Азии. Переезд длился почти месяц, ставшим месяцем плача и неизбывной скорби корей цев, потерявших за этот срок многих своих родных. Ужасы переезда усугу блялись незнанием языка и культурой азиатских народо в, давших приют корей цам. Долгие годы адаптации к кл иматическим переменам, изменившимся условиям труда и быта были суровой школой для всех, без исключения, корей цев. Возможность изучения родного языка надолго б ыло утеряно, поскольку наиболее просвящённые, прогресс ивно мыслящие представители корей ской элиты, были брошены в тюрьмы и лагеря одними из первых. Казалось, что замысел уничтожить генетическую память народа бы л близок к осуществлению.

김옥렬: 이 니콜라이의 1913년에 있었던 추억에 의하면 짧은 시간에 우 리 가족은 따뜻한 옷과 씨앗, 음식을 가지고 기차를 타고 '크질오르다', 나중 에 학교와 극장 신문사가 들어선 곳입니다마는 이곳에 내릴 수 있었습니다. 이 정신 없는 무질서한 상태에서 고려인들이 자기 조상을 알 수 있게끔 만 들어진 족보를 태워버린 것이 제일 안타까운 일이었습니다. 이주하기 전에 나는 블라디보스토크에 살았고 중국식당에서 일하고 있었습니다. 중국인 사장이 자기와 영국으로 가자고 표까지 사놓았는데 내가 늦는 바람에 가지 못했고 지금 여기 중앙아시아에 살게 되었습니다. 처음에는 한 그루의 나무 도 없는 들판과 찬 바람이 우리에게는 신기하게만 보였습니다. 그리고 배고 픔과 아픔, 가족과 친지들을 잃는 슬픈 일들을 겪어야만 했습니다. 그 다음

에 우리는 자연조건이 좋은 우즈베키스탄으로 이사를 했습니다. 쌀과 파, 과일 농사를 하기 시작했는데 고려인들의 부지런함 때문에 나중에는 많은 노동영웅들이 나왔습니다.


박 스베틀라나: Из воспоминаний Ли Николая Васильевича тысяча девятьсот тринадцатого года рождения. 『Поезд наш был набит битком. Но не смотря на быстрые сборы в течение одного дня наша семью сумела собрать с собой и запас продуктов, и семена, и тёплые вещи. Разгрузили нас близ Кызыл-Орды, где впоследствии начал развиваться центр корейской культуры. Особенно жаль, что в этой суматохе и атмосфере подозрительности и страха мы вынуждены были сжечь свою родословную книгу Чокбо, по которой все корейцы мира легко определяют степень своего родства и знатности рода. Вообще-то, мы жили до репрессии во Владивостоке и я тогда работал в китайском ресторане. Мой шеф, китаец, предложим мне с семьёй выехать в Лондон и даже купил мне билеты на пароход, но судьбе было угодно, чтобы я опоздал и таким образом оказался в Средней Азии. Мы практически сразу устроились на работу в колхоз и жили сравнительно безбедно, хотя большая часть корейского народа вынуждена была существовать в невыносимых условиях. В начале всё было в диковинку: широкая степь без единого деревца, постоянно пронизывающий нас квозь ветер и обычай казахов. Многое пришлось пережить: и голод, и болезни, и холод и потерю родственников. В то время нам казалось, что мы никогда не сможем найти св оих братьев и сестёр. Затем, при первой же возможности, мы перебрались в Узбекистан, где климат более пригоден для земледельческих работ.

**김옥렬**: 고려인들의 경제활동과 농업에 대한 많은 노력으로 국가발전에 기여했다는 공로가 인정되어 상을 받기도 했습니다. 초기의 조상들의 교육, 문화, 과학 등 여러 분야의 열정적인 노력으로 성공을 거둘 수 있었습니다. 우리는 이런 훌륭한 부모님들께 존경과 감사를 드려야 합니다. 역경과 고난의 세월들이 강인한 민족으로 살 수 있는 힘이 되었습니다. 다음 시간에 계속하겠습니다.

**박 스베틀라나**: Корей цы начали возделывать рис, лук и бахчевые культуры. Их трудолюбие было настолько необычным, что впоследствии появилось очень много героев труда. Высшая награда Советского Союза стала признанием вклада корей цев в развитие сельского хозяй ства и экономику вцелом. Все наши достижения в науке, образовании, культуре и других областях жизнедеятельности стали возможными благодаря упорству, труду и высокой степени коммуникабельности наших отцов и матерей , переживших все тяготы депортации. Мы преклоняемся перед жизнестой костью, волей и высокой ответственностью наших родителей , сумевших сохранить нам жизнь, дать образование и научить нас быть первыми в труде, верности и дружбе. Годы лехолетия отложили неизгладимый отпечаток насудьбу нашего народа. Вместе с тем, волей неволей , они поспособствовали осознанию, изменению ментальности, зал

ожив в нас механизм адоптации к резким переменам; и это
т фактор сыграл добрую службу во время развала Советског
о Союза. Но об этом мы расскажем в следующих передачах.

박 스베틀라나: А сей час для вас прозвучат мелодии корей с
ких песен.

-음악방송-

김옥렬: 오늘 방송은 여기서 마치겠습니다. 아리랑 방송 청취자 여러분
다음 방송시간까지 안녕히 계십시오. 이 방송은 프로그램 제작에 스베틀라
나 박, 진행에는 김옥렬, 스베틀라나 박이었습니다.

박 스베틀라나: Выпуск 『Ариран』 приготовили и вели Ким
Ок Ёль и Светлана Пак.

# III

우즈베키스탄—카자흐스탄
수집자료 해제

여기에서는 우즈베키스탄과 카자흐스탄에서 수집한 한인디아스포라 생산 지식 정보자원의 일부를 골라 그 내용을 소개한다. 소개되는 자료들은 크게 1. 단행본 2. 학위논문 3. 저널(연속간행물)로 분류하여 총 170편의 자료를 소개하였다.

각 자료는 우선 기본적인 정보를 간략히 소개하고 있다. 단행본의 경우 제목, 저자, 출판사, 출판연도, 언어, 총 페이지를 소개하였다. 학위논문의 경우 제목, 저자, 발행처, 발행연도, 언어를 밝히고 있다. 저널의 경우에는 제목, 저자, 발행연도, 언어와 함께 논문이나 기사가 실린 간행물의 이름도 같이 적었다.

내용 소개에 있어 단행본과 학위논문의 경우 목차와 초록 및 서론과 결론들의 내용을 바탕으로 해당 자료의 핵심내용을 전하고자 하였다. 단행본을 비롯한 도서자원의 경우 우즈베키스탄과 카자흐스탄에 거주하는 고려인이 현지에서 출간한 자료들을 소개하였지만, 러시아에서 한인에 의해 생산된 자료 중 중요 자료 몇 편을 포함시켰다.

# 제1장

# 1950년대 자료

## 1. 단행본

### ❘ 우정의 시행(Строки дружбы)

- 저자: Ким Цын Сон, Ен Сен Нен
- 출판사: Государственное издательство УзССР
- 자료유형: 단행본, 러시아어
- 출판연도: 1951
- 총 페이지: 63

　본 단행본은 블라디보스토크에서 태어나 우즈베키스탄에서 살며, 작품 활동을 하고 있는 고려인 시인 김친선과 연선녕의 시선집이다. 이들 작품의 주제는 스탈린에 대한 칭송, 러시아 민중, 그들의 평화를 위한 투쟁, 자유로운 한국을 건설하고자 하는 투쟁이 주를 이룬다. 특히 우즈베키스탄의 민중, 그들의 집단농장에서의 삶 등이 소재로 다루어져 흥미롭다. 이들은 비슷한 주제를 각기 다른 예술적 톤으로 표현하고 있는데, 김친선의 작품은 마야코프스키의 파토스를 지니고 있고, 연선녕의 작품은 민중 작품에서 보여주는 음악적 운율을 보여주고 있다.

**목 차**



## 단계적 확대(На подъеме)

- 저자: Ким М. В.
- 출판사: Госиздат УзССР
- 자료유형: 단행본, 러시아어
- 출판연도: 1951
- 총 페이지: 80

이 책은 우즈베키스탄 타슈켄트 주에 소재한 '폴리타젤', '레닌스키 푸치', '우즈베키스탄', '굴리스탄', '콤뮤나' 등 협동농장의 역사와 발전과정을 소개하고 있다. 또한 이들 농장에서 큰 역할을 담당하고 있는 고려인들의 활동상 등도 상세히 보여주고 있다.

저자는 타슈켄트주 베르흐니치르칙 지역 농업의 역사와 현황 그리고 발전방향에 대해 상세히 기술하고 있다. 타슈켄트주 베르흐니치르칙 라이온과 파르켄트 라이온의 통합으로 베르흐니치르칙의 면적은 1,500평방킬로미터로 확장되었다. 토지의 대부분이 해발고도가 다양하여 비정상적인 기후조건이 형성되었다. 낮은 지대는 초원을 형성하나 높은 지대에는 눈이 쌓였다. 이밖에 이 지역의 강수량은 지대에 따라 편차가 심하다. 저지대에는 연간 300~400밀리미터, 산악지대에는 500밀리미터의 비가 왔다. 특히 봄에 강수량이 많았다.

이 지역 관개수로에는 치르칙 강으로부터 흐르는 탈라스 운하가 있다. 이 지역 대부분은 치르칙 강보다 저지대에 속해 있으며 중심부분은 강유역보다 높게 위치하고 있고 회색토양이 주를 이룬다. 이 지역 주민 대부분은 농사에 종사한다. 평탄한 지역에서는 면화, 옥수수, 감자, 채소 등을 재배한다. 이 지역 주요 농업종목으로는 목축 및 잠업이 있다.

집단농장원이 대부분인 8만 명의 주민은 다양한 민족을 포함하고 있다. 여기에는 고려인 외에도 우즈베크인, 러시아인, 카자흐인, 타지키스탄인, 타타르인 등의 민족들이 살고 있다. 1950년도에 14개의 집단농장과 2개의 국영농장이 있으며 농지면적은 107,000 헥타르이고, 이 중 43,800헥타르는 파종용 토지이며, 26,800헥타르는 목초지로 구성되어 있다.

## 새로운 한국역사의 개요(Очерки новой истории Кореи)

- 저자: Ли Чен Вон
- 출판사: Издательство иностранной литературы
- 자료유형: 단행본, 러시아어
- 출판연도: 1952
- 총 페이지: 167

이 책은 한국 민중들이 자신의 자유와 독립을 위해 제국주의에 대항하여 싸워온 것을 기록하고 있다. 해방을 위한 투쟁은 한국의 역사에서 중요한 의미를 가진다. 지난 100년간 한국 민중의 역사는 혹독한 시련을 겪었다. 저자는 특히 일본자본의 침투로부터 시작하여 일제의 식민지로 전락하는 조선의 역사를 고찰하고, 일본의 압제 하에서 신음하는 한국 민중의 삶과 일제의 탄압에 굴복하지 않은 독립해방운동에 대해 상세히 소개하고 있다.

## 목 차



## 고수확 면화재배의 경험(Опыт выращивания высоких урожаев хлопка)

• 저자: Ким Пен Хва
• 출판사: Государственное издательство сельскохозяйственной  литературы
• 자료유형: 단행본, 러시아어
• 출판연도: 1953
• 총 페이지: 36

이 책은 몇 년간 면화생산에서 높은 수확량을 기록한 우즈베키스탄 타슈
켄트주 스베드네-치르칙 라이온 소재 '폴랴르나야 즈베즈다'의 생산활동을
소개하고 있다. 저자는 집단농장에서의 면화재배에 대한 농업기술 적용 사
례를 상세히 소개하고 있다. 또한 사회적 경제력의 신장과 이에 따른 수익
의 증가 현황을 분석하고, 집단농장원 생활의 물질적 · 정신적 풍요에 대해
기술하고 있다.

## 목 차

## 풍요로움으로 가는 길(На пути изобилию)

- 저자: Ким Пен хва
- 출판사: Госиздат УзССР
- 자료유형: 단행본, 러시아어
- 출판연도: 1954
- 총 페이지: 60

이 책은 우즈베키스탄공화국 타슈켄트 주〈폴랴르나야 즈베즈다〉 집단농장의 전반적인 활동사항을 기술하고 있다. 저자는 구체적으로 집단농장의 발전과정을 소개하면서 면화생산 및 가축사육에 대한 메커니즘을 소개하고 있다. 또한 집단농장 활동에 의한 생산력, 노동임금, 금전수입 및 금전수입의 분배 등을 상술하였다.

### 목 차



## 한민족 해방운동의 역사

(Из истории освободительного движения Корейского народа)

- 저자: Пак М. Н.
- 출판사: Общество 〈Знание〉 УзССР
- 자료유형: 단행본, 러시아어
- 출판연도: 1955
- 총 페이지: 46

저자는 한국이 수세기에 걸쳐 식민지 노예상태와 봉건 압제에 저항해 왔는데, 이는 2차 세계대전 이후 미독립 식민지국가들에게 해방투쟁의 모범이 되었다고 밝히고 있다. 이러한 한국 민중의 투쟁이 그 역사에 깊은 뿌리를 두고 있으며, 외적과 내부 압제자들에 저항한 인민대중의 투쟁의 전통과 깊은 관련이 있음을 지적하고 있다.

이 책에서는 한국이 높은 수준의 문화와 전통을 갖는 국가로서, 한국민의 높은 자존심이 역사시대 이후 외부침략에 줄기차게 저항한 역사를 갖게 했다는 것을 중국, 몽골, 일본과의 전쟁의 사례를 들어 설명하고 있다. 저자는 일제에 저항한 한국민의 투쟁의식 속에는 15세기 말 일본정권의 조선침략과 그에 대한 저항이 강하게 자리 잡고 있다고 말한다. 당시 조선의 봉건질서와 지배층의 무능에도 불구하고 민중들은 자신의 조국을 지키기 위해 성전을 벌였고, 결국 침략자를 물리쳤다는 것이다.

### 목차

봉건압제에 대항한 한국 민중의 투쟁
외국 자본주의 국가의 침략과 한국 민중의 민족해방운동
일본제국주의의 식민주의 압박에 저항한 한국의 민중투쟁


## 아카시아 꽃이 필 때, 시와 포에마
(Когда акация цветет, стихи и поэмы)

- 저자: Ким Цын сон
- 출판사: Государственное Издательство УзССР
- 자료유형: 단행본, 러시아어
- 출판연도: 1956
- 총 페이지: 28

김친선의 시와 포에마를 수록한 시집이다.

## 목 차



# 조선무용 (Корейский танец)

- 저자: Ан Сон Хи, Ткаченко Т., Львов Н.
- 출판사: Искусство
- 자료유형: 단행본, 러시아어
- 출판연도: 1956
- 총 페이지: 147

대부분의 동방 민속춤에서처럼 조선의 춤에서도 주된 표현 수단의 하나는 손이다. 조선 춤의 특징에는 손목 관절부터 손가락 끝까지의 부분뿐만 아니라 손가락의 윤곽이 큰 역할을 하는 섬세한 손 움직임이 연관되어 있다. 손의 움직임은 매우 다양하다. 조선의 춤에서는 다른 손이 움직이지 않을 때에 자유롭게 내려진 손을 앞뒤로 부드럽게 휘두르는 것이 특징적이다. 손을 몸통으로 가져가는 것은 순서대로 앞에서부터 또는 뒤에서부터 진행된다. 한 손은 손가락을 뺨으로 가져간다. 손을 편 채로 손을 위로 향하게 한다. 이때 손을 움직이는 모양 또한 다양하다. 손을 아래로 해서 떨어뜨리고, 손을 위로 올리고, 마치 숫자 8 모양을 만드는 것처럼 해서 손바닥을 위와 아래로 돌릴 수 있다.

어떤 물건을 가지고 -부채, 단검, 북- 춤을 출 때 연기자에게는 그런 물건을 가지고 명인다운 모습을 보여주는 것이 요구된다. 때때로 소녀들은 소매가 긴 원피스를 입는다. 연기자들은 다양한 방향으로 긴 소매를 흔들거나 앞으로 뒤로 휘두르거나 소매를 자신의 어깨 쪽으로 던진다. 남성의 춤에서처럼 여성의 춤에도 손으로 치는 박수가 특징적이다. 딸랑거리는 다양한 물체는 -발에서 또는 몸통에서- 남성의 춤에서 특징적이다.

손목 관절부터 손가락 끝까지의 부분뿐만 아니라, 손목 관절부터 손가락 끝까지의 윤곽이라고 부르게 될 손가락의 윤곽이, 표현력이 풍부한 방법으로서 한국 춤에서 이용된다. 그러므로 다양한 자세와 손의 위치를 기술하기 전에 손가락의 가능한 위치, 즉 손목 관절부터 손가락 끝까지의 다양한 윤곽을 고려해야 한다. 손목 관절부터 손가락 끝까지는 측면으로 자유롭게 올려진 손을 기술하는 것이다. 즉 두 번째 자세에 있는 손을 기술하는 것이다.

### 목 차



## 소비에트 문화 40년(40 лет Советской культуры)

- 저자: Ким М. П.
- 출판사: Государственное издательство политической литературы
- 자료유형: 단행본, 러시아어
- 출판연도: 1957
- 총 페이지: 376

이 책은 지난 40년간의 소비에트 문화의 발전과 변화과정을 소개하고 있다. 저자는 소비에트 문화건설 초기 단계에서의 문화-개혁 활동을 비롯하여 소비에트 민중교육과 노동자 대중에 대한 문화-정치적 계몽활동을 소개하고 있다. 또한 소비에트 문화혁명의 완성단계에서 문맹퇴치 및 문화혁명을 위한 전략을 소개하고, 중등교육의 실시현황 및 문화-계몽 활동 시스템을 보여주고 있다. 이밖에 저자는 도시와 시골 노동자의 문화수준 향상을 위한 구체적인 활동 사례를 보여주고 있다.

**목 차**



## 위대한 10월 혁명과 동방의 국가들(Великий октябрь и страна востока)


- 저자: Ким Г. Ф., Шафир М. А.
- 출판사: Советская Россия
- 자료유형: 단행본, 러시아어
- 출판연도: 1957
- 총 페이지: 32


이 책자는 사회주의 10월 혁명 40주년을 기념하는 발간물이다. 이 소책자에서는 사회주의 혁명은 자본주의를 붕괴시키고 사회주의를 건설하는 중요한 의미를 가지고 있다고 밝히고 있다. 10월 혁명은 자본주의 시스템에 최초로 강력한 타격을 가했다. 러시아에서 자본주의 붕괴와 최초의 사회주의 국가건설은 세계 인류역사에 근본적인 변혁을 가져왔다는 것이다.

위대한 마르크스-레닌 사상의 해방 이데아는 전 세계를 향하여 급속히 번져 나갔다. 점차 많은 전 세계 노동자 민중들은 프롤레타리아 및 민족 친선의 깃발 아래 모이게 되었다. 10월 혁명이 일어날 당시 전 세계에서 단일 체제로의 주요 시스템으로 자본주의가 있었다. 자본주의와 함께 사회주의는 성공적으로 발전하기 시작하였으며, 사회주의는 국제민족해방운동을 공고히 하는 계기가 되었다. 이것은 또한 발전한 자본주의 국가에서 사회주의혁명을 고취시켰으며 식민지 국가에서는 민족해방운동이 발생하는 분위기를 조성하였다.

이 책은 10월 혁명 후 동방 국가들의 민족해방 운동에 대한 기원과 그 흐름을 고찰하고 있다. 또한 세계 2차대전과 동방 국가들의 민족해방 운동 과정을 통하여 10월 혁명이 사회주의 국가건설에 미치는 영향을 분석하였다. 특히 중국 민족혁명의 승리에 대해 역사적 관점에서 분석을 시도하고, 향후 제국주의 국가에서의 식민지 시스템 붕괴 과정에 대하여 마르크스-레닌주의 관점에서의 분석방법론을 제시하였다.


## ▌19세기말 자본주의 열강의 조선침략과 조선민중의 해방투쟁

(Экспансия капиталистических держав в Корее и освободительная борьб а Корей ского народа в конце 19 века)

- 저자: Тягай Г. Д.
- 출판사: Издательство восточной литературы
- 자료유형: 단행본, 러시아어
- 출판연도: 1958
- 총 페이지: 30


19세기 후반기에 조선은 봉건국가였고 중국과는 예속적인 관계에 있었다. 1876년에 최초의 불평등조약이 일본과 체결되었다. 그 조약으로 2세기 이상 계속되었던 쇄국정책이 끝났다. 1882년에 미국 또한 조선과 예속적인 조약을 체결하였다. 미국의 뒤를 이어 영국이 1883년에, 차르가 통치하는 러시아는 1884년에, 그리고 기타 국가들이 조선과 조약을 체결하였다.

조선에서 생산의 토대는 토지에 대한 봉건적 소유였다. 토지의 최고 소유자는 법적으로 국가라고 여겨졌다. 19세기 말에 조선에서는 국가 소유물을 개인 소유물로 변환시키는 과정이 진행되었다. 국유지는 왕과 왕 친척의 부동산으로 속하게 되었다. 또한 중앙과 지방기관에 편입된 경작지들이 국유지에 속하게 되었다.

많은 토지가 양반(공무에 몸담았던 조선의 귀족)의 손에 있었다. 그들은 정부에서 중요한 위치를 차지하고 있었으며, 자신의 손에 정치권력의 모든 것을 집중시켰다. 귀족 계급을 형성하고 있었던 양반은 일련의 특권을 지니고 있었다. 공직에 들어갈 때 필수적인 국가시험에는 양반들만이 응시할 수 있었으며, 군 복무로부터 면제되었다. 압도적인 대다수의 양반은 몰락한 지주 가문으로 구성되어 있었고, 가장 낮은 지방 귀족에 속해 있었다. 그들은 한 세대에서 다음 세대로 지방 중소 관리의 직위를 상속했다. 조선의 인텔리겐치아는 (중인) 의사, 화가, 학자인데 그들도 또한 양반의 특권을 누렸다.

## ▌1885~1896년 조선 여행(По Корее путешествия, 1885-1896 гг.)

- 저자: Тягай Г. Д.
- 출판사: Издательство восточной литературы
- 자료유형: 단행본, 러시아어
- 출판연도: 1958
- 총 페이지: 291

조선 땅을 밟은 최초의 러시아인들은, 1854년에 한반도 해안을 조사했던 소형 구축함 '빨라다'의 선원들이었다. 그들 중에는 작가 I.A.곤차로프가 있었는데, 그는 이 나라에 대한 자신의 감흥을 나중에 널리 알려진 책인 〈빨라다 구축함〉에서 기술했다. 러시아에서는 그 당시 한국에 대해 거의 아무 것도 알고 있지 못했다. 1860년 러시아와 중국간의 조약에 따라 우수리스크 지방이 합병되었다. 한국은 러시아와 경계를 접하게 되었다.

연해주의 러시아 식민지화가 시작되었다. 이곳에 까자크인들이 이주하였다. 점점 더 많은 이주자들이 와서 새로운 땅에서 거주하기 시작했다. 러시아 농민들과 이웃한 곳에 양반 귀족들의 박해를 피하여 국경을 넘어서 도망쳐온 수백 명의 조선인 농민들이 이주하였다. 1867~1869년에는 우수리스크 지방을 유명한 여행가 N.M.프르제발스키가 방문하였다. 그가 러시아 지역에서 조선인 마을을 조사했을 때, 그곳에는 이미 1,800명의 조선인이 거주하고 있었다.

그 당시 봉건주의 국가인 조선은 쇄국정책을 실시하고 있었다. 따라서 자신의 영토에 외국인이 들어오는 것을 허용하지 않았으며, 자기 국민이 외국인과 왕래하는 것을 금지하였고, 게다가 외국으로 이주하는 것을 금지하였다. 그러나 조선 정부의 엄중한 단속에도 불구하고 러시아 정부는 극동의 미개간지 토지를 개간하는 데 관심을 가지고 있었고, 조선농민을 받아들였다.

## 목 차



## 19세기 중반 한국에서의 민중운동

(Народное движение в Корее, во второй половине 19 века)

- 저자: Тягай Г. Д.
- 출판사: Издательство восточной литературы
- 자료유형: 단행본, 러시아어
- 출판연도: 1958
- 총 페이지: 77

　본 저서에서는 19세기 후반 한국에서의 민중운동에 관해, 이 시기 한국의 민중투쟁의 주요 단계와 형태에 대해 서술하고 있다. 저자는 자본주의 제국의 무력침략에 저항하여 한국민의 해방운동이 어떻게 시작되고 발전해 갔는지를 밝히고 있다. 지난 세기 한국민에 의한 반제·반봉건투쟁이 가장 치열했던 1893～1894년의 농민봉기를 기술하고 있다.

　19세기 후반기 민중운동은 한국의 역사에서 가장 선명하고, 영웅적인 한 페이지를 장식하고 있다. 1860년대 초 한국민은 손에 무기를 들고 외국 자본주의 침투에 맞서 조국의 독립을 지키고자 투쟁하였다. 이러한 반제투쟁은 농민, 영세수공업자, 농노들의 봉건적 압제에 대항하는 투쟁과 동시에 진행됨으로써 반봉건투쟁은 민족해방투쟁과 긴밀히 연결되어 있었다는 것을 저자는 지적하고 있다.

　외국자본의 침투, 봉건압제의 강화, 일본 제국주의에 의한 노동 대중의 착취라는 조건이 새로운 민중운동을 불러일으킨 것이다. 한국민 모든 계층에 애국주의가 자리 잡았다. 동시에 각 계층의 대표들 중에는 일반 민중과 유리되어, 일부는 자본주의 일본을 포함하여, 외국의 힘에 의지하기도 하였는데, 그들은 일본의 부르주아 식민주의자들의 진정한 음모를 간과하고 있었다.

　저자는 당시 한국에서 자유주의자들이 외국 자본가들의 도움을 기대했다면, 농민, 소상인, 영세수공업자, 농노들은 봉건압제와 외국의 강압에 공공연히 저항을 계속한 계층이었다고 한다. 그들이 보였던 1893～1894년의 봉기가 일본 자본주의자와 조선정부에 의해 진압되었지만, 농민 빨치산부대인 의병이 1895년 이후 투쟁을 계속하였다.

### 목차

# ▌미개간지에서의 다각화된 국영농장

(Многоотраслевой совхоз на целенных землях)

- 저자: Пак А. А.
- 출판사: Издательство Сельскохозяйственной литературы
- 자료유형: 단행본, 러시아어
- 출판연도: 1959
- 총 페이지: 117

이 책은 북부 카자흐스탄의 국영농장 '쿠스타나이스키' 곡물 국영농장의 다양한 생산활동을 소개하고 있다. '쿠스타나이스키' 곡물 국영농장은 북부 카자흐스탄 반건조지대에 있는 국영농장의 하나로서 1930년대에 설립된 대규모 농장 중의 하나이다.

저자는 미개간지 및 휴경지에서의 다각화된 산업 조직에 대한 경험들을 소개하고 있다. 또한 국영농장의 농업 및 목축업 시스템도 보여주고 있다. 대규모 다각화된 산업으로서의 '쿠스타나이스키' 곡물 국영농장의 경험은 휴경지 및 미개간지에서 설립된 많은 국영농장들의 관심을 끌 것이다.

전 국영농장의 책임자로서 사회주의 노동 영웅의 칭호를 받고 있는 저자는 구체적으로 다음과 같은 사례를 보여 주면서 상술하고 있다. 여기에는 국영농장의 토양-기후의 조건 및 국영농장에서의 생산증대 및 농업시스템, 토지개량에 따른 농업기술의 적용 등에 대한 방안 등이 포함되어 있다. 이 밖에도 올바른 윤작방법과 토지 개량 시스템의 경제적 효과, 토지의 파종 전 개량 시스템 등을 설명하고 있다.

저자는 경험을 바탕으로 제초제 사용의 효과, 옥수수 재배 방안, 곡물생산의 수익성, 목축업의 발전 방안 등도 제시하고 있다. 이러한 방안들의 효과적인 실행은 기업 및 농업생산의 확대를 가져오고 이는 국영 농장원들의 물질적 복지 및 문화적 수준을 향상시킬 수 있다고 주장하고 있다.

**목 차**

- 작가로부터



## ▌철학 제2집(философия 2-ое)

- 저자: Пак-Ир и др.
- 출판사: Казахский государственный университет им. С. М. Кирова
- 자료유형: 단행본, 러시아어
- 출판연도: 1959
- 총 페이지: 188

본 저술은 카자흐스탄 국립대학의 연구 논문집에 실린, 소련 내 한국 문학에서의 이념적 문제에 대해 조명한 것이다.

소련내의 한국학자들은 한국 민족해방운동의 역사와 한국에서 민족민주주의 건설의 성공을 조명하는 매우 광범위한 문헌을 만들었다. 매년 한국에 관한 문헌이 출판되었다. 한국어에서 번역된 번역 문학이 자주 출간되기 시작했다. 정기간행물과 동방학 잡지들은 한국 민족의 생활에 대한 정보를 담고 있는 정기적 출판물에 크게 주목하고 있다. 최근에 출간된 한국 문학은 이전 시기의 문학과 비교해 볼 때 커다란 학문적 장점을 가지고 있다. 그러나 한국 문학은 현 상황에서 일련의 현저한 결점이 있다. 이런 점은 소련 내 한국학의 주요 작품을 분석한 것으로 볼 때 분명하다는 것이다.


## 2. 논문 및 저널


### 선도적인 집단농장 〈폴야르나야 즈베즈다〉의 경제
(Экономика передового колхоза 〈Полярная звезда〉)

• 저자: Тен А. Б.
• 발행처: Акадеия наук УзССР, Институт экономики
• 발행연도: 1950
• 자료유형: 학위논문, 러시아어


이 논문은 중앙아시아의 대표적인 집단농장 중의 하나인 〈폴야르나야 즈베즈다〉를 경제적인 관점에서 분석하였다. 저자는 논문에서 집단농장에 대한 소련지도자들의 교의를 비롯하여 집단농장의 생성과 발전 등을 역사적 배경에서 고찰하였다. 또한 집단농장의 노동조직, 노동임금, 노동이용 및 노동생산성을 비롯하여 집단농장원의 문화적 요소 등을 기술하였다.


### 19세기말부터 20세기초까지 러시아 극동지역의 한인농민들
(Корейские крестьяне русского дальнего востока в конце 19 начале 20в.)

• 저자: Ким Сын Хва
• 발행처: Ташкентский государственный университет имени В. И. Ленина
• 발행연도: 1956
• 자료유형: 학위논문, 러시아어


러시아 극동지역의 한국 이주민의 역사는 이 지역에 사는 러시아인들과 깊은 관련을 맺고 있다. 한국인 이주민들과 러시아인들은 인구는 적고 자원이 풍부한 이 지역에서 소비에트 정권과 해방투쟁을 위하여 영웅적인 정신으로 함께 노력을 기울였다. 저자는 현재까지도 우리의 역사에서 러시아 극동지방에서 한국 이주민의 노력에 대한 역사를 기술한 작품들이 많이 나타나지 않고 있다고 지적하고 있다.

이 논문은 아직 연구되지 않은 러시아 극동지방의 한국인 이주민들에 대해 고찰하고 있다. 또한 19세기 말부터 20세기 초까지 한국인 이주의 원인을 분석하고 러시아 극동지방의 사회·경제, 법률적 상황과 한국농민들의 사회·경제적 생활환경을 분석하였다. 또한 러시아 극동지방에서 한국노동자의 혁명운동 참가와 활동내용 등을 고찰하였다.

러시아 극동지방에 사는 한국인의 역사에 대한 작품들은 많지 않다. 그런 이유로 저자는 러시아 극동중앙국가문서보관서에 있는, 연구테마와 관련된 아직 공표되지 않은 자료를 주로 이용하였다. 이밖에 기존에 발표된 문서 및 통계자료 그리고 저널 등을 자료원으로 삼았다. 또한 한국을 비롯하여 일본어, 영어로 된 외국자료들과 혁명운동 참가자의 회고록을 이용하였다.

## ▌헐벗은 초원, 시(Голодная степь, стихи)

- 저자: Ким Борис
- 저널명: Звезда Востока, No. 12
- 발행처 : Кзыл Узбекистан
- 발행연도: 1957
- 자료유형: 저널, 러시아어

### 헐벗은 초원

태양은 여름에 너를 태웠다
달궈진 철처럼
너는 그에 대답했다
거친 입으로

뜬 먹구름이
너 위에 무리지어
모여들 때도
더 낫지는 않았다


# ▌알마릭스키의 봄, 시(Алмалыкская весна, стихи)

- 저자: Ким Борис
- 저널명: Звезда Востока, №. 7
- 발행처: Кизил Узбекистон
- 발행연도: 1959
- 자료유형: 저널, 러시아어

## 알마릭스키의 봄

점점 멀리 산으로 겨울이 물러난다.
햇볕을 견뎌낼 힘이 없어
언덕 위의 눈은 덩어리째 하얘진다.
딱지 붙고 부식된 개울물로

낮은 땅에는 한낮에
누워있던 눈이 벌써 녹았다.
풀은 작은 산 옆에 푸르러지며
바늘 같은 털로 자라고 있다.

# 1960년대 자료

## 1. 단행본

### 19세기 후반기 한국역사의 개요
(Очерк истории Кореи во второй  половине XIX в.)

- 저자: Тягай  Г. Д.
- 출판사: Издательство восточной  литературы
- 자료유형: 단행본, 러시아어
- 출판연도: 1960
- 총 페이지: 234

　　이 책은 19세기 후반 조선에서 발생한 근본적인 역사적 사건인 사회·경제적 변혁과정을 소개하는 데 그 목적이 있다. 저자는 19세기의 전반적인 사회·경제적 환경을 살펴보고, 19세기 후반 외국자본의 침투과정과 조선의 개혁운동을 설명하고 있다. 특히 19세기 말에서 20세기 초 일본제국주의의 조선침탈과 이에 대한 한국민족의 항일투쟁 및 민족해방운동을 자세히 소개하고 있다.

## 춘향의 정절에 대한 역사(История о верности Чхун хян)

- 저자: Хван юн Дюн
- 출판사: Издательство восточной литературы
- 자료유형: 단행본, 러시아어
- 출판연도: 1960
- 총 페이지: 635

한국은 매우 독특한 문화의 국가이다. 한국의 문학적 유산, 특히 고대와 중세시대의 유산은 오늘날까지 우리에게 잘 알려져 있지 않았다. 현재 상황은 빠르게 바뀌고 있다. 한국 민족의 문화적 가치에 대한 소비에트 학문과 사회가 활발한 관심을 가지고 있다는 점을, 최근에 빛을 보게 된 〈한국 고전시〉, 〈한국 중편소설 선집〉, 〈한국 단편소설집〉과 같은 것이 잘 보여 주고 있다. 한국 중세 중편소설에 대한 본 선집은 한국 중세문학의 다른 전형들에 대해서도 독자들에게 알려줄 것이다. 현대 한국 사학은 한국에서의 중세시대를 10~15세기라고 생각하고 있다. 왜냐하면 한국에서 중편소설이라는 장르가 17세기에 나타났기 때문에 중세라는 용어는 17~19세기 중편소설과 관계가 있기 때문이다.

중세 후기 시대에 한국은 깊은 위기에 빠진 봉건국가였다. 한국 역사의 이 시기에 봉건사회의 모순은 특히 현저하게 나타났다. 이씨 왕조 시대의 초반기에 조선에서 땅은 국가의 재산으로 간주되었고, 봉직에 대한 분배 형태로 문인과 무인 관리들에게 분배되었다. 이미 15세기 말에는 공직에 있는 귀족들이 토지를 자신의 것으로 확보하여 그것을 상속받은 부동산으로 바꾸려는 시도가 있었다.

## 목 차



# 1905~1910년 일본의 보호통치기 한국 민중의 해방투쟁

(Освободительная борьба корейского народа в годы японского протектор ата, 1905-1910гг.)

• 저자: Хан М.
• 출판사: Издательство восточной литературы
• 자료유형: 단행본, 러시아어
• 출판연도: 1961
• 총 페이지: 68

이 책은 일본에 의한 침탈과정에서부터 식민지화되는 역사적 과정 및 민족 독립을 위한 한국 민중의 독립투쟁 모습을 보여주고 있다. 저자는 구체적 사례별로 한국에서의 문화·계몽 운동을 비롯하여 의병들의 무장투쟁 상황 과 무장투쟁의 성격과 의미를 분석하였다. 또한 한국의 문화-계몽 단체의 활동과 1905-1907년의 자발적인 민중운동 등을 상세히 소개하고 있다.

### 목 차

1장 19세기말부터 20세기 초까지의 한국
　　일본제국의 침투, 한국대중의 삶의 실태
　　한국을 위한 강대국에 대한 투쟁
　　러시아-일본의 전쟁 및 한국의 일본 식민지화
2장 한국에서의 문화·계몽 운동 및 1905~1907년 최초의 의병들의 무장투쟁
　　한국 민족들의 해방운동을 위한 1905~1907년의 러시아 혁명
　　문화·계몽 단체 및 이들의 애국적인 활동
　　일본에 대한 무장투쟁. 1905~1907년의 자발적인 민중운동
3장 1907~1910년 한국 민중의 새로운 해방투쟁
　　한국 국가주권의 소실
　　1907~1910년 의병들의 새로운 무장투쟁
　　의병 무장투쟁의 성격과 의미

## 목화재배 종사자의 희망의 등대-타슈켄트 주 얀기율 지역 스탈린 집단농장(Надежный маяк хлопкоробов-колхоз имени Сталина, Ян гиюльского района, Ташкентской области-)

- 저자: Артыков А., Ой Г.
- 출판사: Государственное издательство узбекской ССР
- 자료유형: 단행본, 러시아어
- 출판연도: 1961
- 총 페이지: 32

　　이 책은 타슈켄트 주 얀기율 지역 스탈린 집단농장 농장원들의 성공적인 작업에 대해 서술하고 있다. 농장원들은 면화생산 및 축산 등의 여러 분야 에서 많은 노력을 기울여 소련인민들의 존경을 받았으며 많은 부를 얻게 되 었다.

# 노동, 오로지 노동(Трудом, и только трудом)

- 저자: Хван М. Г.
- 출판사: Изд. сельскохозяйственной литературы журналов и плакатов
- 자료유형: 단행본, 러시아어
- 출판연도: 1962
- 총 페이지: 135

이 책은 우즈베키스탄 타슈켄트 주에 위치한 '폴리타젤' 집단농장의 생산 활동 및 농장원들의 삶에 대해 소개하고 있다. 사회주의 노동 영웅인 저자는 비옥한 토양에서 높은 수확을 이루는 옥수수 재배와 이러한 옥수수를 이용한 가축사육 및 우유생산에 대해 사례를 들어 자세히 설명하고 있다. 이 밖에 파를 비롯하여 면화생산에 기계화를 도입하여 생산성 증가에 노력을 기울이는 모습도 소개하고 있다.

### 목 차

## ▌소련 내 한인의 언어에 대하여(О языке Корейцев СССР)

- 저자: Ким О.
- 출판사: Ташкентский Государственный Университет
- 자료유형: 단행본, 러시아어
- 출판연도: 1962
- 총 페이지: 93

이 저서는 그동안 전혀 주목받지 못했던 소련 내 한인들이 사용하는 언어에 대한 최초의 본격적인 연구이다. 한국에 거주하는 국민들로부터 고립되어 다양한 언어적 환경에 노출되어 있고 다양한 지역에 거주하는 소련 한인들의 언어 특징에 대한 연구는 언어학적인 관점보다 더 폭넓은 차원에서 흥미로운 결과를 제시한다. 그러한 연구는 언어학의 중요한 문제들, 즉 상호 관계의 문제, 언어들의 혼합, 차용, 이중언어 문제들을 해결할 수 있는 자료가 된다.

## ▌3월의 눈, 단편소설(Мартовский снег, рассказы)

- 저자: Шим Э.
- 출판사: Советский писатель
- 자료유형: 단행본, 러시아어
- 출판연도: 1962
- 총 페이지: 184

본서는 오늘날의 동시대인들, 즉 건축가들, 군인들, 연금수령자들과 젊은이들, 복잡하고 단순한 운명과 성격들을 가진 사람들에 대한 단편소설이다. 이 저자의 주인공들은 사과 정원을 가꾸고, 시베리아 길을 따라 차를 몰고 가며, 가구를 만든다. 그들의 삶에서 중요한 것은 영감어린 창조물로 보여지는 노동이다. 작가는 인간의 도덕적 양육의 문제에 주의를 기울이고 있다.

## 목 차



## 하얗고, 검은

9월 17일 저녁, 공장의 문화회관이 수리된 이후 처음으로 열었을 때, 모든 층에 많은 사람들로 가득 차 있었을 때, 영화관에 아마추어 공연들이 열렸을 때, 화랑과 광장 계단들에서도 춤파티가 열렸을 때 유쾌하지 않은 사건이 일어났다.

춤추는 사람들로 가득한, 높은 화려한 천장이 있는 2층 창의 현관에서 2개의 석고 꽃잎들이 무너져 내린 것이었다.

설계에 따르면 현관은 고전풍으로 만들어졌다. 벽들을 따라 코린트 기둥머리를 한 이중 기둥들과 소상으로 된 훌륭한 창문이 있고, 천장은 철형 장식의 깊숙한 사각형으로 되어 있다. 각 사각형 중앙에는 톱니 모양의 나뭇잎들이 있는 둥글고 화려한 꽃잎들이 피어져 있었다. 건축가들은 습관적으로 그것을 '양배추'라고 불렀다. '양배추' 아래에는 마치 권연용지에서 잘려 나온 것같이 말쑥하고 가벼워 보이며 실제로 2킬로그램 정도로 되어 보이는 꽃잎들이 달려있었다. 첫 번째 꽃잎이 미끄러운 판석 마루에 떨어져 파편들이 튀고 가루 먼지가 피어 올랐을 때 대소동이 시작되었다. 신경질적인 소녀들은 날카롭게 소리를 질러댔고 문에서는 굉장한 혼잡이 일어났다. 조소가 미사 루따누스가 그 뒤 "많은 이들이 공포로 떨었다"라고 말했다.

이튿날 아침, 공장 감독자 대리 씨빠긴은 전화로 마무리 일을 책임지고 있는 현장 감독 구세브이와 이야기를 나누었다.

- 누군가를 죽게 했습니까?

-씨빠긴이 속삭이며 물었다.

- 죽게 했습니다.

- 누구를요?

- 인간적인 기쁨을 죽였습니다.

- 푸하하, 자네 정말

- 말하자면, 소망이 없다는 얘기신가요? 아니면 역시 누구를 자극하는 것인

가요?

- 신은 누구를 처벌할 것인가를 알고 있을 겁니다. 때마침 노동자들 중 한 사람
이 벌을 받습니다. 병원으로 옮겼습니다. 성은 예고르쉰인가 뭔가 합니다.
- 아니, 진심입니까?
- 진심입니다. 몸을 다쳤다고 하더군요.


## ▌ 제국주의 식민지 시스템의 붕괴(Распад колониальной системы)

- 저자: Берков Е. А., Ким Г. Ф.
- 출판사: Высшая школа
- 자료유형: 단행본, 러시아어
- 출판연도: 1962
- 총 페이지: 88


소련공산당 22차 당대회의 자료 및 공산당 및 노동자당의 선언에서 마르크스 사상의 확산은 식민지 시스템의 붕괴를 가져오는 주요 진보적인 과정의 일부라고 하고 있다. 아시아, 아프리카, 남아메리카 등에서 거대한 민족부흥의 파도가 몰려오고 있다. 레닌이 이전에 예견하였듯이 착취당한 민족들이 깨어남에 따라 이들은 자신의 운명을 결정하는 일에 적극적으로 참여하는 시대가 도래한 것이다. 아시아, 아프리카에 있는 약 40개의 국가들은 식민지 노예 상태로부터 해방되기 위해 적극적으로 국제 민족해방운동에 참여하게 되었다.

국제공산주의 및 국제노동자 계급운동에 있어서 식민지 국가의 독립해방운동의 의미와 역할을 정의하는 것은 매우 중요한 일이다. 인류의 역사발전에 있어 자본주의 및 사회주의 시스템은 함께 존재하며 또한 이들은 경쟁관계에 있었다. 레닌이 15년 전에 그의 공산주의 전략과 전술에서 말했듯이 제국주의에 저항하는 민족해방운동은 프롤레타리아혁명의 분열을 가져오지 못하였다.

이 책은 레닌사상을 기반으로 하여 인류역사에 나타난 식민지 시스템을

분석하고, 오늘날의 세계적인 사회주의 시스템 형성 및 제국주의 식민지 시스템의 붕괴현상에 대한 해석을 제시하고 있다. 이와 더불어 동부지역 국가들의 주권발전의 길을 비롯하여 제국주의 식민지정책의 형태 및 방법들을 구체적으로 설명하고 있다.

## 목 차

- 서언
1장 과거의 식민지 시스템
2장 세계적인 사회주의 시스템 형성 및 제국주의 식민 시스템의 붕괴
3장 동부지역 국가들의 주권 발전의 길
4장 오늘날 기본적인 제국주의 식민지정책의 형태 및 방법들
5장 소련-발전되지 않은 나라 민족들의 믿음직한 친구

# 동방의 민족들이 식민지의 멍에를 떨쳐버리다

(Народы востока сбрасывают ярмо колонизации)

- 저자: Ермалаев А., Ибрашев Ж., Хан Г.
- 출판사: Казгосиздат
- 자료유형: 단행본, 러시아어
- 출판연도: 1962
- 총 페이지: 254

현 세기 60년대는 제국주의 식민지 시스템의 붕괴로 특징지어진다. 전 세계적인 사회주의 시스템의 수립과 민족·해방운동의 세력에 의한 식민지주의의 붕괴는 역사적으로 지대한 의미를 내포하고 있다. 10월 사회주의 혁명은 식민지주의에 강력한 타격을 가했다. 제국주의 식민지주의의 위기는 전체 자본주의의 위기를 불러일으켰다. 10월 혁명은 동방의 민족들을 깨워 일으켰으며 이들을 전 세계적인 혁명운동의 대열에 참가하도록 동기를 부여했다. 식민주의의 붕괴는 주로 아시아 및 아프리카에서 발생되었다. 제국주의와의 투쟁 전선은 주로 라틴아메리카에서 형성되었다. 쿠바의

민족혁명의 승리는 라틴아메리카 지역의 제국주의에 강력한 타격을 입혔다.

이 책은 동남 아시아 및 동부 아랍, 아프리카 국가들의 민족해방운동에 대해 기술하고 있다. 이들 국가의 민족해방운동은 이 나라들에서 행해진 모욕적인 식민시스템의 붕괴 및 자본주의 위기의 심화를 불러왔다. 이 책은 2차 세계대전 동안 인도, 인도네시아, 이집트, 시리아, 이라크에서 일어난 사건들을 소개하고, 아프리카에서 새로이 탄생한 젊은 독립국가에 대해 상세히 설명하고 있다.

저자는 구체적으로 2차 세계대전 이후의 동남아시아의 국가들을 중심으로 인도의 식민지 실태 및 변화의 길에 들어선 인도네시아, 아랍국가와 아프리카 국가들의 민족해방운동 등을 사례를 들어 설명하고 있다.

### 목차



## 〈폴야르나야 즈베즈다〉 집단농장의 오늘과 내일

(Сегодня и завтра колхоза 『Полярная звезда』)

- 저자: Тен Ен Себ, Горелик А. П.
- 출판사: Государственное издательство УзССР
- 자료유형: 단행본, 러시아어
- 출판연도: 1963
- 총 페이지: 48

이 책에서는 고려인 집단농장 '폴야르나야 즈베즈다'의 과거와 현재의 역사를 재조명하고 협동농장의 발전을 위한 구체적인 방안을 제시하고 있다. 1937년 가을 타슈켄트에서 23킬로미터 떨어진 중앙아시아의 계곡 삼림 습지에서 토지경작이 시작되었다. 여기에서 극동에서 강제 이주된 290명의 고려인은 집단농장 '폴야르나야 즈베즈다'를 건설했다.

그로부터 4년이 지난 다음, 야생 맷돼지가 살던 중앙아시아의 계곡 삼림은 벼가 자라는 녹색들판으로 변모했다. 농지는 영구임대의 국가 집단농장에 속했으며 총 768핵타르에 달했다. 여기에는 아주 적은 총 10헥타르의 면화 재배지가 있었다. 이 땅에 고려인들의 수많은 피와 땀이 쏟아졌다. 1949년에 〈폴야르나야 즈베즈다〉 집단농장은 공화국에서 유명하게 되었다. 집단농장원 26명이 최고의 사회주의 노동영웅 칭호를 받았으며, 공화국의 대표적인 협동농장이 되었다. 집단농장원들은 사회적 경작에서 매년 새로운 수확의 신기록을 올리게 되었으며 그들의 경험을 축적해 나갔다.

이시기에 '폴야르나야 즈베즈다' 집단농장 주변에는 규모가 작은 농장들이 있었다. 이들 농장들은 좀처럼 수확량을 증가시키지 못했다. 이들 농장들은 오랜 고민 끝에 주변이웃에 도움을 요청하게 되었고 '폴야르나야 즈베즈다' 집단농장은 이를 받아들였다. 집단농장의 농장원들은 모두 공산주의자들 또는 공산청년당원이었다. '폴야르나야 즈베즈다' 집단농장은 1954년에 하나로 통합되었으며 450 헥타르의 농지와 13개 민족 943명의 농장원이 일하는 대규모 농장이 되었다.

**목 차**

## ▌황금의 십년(Золотое десятилетие)

- 저자: Пак Дек Ен
- 출판사: Государственное издательство Узбекской ССР
- 자료유형: 단행본, 러시아어
- 출판연도: 1963
- 총 페이지: 48

이 소책자에는 집단농장 '폴리타젤'의 공산주의자들의 아방가르드적인 활동과 계획, 당 위원회가 당원들의 활동을 어떻게 지도했는지에 대한 이야기가 씌어 있다.

### 목차

보이게, 느껴지게  
생산에 더 가깝게  
전망을 갖고 일하다  

전위에 서는 것이 문제다  
각 사람의 머리에, 가슴에 다가가다

## ▌아침의 태양(Утреннее солнце)

- 저자: Угай Дегуг
- 출판사: Издательство художественой литературы "Ташкент"
- 자료유형: 단행본, 러시아어
- 출판연도: 1965
- 총 페이지: 55

본 단행본은 타슈켄트에서 거주하면서 일하는 젊은 고려인 시인 우제국의 첫 시선집이다. 그의 시는 1957년 『극동의 별들』에 처음 러시아어로 번역되어 실렸으며, 이후 우즈베키스탄어 그리고 한국어로 발간되는 『레닌기치』에도 실린 바 있다.

이 시집에서 저자는 창조적 활동에 대한 행복, 국민들의 우정, 평화에 대한 투쟁에 대해 쓰고 있다. 특별히 본 시집에 수록된 시들은 인간과 인간의 창조물에 큰 애정을 나타내고 있다.

**목 차**



### 아침 햇살

청명한 태양 햇살이, 햇살이
동쪽에서 너, 붉은 태양이 떠올랐구나.

너는 흐린 구름들을 흩어버리고,
알곡들을 성숙하게 비춰주었구나.

꿈과 졸음에서 벗어나게 하고
창문들을 열어젖히고! 염려들을 품고 있구나!

새들이 푸른 하늘로 날아올라
너를 위해 노래를 부르고, 노래를 부른단다.

큰 도시들에서도, 작은 마을들에서도
어디서나 너로 인해 기뻐서 즐거워한단다.

우리 모두는 너를 향해 얼굴을 돌리는데
너는 그 너머로 다른 것을 찾고 있구나.

거기에는 젊은 시절부터 태양으로 인해서가 아니라
황금으로 따뜻함에 익숙했던 사람들이 있단다.

잔인무도한 사람들인 노련한 장군들은
피와 〈지독한 악마〉에 굶주려있다.

이러한 차가운 광선으로 인해
굶주린 거지 군단들이 방황하고 있다.

나는 오직 민중의 힘만을 믿는다.
국민들에게 자유로울 운명이 있다는 것을!

어둠 뒤로 새벽이 다가오는구나.
시간 뒤로 이 일이 남겨졌길 믿는다!


## 파도와 돌, 성인을 위한 동화(Волна и камень, сказки для взрослых)

- 저자: Мин Е.
- 출판사: Советский писатель
- 자료유형: 단행본, 러시아어
- 출판연도: 1965
- 총 페이지: 142


본서에서는 어른들을 위한 36편의 다양한 동화들이 수록되어 있다.


### 목 차




### 산 너머 저기엔 무엇이 있을까?

영원하고 아름다운 고요한 계곡, 산기슭에
하늘로 얼굴을 쳐든 사람이 서 있다.

그는 흰 모자를 쓴 거인과 나란히 서있는 작은 사람으로 보였다.

산 너머 저기엔 무엇이 있을까? (혼잣말로 내뱉었다)

저기에 무엇이 있는지 알아야만 하겠어.

저기엔 건조하고 메마른 땅이 있을 거야 (귀뚜라미가 울어대며 속삭였다)

나는 땅을 개간하고, 그 땅을 활짝 핀 꽃들로 채울 거야.

거기엔 매우 조용한 밤과 영원한 얼음이 있단다 (남풍이 속삭였다)

나는 태양으로 그것들을 다 녹여 버리도록 할 거야.

거기에는 번개들이 있어. 그것들은 구름 뒤에 살면서 죽음을

가져오기도 해 (제비가 속삭였다)

나는 별들 위로 올라가서 번개들을 얌전하게 길들일 거야.

사람은 떠났다.

그는 하얀 눈으로 빛나고 있는 정상으로 더 가까이 갔다.

그가 산 너머 그곳에서 찾은 것은 귀뚜라미,

남풍과 제비는 이해하지 못하는 것이었다.


## ▌1920~1930년대 한국 프롤레타리아 작가연합과 산문
(Корейская ассоциация пролетарских писателей  и проза 20-30-х годов)

- 저자: Ли В. Н.
- 출판사: Наука
- 자료유형: 단행본, 러시아어
- 출판연도: 1965
- 총 페이지: 58


　　민족민주주의 국가 문학의 현대 업적은, 주요 창작 방법이 사회주의적 사실주의가 되었다는 점과 연관이 있다. 민족민주 공화국에서 사회주의적 사실주의의 이런 성공은 예술 발전의 오랜 내적 과정과 연관이 있다. 사회주의적 사실주의는 미래를 지향하는 혁신적인 방법이다. 그러나 동시에 사회주의적 사실주의는 개별 예술가들과 전체 민족의 창조적 활동의 결과로 축적된 모든 좋은 것의 계승자이다. 그러므로 사회주의적 사실주의는 민족 문학의 가장 유익한 진보적인 전통과 밀접하게 연관이 있다. 그런 관계의 존

재는 기꺼이 공포된다. 그러나 연구되고 분석된다. 이런 문제의 다방면적 연구는 사회주의적 사실주의와 사회주의적 사실주의의 일반적 발전 법칙의 민족적 특성을 밝히는 데 도움을 준다.

진보적 민족적 전통에 기반하였으며 각각의 전통에 있어 매우 독특한 이런 과정은 10월 혁명의 매우 강한 영향을 받은 일련의 동부 유럽 국가들과 중앙아시아 지역의 몇몇 나라들에서 이미 1920년대부터 일반적인 특징으로 나타나게 하였고, 또한 사회주의적 사실주의의 세계적 발전에서 중요한 위치를 차지하고 있다. 민족적·민주적 제도의 확립은 사회주의적 사실주의가 얻어낸 성공이며, 차후 사회주의 문학의 발전을 위한 길을 열었고, 새로운 업적을 위한 조건을 만들어냈다. 경제와 정치 분야에서뿐만 아니라 문화 영역에서도 세계 사회주의 체계가 고양되고 있다.

## ▌소비에트 고려인의 역사(Очерки по истории советских Корей цев)

• 저자: Ким Сын Хва
• 출판사: Издательство Наука
• 자료유형: 단행본, 러시아어
• 출판연도: 1965
• 총 페이지: 251

가난과 학정에 시달리던 많은 한국인들이 조국을 버리고 러시아 극동지역으로 이주해 온 지 100년이 흘렀다. 많은 한국인들이 좀 더 나은 삶을 위해 어쩔 수 없이 자신의 조국을 떠날 수밖에 없었고, 차리즘 정부는 이주민들을 비우호적으로 대하였으나, 러시아의 지역농민들은 이들을 거부하지 않았다. 농민으로서 같이 손을 잡고 농사일을 하였으며, 차리즘과 부르주아지와의 사회투쟁을 전개했고, 소비에트 정권 수호를 위해 함께 투쟁하였다. 이러한 과정에서 한국인 노동자와 러시아 노동자들의 우호관계는 더욱 심화되었다.

　본 연구는 러시아가 제2의 조국이 된 한인들에 관한 것이다. 러시아 극동지역 한인의 역사에 관한 문헌이 많지 않은 것이 사실인데, 저자는 아카이브의 도큐멘트를 주로 이용하여, 사실을 객관적으로 기술하고 있다. 책은 2부로 구성되어 있는데, 제1부에서는 한국인이 이주해온 이유, 그들의 러시아에서의 경제적·법적 상황, 차리즘과 일본식민주의자들에 대항한 혁명운동에의 한국노동자들의 참여에 대하여 쓰고 있다. 제2부에서는 극동지역의 한인들이 러시아의 노동자들과 함께 소비에트정권 수립을 위해 투쟁하고, 소련에서 사회주의 건설과정에 참여하는 문제에 대해 쓰고 있다. 이러한 연구에 문화적인 건설문제 역시 포함되어있다. 한인들이 중앙아시아와 카자흐스탄에서 공산당의 지도하에 우호적인 민족관계 속에서 이룩한 문화적·경제적 성공문제에 대해서도 간략하게 기술하고 있다.

　이주가 시작된 1860년대는 조선 봉건정부 하에서 조선의 농민들에 대한 수탈이 극에 달하였는데, 외국의 자본이 조선에 침투하면서 상황은 더욱 악화되었다. 1890년대에 조선은 판매시장, 원료공급지, 식민지 획득을 위한 자본주의 열강간의 전쟁의 한복판에 놓이게 된 것이다. 이러한 소용돌이 속에서 조선의 민중들은 민족해방투쟁의 길에 나서게 되었고, 이러한 투쟁은 러시아 극동지역과 만주지방에서 무력투쟁을 포함한 다양한 형태로 전개되었다. 사회주의 이데올로기가 한인들에게 전파되면서 많은 한인 지식인, 노동자, 민족주의자들이 사회주의 건설에 참여하였는데, 중앙아시아와 카자흐스탄으로 재이주한 한인들은 콜호스에서 탁월한 업적을 남겼으며, 이러한 가운데, 경제적·정치적·문화적으로 큰 업적을 남겼다는 것을 본 저서는 밝히고 있다.

# 10월 혁명과 동방 민족들의 해방투쟁

(Октябрь и освободительная борьба народов востока)

• 저자: Ким Г., Куликова Ф.
• 출판사: Общество 〈Знание〉 УзССР
• 자료유형: 단행본, 러시아어
• 출판연도: 1967
• 총 페이지: 48

　10월 사회주의 혁명은 거대한 사건으로 전 세계 역사에서 의미를 갖고 있으며 이미 50주년의 길로 들어섰다. 10월 사회주의 혁명은 아직까지도 진행 중이며 완성되기에는 많은 시간을 필요로 한다. 그렇지만 1917년 10월 혁명은 기존의 많은 잔재와 개념들을 폐기시키고, 아직까지도 보지 못한 세계적인 혁명의 확산을 가져왔다.

　10월 혁명은 인류의 역사에서 새로운 세계를 열었는데, 이는 세계도처에서 평화적 방법으로 자본주의의 붕괴와 사회주의의 승리를 가져왔다. 자본주의의 착취에서 벗어나 사회주의 및 공산주의를 건설하는 제3의 인류가 탄생된 것이다. 전 세계 정치적 지도에는 70개 이상의 새로운 독립국가가 발생하였다. 이들 민족들은 식민지의 억압으로부터 해방되었으며 자신들의 민족적인 독립성을 강화하였다. 또한 이 민족들은 사회주의 국가들의 연대를 지지하고 적극적인 도움을 제공하였다.

10월 사회주의 혁명은 동방의 국가들 민족해방운동의 강화와 발전에 많은 영향을 주었다. 또한 이들 국가들에서 사회주의 수립 및 민족독립을 위한 기나긴 투쟁에도 적지 않은 영향을 주었다.

저자는 10월 혁명과 민족해방운동 내용의 변화를 주제로 민족해방운동 확대의 원인과 민족국가에서의 비자본주의적 발전에 대한 문제를 심층적으로 분석하였다. 또한 2차 세계대전 및 제국 식민지 시스템의 붕괴과정에서 나타난 현상들을 살펴보고, 민족주권 강화 및 사회적 진보를 위한 아시아, 아프리카 민족 투쟁의 과정을 상세히 서술하고 있다.

### 목 차



## 사회주의 이념의 역사, 마르크시즘의 발생 전까지

(История социалистических идеи, до возникновения марксизма)

- 저자: Кан С. Б.
- 출판사: Высшая школа
- 자료유형: 단행본, 러시아어
- 출판연도: 1967
- 총 페이지: 295

본서는 소비에트 시기 유명한 역사학자 세르게이 보리소비치 강의 마지막 저서로 그의 동료들과 제자들에 의해 완성되었다. 저자는 35년간 무수

한 강의 및 교육 자료들로 많은 소비에트 역사학자들을 배출하였다. 이 책은 강의 과정에 맞게 구성된 것으로서 강의 본문에 알맞은 사실적인 보충 자료들과 많은 참고문헌들을 제시하고 있으며, 저자의 강의 때 부재했던 고문헌들이 수록되어 있다.

## 목 차



## ▌ 소비에트 통치시기 우즈베키스탄에서의 문화 발전

(Развитие культуры в Узбекистане за годы Советской власти)

▪ 저자: Юн А. Д.
▪ 출판사: "Билим", Нукус
▪ 자료유형: 단행본, 러시아어
▪ 출판연도: 1968
▪ 총 페이지: 19

본 소책자는 소비에트 시기 우즈베키스탄에서의 문화 발전 상황을 교육과 학문, 문학과 예술, 신문, 라디오, 텔레비전, 문화개발 기관 등의 관점에서 살펴보고 있다.

**목 차**

• 서론
민중 교육과 학문
문학과 예술의 발전
문화개발기관, 신문, 라디오, 방송


## 너는 별을 따라 걷는다, 시(Ты по звездам идешь, стихи)

• 저자: Пак Борис
• 출판사: Издательство литературы и искусства им. Гафура Гуляма
• 자료유형: 단행본, 러시아어
• 출판연도: 1968
• 총 페이지: 120


박 보리스의 시집의 주제론적인 영역은 세계의 운명에 대한 성찰, 지나간 전쟁에 대한 추억, 시민적이고 개인적인 서정시 등 광범위하고 다양하다. 시인은 조국과 조국의 하늘, 태양, 별을 사랑한다. 그의 시에는 이러한 그의 사랑이 반영되어 있다.


**목 차**

시간의 계곡에서
초원과 손들
너는 별을 따라 걷는다
푸른 아치
저자에 대하여


## 최후통첩의 비밀, 중편과 단편들(Тай на ультиматума, повести и рассказы)

• 저자: Ким Роман
• 출판사: Молодая гвардия
• 자료유형: 단행본, 러시아어
• 출판연도: 1969
• 총 페이지: 320

시간은 빠르게 흘러갔다. 그들은 그들을 가득 채운 것 외에 아무것에 대해서도 말할 수 없었다. 그들은 손을 잡고 걸었고 에델바이스가 꽃을 피웠다. 전보는 끊어졌고 빠르게 흘러가는 정해진 기간도 그랬다. 어머니는 심하게 앓았다. 할머니는 죽어가고 있었다. 그들이 떠나기 전날 그들은 둘 다 눈을 붙이지 못했다. 숨막힐 듯한 우수가 밀려왔다. 나라의 경계, 민족의 차이, 사회적 위치의 거리가 그와 그녀를 갈라놓고 있었다. 게다가 그는 결혼한 몸이다. 이제 끝이다. 만남, 행복은 우연적인 선물이었다.

다음날 그가 전화를 걸어왔다.

"모든 게 괜찮아요. 몰래 보낸 것이 틀림없어요."

곧 무슨 말인지 알아챘다. 나한테서 조금도 빨아내질 않았다. 얼마나 근사한 여자인가! 놀랍다!

그 다음에 그가 한 말은 솔로몬의 〈아가〉였다.

그녀는 골짜기에서 아래로 전화를 했다.

"어떤 의심이… 무슨 말이에요? 모두 다 이행했어요. 다시 찍었어요. 네, 모두요. 필름, 카메라는 제가 가지고 있어요. 왜, 왜 나를 불러내서 약속하기도 전에 꺾어버렸어요?"

그리고 그녀는 흐느꼈다.

우습지 않은 쓰라린 이야기였다. 김이 자신 속에 묻어둔 슬픔. 상처받은 인형, 인간들의 영혼, 아름다운 땅을 더럽히는 미친, 미친, 미친 세상.

## 목 차

## 2. 논문 및 저널

### ▌집단농장에서 원면 생산에 따른 원가 및 수익(타슈켄트 주 집단 농장 사례)

(Себестоимость и доходность производства хлопка – сырца в колхозах (по материалам колхозов Ташкентской области Узбекской ССР))

- 저자: Ким В. В.
- 발행처: Ташкентский финансово-экономический институт
- 발행연도: 1961
- 자료유형: 학위논문, 러시아어

이 논문은 면화생산의 증대방안에 역점을 두고 있다. 이를 위해 저자는 집단농장에서의 생산비용의 감축을 비롯하여 산업 활동 및 생산물 할당원 칙에서 사회주의적 방법의 강화를 주장하였다. 또한 집단농장원의 노동교 육과 작업 활동의 강화방안을 제시했다. 이밖에 저자는 사회적 소유에 대한 갈등의 해소와 국영기업 및 집단농장 그리고 도시와 농촌 사이에 존재하는 격차를 해소함으로써 사회적 갈등 완화방안을 기술했다.

### ▌1차 세계대전 전야 한국민의 해방투쟁(Освободительная борьба

корейского народа накануне первой мировой войны)

- 저자: Пак Б. Д.
- 발행처: Московский Государственный Педагогический Институт
- 발행연도: 1965
- 자료유형: 학위논문, 러시아어

저자는 일본 제국주의로부터 한국의 해방이 소련의 결정적인 도움으로 1945년 완성되었으며, 이러한 한민족의 민족해방투쟁의 역사는 소련 및 한 국의 역사가-마르크시스트-의 큰 관심사항이라고 지적한다. 그리고 이 러한 해방투쟁의 역사를 1919년의 민중운동 시기의 한국의 사회·경제적·정치적 상황과 연관 짓고 있다. 이 분야의 연구로는 박 M. N., 한 M. 「일본의 보호정치 시기 한국민의 해방투쟁, 모스크바, 1961」을 들 수 있는데, 이 저술은 합병 시까지의 해방투쟁에 관한 깊은 연구를 보여주고 있다. 김승화는 「소비에트 한국인의 역사에 관한 묘사」에서 러시아 극동지역에서 한국민의 반일운동을 연구하였다. 그렇지만 저자는 이들의 연구가 합병 직전후의 해방투쟁에 관한 연구가 미흡하다고 보고 있다.

게다가 일본에 의한 한국의 강점의 역사와 민족해방투쟁이 부르주아적 역사가들에 의해 심하게 왜곡되었는데, 일본의 역사가들에 의한 자의적 해석, 즉 극동지역에서 일본의 한국병합은 평화를 보장 및 유지하려는 일본의 평화애호 행동이었다는 것이며, 이러한 해석이 미국의 한국학 연구에 크게 반영되어 미국의 한국학 연구자들은 한국민이 자신의 국가적 독립을 지킬 능력이 없다고 판단하게끔 했다는 것이다.

그러나 일본의 식민지시기에 한국민의 민중해방운동이 있었던 것은 사실이며, 합병 이후에는 몇몇 비밀집단과 종교조직의 활동으로 축소된 것은 사실이지만, 합병 이전에 대규모의 민중운동이 있었다는 것을 저자는 자세히 밝히고 있다.

이와 관련하여 본 논문에서는 1909~1914년 사이에 러시아와 중국에 거주했던 한국인이 전개한 반일민족운동에 대해 연구하고 있다. 저자는 합병 이후 민족해방투쟁은 최초에는 주로 빨치산활동과 문화계몽운동을 지속했다는 것을 밝히고 있다. 민족계몽운동의 주요 대표자들이 식민주의자들과의 적극적인 투쟁으로 변모함으로써 민족적 독립의 사상과 하나가 되게 하고, 민족해방투쟁에 대한 이해와 조직화를 가져왔다는 것이다. 그리고 한국의 합병 직전후의 반일운동의 주요 운동주체는 농민과 도시빈민이었다는 것을 본 논문은 밝히고 있다.

## 무대 위의 병사, 시(Солдат на сцене, стихи)

- 저자: Пак Борис
- 저널명: Звезда Востока, No. 1
- 발행처: Кизил Узбекистон
- 발행연도: 1960
- 자료유형: 저널, 러시아어

### 무대 위의 병사

…폭발

그리고 병원의 고통…

지팡이를 짚고…

다리 없는

쌍…

팔은 옛 친구들에게 얹혀있다

그는 전쟁의 화염에 대해 노래한다

포탄과 지뢰가 터지는 곳에서의 죽음을

## 카라칼파크 공화국의 원면 및 축산, 집단농장에서의 원가 및 가격·채산성(Себестоимость, цена и рентабельность хлопка-сырца и животноводческой продукции и колхозах ККФССР)

- 저자: Нигай Т. Ф.
- 저널명: Хабаршысы, No. 1
- 발행처 : Каракалпакский филиал Академии Наук УзССР
- 발행연도: 1960
- 자료유형: 저널, 러시아어

　　소련 중앙공산당 21차 당대회 프로그램에서는 노동자의 물질·문화수준의 신장을 선언하였다. 이를 위해서는 국민들이 요구하는 농촌산업 생산품의 가격이 낮아야 한다는 것을 전제로 한다. 카라칼파크 공화국의 집단농장은 이러한 요구에 부응하여 목화, 치즈, 축산품 생산비의 축소 및 채산성 향상을 위하여 다양한 방안을 제시하고 이를 실현하는 데 노력을 기울이고 있다.

## 우즈베키스탄 과학 아카데미 카라칼파크 지부의 역사지리학 박물관의 새로운 전시물(Новые экспозиции историко-краеведческог о музея Каракалпакского филиала Академии наук УзССР)

- 저자: Лим В. П.
- 저널명: Хабаршысы, № 4
- 발행처 : Каракалпакский филиал Академии Наук УзССР
- 발행연도: 1961
- 자료유형: 저널, 러시아어

우즈베키스탄 과학 아카데미 카라칼파크 지부의 역사지리학 박물관의 근무자들은 전시 활동에서 오래된 것을 완전히 없애기로 했다. 주의 자연적 풍부함에 대한 자료가 잘 전시되었다: 화석 동물의 뼈, 화석이 된 나무, 현대 동물과 새의 박제 수집품, 주에 드문 물고기 등과 역사 부서에서는 노동 기구, 나무 조각물 같은 전시품들이 방문객들에게 인기가 있다. 카라칼파크 극장의 역사와 창조 생활이 반영된 재료들도 전시되었다. 그 부서에서는 농업 경제와 선진 학문의 업적에 관한 자료들이 전시되었다. 현재 박물관은 내전과 위대한 10월 사회주의 혁명에 관한 자료를 모으고 있다.

## 우리의 빛의 잡지(Наша световая газета)

- 저자: Кан В.
- 저널명: Партий ная жизнь, № 9
- 발행처 : ЦК Коммунистической Партии Узбекистана
- 발행연도: 1961
- 자료유형: 저널, 러시아어

〈광부〉클럽의 책임자인 저자는 광부들을 위한 잡지를 발간하고 있다. 이 잡지는 우즈베키스탄인, 우크라이나인, 카자흐인, 러시아인, 고려인, 벨로

루시아인 등 다양한 민족 출신의 사람들이 작업하는 광산에서 소비에트 민족으로서의 친선을 도모하고, 조국에 대한 감사의 노동을 확대시키고, 공산주의 건설에 대한 통합적인 노력을 기울이는 데 중대한 역할을 하고 있다.


## 광야의 도시, 시(Город в пустыне, стихи)

- 저자: Пак Борис
- 저널명: Звезда Востока, No. 2
- 발행처: Кизил Узбекистон
- 발행연도: 1962
- 자료유형: 저널, 러시아어


### 광야의 도시

이 도시는 아직 크지 않다.
다 지어지지도 않았다.
심지어 학교 꽃밭에
관개수로도 연결되지 않았다.
그러나 여기서 아이들이 태어난다.
그리고 이미 태어난 집에서
창문을 통해 세상으로
그들의 울음소리가 날아간다.


## 우리의 주요한 예비물-토지(Наш главный резерв-земля)

- 저자: Ван М.
- 저널명: Коммунист Узбекистана, No. 4
- 발행처: Объединенное издательство 〈Кизил Узбекистон〉, 〈Правда Востока〉 и 〈Узбекистони Сурх〉
- 발행연도: 1962
- 자료유형: 저널, 러시아어

우즈베키스탄 타슈켄트 주 '폴리타젤' 집단농장의 대표이며 사회주의 노동영웅인 저자는 '폴리타젤' 집단농장에서 어떻게 생산력 증대방안을 실시하고 있는지 자세히 설명하고 있다. 저자는 관개수로망 확충, 토지개량, 저수지 확대, 새로운 농지의 확보 등을 실시하여 생산량 증가를 보여주는 도표와 수치를 보여주고 있다.

## ▌레핀의 그림 옆에서, 백조, 시(У картины Репина, лебедь, стихи)

- 저자: Пак Борис
- 저널명: Звезда Востока, No. 4
- 발행처: Кизил Узбекистон
- 발행연도: 1963
- 자료유형: 저널, 러시아어

### 레핀의 그림 옆에서

냉혹한 광경
무거운 그림
푹 꺼진 얼굴에
땀이 배어나온다
지옥 같은 일 때문에
등이 휘어졌다
인부들은 고집스럽게
앞으로 나아간다
"뱃노래"라도
부르시지, 형제들!
신음소리도 들리지 않는다
저주하는 말도
한 시간이라도
앉아서 쉬면 좋으련만

## ▌고려 말의 발전 경향(Тенденций развития Коре мар)

- 저자: Пак Н. С.
- 저널명: Известия Национальной АН республики Казахстан, № 6(205)
- 발행처: Издательство 〈Гылым〉
- 발행연도: 1963
- 자료유형: 저널, 러시아어

    옛 소련에서 사용되는 고려인들의 말은 실질적으로 한반도에서 사용되는 말과 차이를 보이고 있다. 거의 1세기 반에 걸친 러시아로의 이주와 이로 인해 55년간 한반도와 완전히 차단된 상태에서 고려인의 언어는 새로운 자생적인 고려말로 재탄생하게 되었다. 저자는 이 글에서 한국말과 고려말에서 차이가 많이 나는 발음을 상세히 나열하고 동사 및 기타 문법적인 차이점을 설명하고 있다.

## ▌탄생, 땅, 남부시장, 제비, 시
(Рождение, земля, южный базар, стриж, стихи)

- 저자: Пак Борис
- 저널명: Звезда Востока, № 7
- 발행처: Издательство литературы и искусства имени Гафура Гуляма
- 발행연도: 1968
- 자료유형: 저널, 러시아어

제비

작은 닻을 닮은
제비가 구름 옆을 날고 있다.
행인이 고개를 젖히고
어린 아기처럼
하늘을 본다.
제비는
하늘색에 몸을 맡기고

장난을 치며 소란을 피운다.
그리고 바람과 논쟁하며
멀리 흩어진다.
저런 날개가
내게도 있었으면!

# 제3장

# 1970년대 자료

## 1. 단행본

### ▌동방의 에튀드, 시(Восточные этюды, стихи)

- 저자: Пак Борис
- 출판사: Издательство литературы и искусства им. Гафура Гуляма
- 자료유형: 단행본, 러시아어
- 출판연도: 1970
- 총 페이지: 120

박 보리스의 이 시집에는 17편의 서정시가 수록되어 있다.

### 목 차

조국에 감사한다, 러시아, 너에게!

들에서 여명을 맞는 것을 좋아한다.

러시아는 이 지구상에 혼자

레닌의 말과 레닌의 빛으로

우정에 대한 노래

우리는 레닌의 믿음

스탈린그라드 방어자들의 노래

헝가리의 도나우 강

레닌의 콤소몰에 대한 노래

젊은이여, 용감히 전진하라!

위대한 레닌이 우리를 양육했다!

우랄, 우랄, 성스런 물

너와 나의 유년시절

어머니의 훈계

병사가 좋아한다면

내 입에서 노래가 나오네

밤에 구슬리가 슬피 울지 않으리.

강가에서

오, 만날 수 있을까!

## ▌문화 발전을 위한 우즈베키스탄 공산당의 활동, 1959~1965년

(Деятельность Компартии Узбекистана по дальней шему развитию кул ьтуры, 1959-1965 гг.)

- 저자: Юн А. Д.
- 출판사: Издательство Фан УзССР
- 자료유형: 단행본, 러시아어
- 출판연도: 1970
- 총 페이지: 323

이 책은 학교와 삶의 연관성을 공고히 하고 민중교육 시스템을 완성하며

고등·중등 전문교육 발전을 위한 공화국 당조직의 활동에 대하여 기술하

고 있다. 또한 자연과학과 사회과학을 향상시키고 노동자들의 사상·정치
적 교육, 그것을 활용하는 방안에 대해서도 연구하고 있다. 연구는 문학과
예술, 문화, 계몽 활동의 전 분야를 아우른다. 특별히 출판, 라디오, TV의
향후 발전과 공산주의 건설에 있어서 그것들의 역할을 강화하기 위한 공화
국 당조직의 활동이 강조되어 있다.

### 목 차



## ▌피로 맺은 형제, 시(Братья по крови, стихи)

• 저자: Угай  Дегук
• 출판사: Издательство литературы и искусства им. Гафура Гуляма
• 자료유형: 단행본, 러시아어
• 출판연도: 1970
• 총 페이지: 59

우즈베키스탄 타슈켄트에 거주하는 젊은 고려인 시인 우제국의 두 번째
시집이다.

### 목 차

# ▌연보랏빛 별(Сиреневая Звезда)

- 저자: Мин Е.
- 출판사: Советский писатель
- 자료유형: 단행본, 러시아어
- 출판연도: 1971
- 총 페이지: 207

　　본서는 12편의 역사 이야기와 30편의 어른들을 위한 동화, 4편의 산문 우화로 이루어져 있다.

## 목 차

## ▌ 한국문학에 나타난 사회주의 리얼리즘
(Социалистический  реализм в Корей ской  литературе)

- 저자: Ли Вилорий
- 출판사: Издательство Фан узССР
- 자료유형: 단행본
- 출판연도: 1971
- 총 페이지: 97

이 책은 많이 연구되지 않은 솔로호프의 고전적인 소비에트 문학의 영향에 대한 문제들과 한국의 작가 이기영의 작품에 대해 기술하고 있다. 저자는 솔로호프 작품에서 인간에 대한 묘사의 예술적 원칙과 사회주의 리얼리즘을 대표하는 한국작가들에 대해 중점적인 연구를 시도하였다.

### 목 차
- 서론
  1930년대 한국 프롤레타리아 문학의 형성
  북한의 문학발달, 솔로호프 및 이기영 소설에서의 새로운 인간에 대한 개념
- 결론


## ▌ 아시아 및 아프리카 민족들의 반제국주의 투쟁(Антиимпериалис
тическая борьба народов Азии и Африки на современном этапе)

- 저자: Ким Г. Ф.
- 출판사: Общество 〈Знание〉 УзССР
- 자료유형: 단행본, 러시아어
- 출판연도: 1971
- 총 페이지: 48

1950년대는 아시아, 아프리카, 라틴아메리카 민족들의 해방투쟁의 역사에 새로운 장을 연 시기이다. 1940년대 말부터 1950년대까지 강력한 민족해방혁명은 아시아와 북아프리카에서의 제국주의 식민지 시스템을 붕괴시

켜, 1960년에 '아프리카의 해'를 맞이하게 되었다. 민족해방운동은 민족의 자유와 독립을 위하여 제국주의에 대항하여 투쟁하는 혁명주의 세력의 한 부분으로 나타나고 있다.

1960년대 초까지 아프리카의 흑인 국가 대부분이 정치적 독립을 맞이하게 되었다. 아시아 및 아프리카 국가들의 변혁은 매우 짧은 시간 속에서 자신들의 사회·경제적 자립을 위하여 다양한 방법으로 급진적으로 진행되었다. 이러한 민족해방 혁명운동은 1960년대 초에 이르러 끝을 맺게 되었다,

저자는 이러한 민족해방운동의 과정을 재해석하고, 아시아 및 아프리카 국가의 국민들이 새로운 경제·사회주의적 체제 속에서 식민주의 잔재 청산과 경제적 자립을 위한 투쟁과 사회적 진보를 위한 효과적 방안을 비롯하여 이들 국가의 계급투쟁 방향을 제시하고 역사적 전망을 시도하고 있다.

### 목 차

식민 시스템의 붕괴와 현대적인 민족해방운동
식민주의의 종식을 위한 진보세력의 투쟁
경제적 자립을 위한 아프리카·아시아 민족들의 투쟁
아프리카·아시아 국가에서의 현대적인 계급구조 및 계급투쟁
현대의 사회적 진보 및 비자본주의적 발전 방안 모색

## ▌봉건주의 말기 한국의 사회사상

(Общественная мысль Кореи в эпоху позднего феодализма)

- 저자: Тягай Г. Д.
- 출판사: Издательство наука
- 자료유형: 단행본, 러시아어
- 출판연도: 1971
- 총 페이지: 255

이 책은 봉건 조선의 사회사상을 연구하고 있다. 아시아 및 아프리카에

서 2차 세계대전 후 식민지 탄압으로부터 독립한 민족들에는 근본적인 변화가 있었다. 한국은 민족전통, 문화사상 등 과거의 유산이 풍부한 국가이다. 저자는 봉건 조선의 사회사상 특히 북학파 및 실학사상에 대하여 많은 연구 분석을 보여주고 있다.

### 목차



# 어린 박사, 한국의 전래 동화

(Маленький доктор, по мотивам корейских народных сказок)

- 저자: Ким Ден Ше
- 출판사: "Ёш гваридия", Ташкент
- 자료유형: 단행본, 러시아어
- 출판연도: 1972
- 총 페이지: 22

본 단행본은 한국인 사이에 전해 내려오는 7편의 동화를 소개하고 있다. 김정세가 수집한 작품을 아흐라로바가 러시아어로 번역하였고 한국인의 생활상을 보여주는 삽화가 삽입되었다.

### 목차

호랑이 굴에서
독수리 날개를 타고
초대되지 않은 손님
삶의 뿌리
친구들이 도와주러 오다


# ▌행복한 운명을 지닌 사람들, 콜호스 '북극성'의 노동자에 관하여
(Люди счастливой судьбы, о тружениках колхоза "Полярная звезда")

- 저자: Исхаков Ф. Б., Ким М. В.
- 출판사: Издательство 〈Узбекистан〉
- 자료유형: 단행본, 러시아어
- 출판연도: 1972
- 총 페이지: 102


이 책자에는 집단농장 '북극성'의 생성과 발전의 역사가 기술되어 있다. 콜호스가 걸어온 길이 당 조직을 공고히 하는 데 어떤 역할을 했는지가 드러나 있다.


## 목 차

- 서문

역사의 페이지
올바르게 조직된 노동이 성공의 기초다
빵만으로 살 수 없다
노동으로 행복한 인간
모든 사람의 눈에 보이고 모두에 대해 책임진다

# ▌페트루슈카는 어떻게 잼 과자를 먹었나, 시
(Как петрушка съл ватрушку, стихи)

- 저자: Пак Борис
- 출판사: "Ёш гваридия", Ташкент
- 자료유형: 단행본, 러시아어
- 출판연도: 1972
- 총 페이지: 20

보리스 박의 시집에는 '페트루슈카는 어떻게 잼 과자를 먹었나'를 비롯한 20여 편의 시가 수록되어 있다. 시들은 주로 어린이들의 동심을 표현하고 있다.

### 목 차



**안또쉬까**

집에서 꽁꽁 언다
창가에
토끼털을 입은
안또쉬까가

갑자기
누군가가 두드린다
안또쉬까에게
친구가 찾아왔다

난로를 피우지그래
손님에게 차를 대접해야지

마당에서 눈을 치워야지

아이들이 놀 수 있도록…

나를 바보로 아는 거야?

눈은 봄이 되면

저절로 녹아

차는 고마워

넌 몸이나 덥혀

난 마실 테니까!

# ▌발전된 사회주의와 문화혁명의 완성 단계

(Развитый социализм и завершающий этап культурной революции)

- 저자: Юн А. Д.
- 출판사: Общество 〈Знание〉 УзССР
- 자료유형: 단행본, 러시아어
- 출판연도: 1972
- 총 페이지: 30

　본 단행본은 사회주의의 문화혁명 단계 발전에 대해 기술하고 있다. 생산 자산에 대한 단일한 사회소유제에 근거한 사회주의와 공산주의는 일반적인 사회적·경제적 본질을 가지고 있다. 공산주의 형태의 첫 번째 위상으로서 사회주의는 일정한 단계에서 두 번째 위상으로 성장한다. 하나의 사회, 경제 형태의 두 가지 위상으로서 사회주의와 공산주의는 서로 간에 사회적 관계의 성숙도, 생산력과 사회의 정신생활 발전 수준, 구체적인 역사적 상황에 의해 구분된다. 동시에 사회주의와 발전된 사회주의는 사회주의의 한 위상 내에서의 발전 단계이다. 사회주의 경제와 발전된 사회주의의 경제는 생산 관계와 생산력의 똑같은 형태에 근거하고 있다.

# ▌물질과 물체 세계에서의 미학(Эстетика в мире вещей и предметов)

- 저자: Цай А. В.
- 출판사: Издательство 〈Узбекистан〉
- 자료유형: 단행본, 러시아어
- 출판연도: 1974
- 총 페이지: 87

본 저작물에는 물질적 생산 영역에서의 미학 문제가 연구되어 있다. 이 책에는 미학적 시작의 의미, 생산물의 아름다움의 특징이 연구되어 있다. 실용적이고 미학적인 조화로운 단위를 달성하는 데 있어서 예술가, 설계가의 역할, 방언의 상호 관계, 상호 영향이 고찰되어 있다. 본 저작물에는 소련 특히 우즈베키스탄의 선구적 산업 회사들에서 생산에 미학적 시작을 도입한 경험이 연구되었고, 일반화되어 있다.

## 목 차

## ▌**4월의 이야기, 시와 노래**(Апрельские рассказы, стихи и песни)

- 저자: Пак Борис
- 출판사: Издательство литературы и искусства им. Гафура Гуляма
- 자료유형: 단행본, 러시아어
- 출판연도: 1974
- 총 페이지: 85

　시인 박 보리스의 새 시집에는 조국, 노동, 인터내셔널리즘에 대한 찬양이 울려퍼진다. 이 시집에는 시 외에도 노래들이 포함되어 있다.

### 목 차

- 시
   4월의 여명
   어머니
   노동자
   이별
- 노래
   우정에 대한 노래
   노동자들의 손
   그 가을날
   저자에 관해

## ▌**꽃이 만발한 땅, 시와 서사시, 동화**

(Земля в цвету, стихи  и поэма, сказка)

- 저자: Ким Ден Ше
- 출판사: Издательство литературы и искусства им. Гафура Гуляма
- 자료유형: 단행본, 러시아어
- 출판연도: 1974
- 총 페이지: 56

　본서는 한국어에서 번역한 시와 동화 서사시들로 이루어져 있다. 23편의 시와 1편의 긴 서사시로 이루어진 이 책은 자연과 조국의 아름다움을 주로 표현하고 있다.

**목 차**



### 신기한 배

아주 오래 전에 있었던 일이라네  
산 계곡에, 초라한 작은 집에  
한 노인과 노파가 살고 있었지  
그들은 지독하게도 가난하게 살았다네.  
그들 각자에게는 자신의 일이 있었지  
노파는 강에서 **빨래**를 **빨았고**,  
노인은 햇살 아래 들에서 땀을 **뻘뻘** 흘리면서  
허리 한 번 펴지 않은 채 일을 열심히 했단다.  
그렇게 물이 흐르듯 날들이 흘러갔지  
그날도 예전처럼 아침이 시작되었다네.  
노인은 들에, 노파는 강에 있었지  
방망이로 영혼을 두들기는 것 같았지!  
빨래 방망이의 두들리는 소리가 들리는 않는가 (툭툭툭!)  
두들기는 소리가 하늘에서 우렛소리처럼 울려 퍼졌다네.  
이미 산은 하얀 옷들로 쌓였고  
우리 노파는 집으로 향했다네.  
얼핏 보니 (너는 어디에서도 보이지 않았구나!)  
부드러운 붉은 빛으로 굴러오면서  
배는 물을 따라 헤엄쳐 와서는 약올리면서 유혹했다네  
잡으려 애쓰면서 생각했지 '아이고, 잡을 수 있을 것 같은데'  
그녀는 유인하는 열매를 마침내 손으로 잡았다네.

## ▌ 땅에는 아직도 꽃이 만발하네, 시, 포에마 이야기
(Земля еще в цвету, стихи, поэма, сказка)

- 저자: Ким Ден Ше
- 출판사: Издательство литературы и искусства им. Гафура Гуляма
- 자료유형: 단행본, 러시아어
- 출판연도: 1974
- 총 페이지: 58

이 시집은 러시아어로 번역된 고려인 시인 김정세의 첫 번째 시집이다. 시인은 사랑과 감동의 시행을 소비에트 노동자와 군인들에게 바치고 있다. 이 시집에는 한국의 민속학적 향취가 물씬 풍기는 포에마 이야기 '놀라운 배'가 수록되어 있다.

### 목 차

| | |
|---|---|
| 형제들 | 산꼭대기 |
| 경쟁 | 나의 콜호스 |
| 강은 흐른다 | 산 계곡 |
| 놀라운 배 | |

## ▌ 푸른 아치(Голубая Арка)

- 저자: Пак Борис
- 출판사: "Каракалпакстан", Нукус
- 자료유형: 단행본, 러시아어
- 출판연도: 1974
- 총 페이지: 64

이 시집에는 취학 이전 아동과 초등학교 저학년 아동들을 위한 박 보리스의 시들이 수록되어 있다.

## 목 차



### 아랄 해

아랄 해  
짠 바다  
여기에는  
넓은 공간에  
메기와 농어가 헤엄친다  

만에는  
잉어  
은빛의  
잉어가  
숲에는  
멧돼지와  
꿩이 돌아다닌다  
아랄 해가  
소리치며  
소리를 낸다  
어마어마한  
파도는  
파도와  
논쟁을 한다  

계류장에는  
큰 선박들이  
서 있고  
나는 항상  
어렵지 않게  
그것들을 알아본다

# ▎동방 국가와 이들 국가의 현대성, 해방된 국가 발전의 기본적인 법칙 및 특수성(Зарубежный Восток и современность, Основные закономерности и специфика развития освободившихся стран)

- 저자: Гафуров Б. Г., Ким Г. Ф.
- 출판사: Наука
- 자료유형: 단행본, 러시아어
- 출판연도: 1974
- 총 페이지: 455

1960년대는 세계 혁명·해방운동에 있어서 중요한 시기로 기록되고 있다. 1950년대 말부터 1960년대 초까지 식민지주의가 붕괴되고 세계 정치지도에는 수많은 새로운 민족국가들이 탄생되었다. 레닌은 모든 민족운동의 결과는 민족국가의 형성으로 귀결된다고 예측했다.

이와 같은 시각으로 볼 때 1960년대 초 민족 해방운동 역사의 최초 단계가 완성되었다. 식민주의 시스템의 붕괴는 아시아, 아프리카, 라틴아메리카 국가들에 대해 질적으로 새로운 역사의 단계가 시작되는 것을 의미하며, 또한 제국주의자에 대한 대중들의 전통적인 투쟁형태의 변화를 가져오게 하였다. 1969년 6월 공산당 및 노동자당의 모스크바회의 관련 자료에는 아시아, 아프리카, 라틴아메리카에서 반제국주의적인 민족운동의 역할에 대한 분석이 실렸다.

이 책은 해방된 국가에 있어서 사회-정치 및 경제적 발전과 계급투쟁에 관련된 문제와 사회발전 과정에 대하여 기술하고 있다. 또한 경제적 확립을 위하여 사회-정치적 관계를 고찰하고 있다. 그밖에 1960년대의 민족관계, 이데올로기 상황, 제국주의에 대항하는 해방된 국가에 대해서도 기술하고 있다. 이 책은 특히 동방 국가들에서의 근본적인 이데올로기 진화와 부르주아 및 소부르주아 민족주의에서의 현대화 움직임을 중점적으로 기술하고 있다. 여기에 덧붙여 동방 국가 민족들의 민족해방 투쟁에 있어서 세계 사회주의의 역할에 대해서도 설명하고 있다.

# ▌중앙아시아 남서부지역의 복합적인 자연환경
(Природные территориальные комплексы юго-запада Средней Азии)

- 저자: Бабушкин Л. Н., Когай Н. А.
- 출판사: Издательство Фан узССР
- 자료유형: 단행본, 러시아어
- 출판연도: 1975
- 총 페이지: 104

이 책은 중앙아시아의 자연환경에 대한 복합적 분석을 시도하고 농촌산업 효율 증대에 대한 이용방안을 제시하고 있다. 이 책은 지리학, 토양학, 경제학에 관심 있는 독자들에게 도움이 될 것이다.

**목 차**

- 서론
1장 중앙아시아의 지역별 분리
2장 평탄한 산악지형으로서의 물리-지리학적 지역
3장 투란 지역의 물리-지리학적 특징
4장 투란 지역의 물리-지리학적 지역 분할
5장 투란 지역의 고지질학적 특성
6장 복합지역에 대한 자연 지도
7장 경작을 위한 평가단계로서의 농업기후의 분석
8장 경작을 위한 자연조건 평가에 대한 기본적인 방법들
- 결론

# ▌두 순간, 시(Два мгновенья, стихи)

- 저자: Угай Дегук
- 출판사: Издательство литературы и искусства им. Гафура Гуляма
- 자료유형: 단행본, 러시아어
- 출판연도: 1975
- 총 페이지: 72

우제국의 새로운 시집에는 고향 땅에 대한 사랑, 그곳에 사는 사람들의 불안과 걱정을 노래하는 시들이 수록되어 있다. 이 시들은 여성과 조국, 자

연에 대한 민감함과 부드러움을 가르치고 있으며, 삶의 충만함과 잡히지 않는 시간의 흐름을 뚜렷하게 느끼도록 해준다.

### 목 차



### 바람

푸른 날개를 퍼덕이며
스텝의 바람은 몰아낸다
여름의 회색 먼지 먹구름을
그리고 겨울에는 휘도는 눈을

나무들은 땅으로 기울고
갑자기 언덕 너머에서
마을로 불어온다
집의 창문을 두드려 대면서

별의 먹구름을 펴면서
칠흙 같은 어둠 속에 숨어 들어온다
가지 위의 새 둥지를
저녁 땅 위로 흩어버린다
평원 위를 신음하며 돌아다닌다
마치 누군가의 도움을 구하기라도 하듯

## ▌청소년 대상 정치적 계몽의 효과에 대한 구체적인 사회학적 연구 방안(Методика конкретно-социологических исследований эффективности политического просвещения молодежи)

- 저자: Хан С.
- 출판사: "Ёш гваридия", Ташкент
- 자료유형: 단행본, 러시아어
- 출판연도: 1975
- 총 페이지: 7

청소년들에 대한 마르크스-레닌의 세계관 형성의 문제는 공산당과 소련에 있어서 항상 중요한 과제 중의 하나였다. 이에 대해 레닌은 자라나는 세대들에 대한 사상적 훈련에 꾸준한 관심을 기울여만 하는 필요성을 강조했다. 정치적 계몽 시스템은 청소년들의 사상전 훈련에 많은 역할을 수행한다. 마르크스-레닌 학습은 청소년들의 공산주의적 세계관을 형성하게 하고, 이를 기반으로 청소년들의 노동 및 사회-정치적 활동을 향상시킬 수 있게 한다.

## ▌꽃 화관(Цветной венок)

- 저자: Шим Э.
- 출판사: Детская литература
- 자료유형: 단행본, 러시아어
- 출판연도: 1975
- 총 페이지: 175

본 단행본에서 저자는 숲에서 침묵이 어떻게 들리는가, 숲과 들판이 어떻게 소리로 가득 차 있는가에 대해 말하고 있다. 또한 본 단행본에서 저자는 소생하는 봄, 황금빛 여름, 열매를 맺는 가을, 눈이 오고 번쩍이는 겨울의 아름다움에 대해 언급하고 있다.

# 현대 민족해방운동의 현안문제(Актуальные проблемы современно го национально-освободительного движения)

• 저자: Ким Г. Ф.
• 출판사: Общество 〈Знание〉 УзССР
• 자료유형: 단행본, 러시아어
• 출판연도: 1976
• 총 페이지: 31

　　25차 공산당대회에서는 결의서를 채택하였는데, 공산주의 건설의 새로운 단계, 평화와 국제협력을 위한 앞으로의 투쟁 프로그램, 인민의 자유와 독립을 위한 투쟁 프로그램을 채택하였다. 25차 공산당대회에는 각국에서 103명의 대표가 참석하였고, 전 세계적인 평화혁명 과정을 적극적으로 지지하고, 사회주의적 연대를 강화하기로 하였다. 당대회에서 공산당 중앙위원회 서기장인 브레즈네프는 "우리는 근본적인 사회적 변화의 시기에 살고 있으며, 사회주의의 지위가 계속 강화되고, 확산되고 있다."라고 보고하였다.

　　저자는 민족해방운동의 승리로 독립을 잃은 나라들에서 새로운 전기가 마련되고 있다는 것을 밝히고 있다. 독점세력, 착취질서에 저항하는 노동자들의 계급투쟁이 가열되고 있다는 것이다. 혁명적 · 민주적 · 반제국주의적 운동의 범위가 더욱 커져 가는데, 이 모든 것이 전 세계적으로 혁명과정이 발전하고 있다는 것을 의미한다는 것이다.

　　저자는 이처럼 전 세계적으로 민족해방투쟁이 가열화되고 있는 것이 소련공산당 24차 대회와 관련이 있음을 밝히고 있다. 24차 당대회의 결의에서 공산당은 강령을 제시했었고, 강령의 핵심사항이 전 세계에 걸치는 확고한 평화보장이었다는 것이다.

## ▌회화 소묘, 카탈로그(Живопись рисунок, каталог)

- 저자: Пак Н. С.
- 출판사: Типография 6
- 자료유형: 단행본, 러시아어
- 출판연도: 1976
- 총 페이지: 58

　본 카탈로그는 니콜라이 세묘노비치 박의 회화와 소묘 작품 목록을 수록하고 있다. 박 보리스의 창조적 재능은 천천히 발전되었다. 초기의 작품은 미완성된 습작의 형태를 띠었으나 이미 색채의 표현성을 추구하는 경향이 엿보인다. 초기에 화가는 복잡한 예술적 과제를 스스로에게 부여하지 않고 인생에서 모든 흥미로운 것에 관심을 집중한다. 그의 일관성은 주제적인 경향에서도 드러난다. 오랫동안 그는 타슈켄트의 콜호스를 방문하여 유명한 노동자들뿐 아니라 평범한 콜호스의 사람들을 그렸다. 그는 자료를 수집하고 콜호스의 삶을 표현할 수 있는 슈제트를 찾았다. 그는 그곳에서 다양한 민족의 사람들이 형제적인 협동 하에 함께 일하는 모습을 화폭에 담았다.

## ▌민중극장(Театр масс)

- 저자: Ким Н.
- 출판사: Литература и искусство им. Гафура Гуляма
- 자료유형: 단행본, 러시아어
- 출판연도: 1977
- 총 페이지: 152

　본 단행본은 예술적 영감의 원천이자, 예술적 행위의 주체이며, 예술을 향유할 권리가 있는 존재로서의 '민중'의 역할에 초점을 두고, 이들에 의해 형성된 민중극장의 태동 역사, 성장 과정, 발전 상황을 서술하고 있다. 이 책에는 우즈베키스탄 민중극장의 레퍼토리와 독립 배우 양성에 관한 내용이 담겨있다. 책의 저자는 그 탄생부터 현재에 이르기까지 민중극장이 발전해 온 길을 최초로 추적하고자 시도한다.

### 목 차
- 도입

제 1장 아마추어 극장의 발전

|  |  |
| --- | --- |
| 전야 | 시작 |
| 형성 | 탄생 |
| 진행 |  |

제 2장 상연 목록과 무대 문화

|  |  |
| --- | --- |
| 모색 | 현대인 무대에서 |
| 고전의 습득 |  |

제 3장 독립 배우의 양성

|  |  |
| --- | --- |
| 감독: 기획자 | 명인다움의 요소 |
| 최초의 스튜디오 |  |

- 결론
- 부록. 우즈베키스탄의 민중극장
- 참고문헌

## ▌파블로 카잘스의 기쁨, 슬픔과 묵상
(Радости и печали, размышление Пабло Казальса)

- 저자: Кан А.
- 출판사: Прогресс
- 자료유형: 단행본, 러시아어
- 출판연도: 1977
- 총 페이지: 330

본 단행본은 20세기 저명한 음악 활동가들 중의 한 명인 첼리스트이자, 작곡가인 파블로 카잘스의 삶과 작품에 대한 이야기를 담고 있다. 본 단행본에는 음악가인 카잘스라는 사람과 20세기 음악 문화와의 관계가 조명되어 있다.

### 목 차

- 파블로 카잘스에 대한 책
- 저자로부터



- 용서의 말씀
- 코다
- 논평


## 그리고 떠오르네, 사랑이(И восходит любовь)

- 저자: Пак Борис
- 출판사: Издательство литературы и искусства им. Гафура Гуляма
- 자료유형: 단행본, 러시아어
- 출판연도: 1978
- 총 페이지: 142

보리스 박의 시의 원천은 지상의 아름다움에 대한 진실한 경탄, 사랑, 충성, 타인을 위하여 살 수 있는 능력 등 불멸의 가치들에 대한 행복한 참여의 의식이다. 시인의 새로운 시집에는 조국과 사랑에 대한 시 외에도 노동, 평화, 민족들의 우정을 노래하는 시들이 수록되어 있다.

### 목 차

# ▌불멸의 기념비, 시(Памятник бессмертия, стихи)

- 저자: Ким Ден Ше
- 출판사: Издательство литературы и искусства им. Гафура Гуляма
- 자료유형: 단행본, 러시아어
- 출판연도: 1978
- 총 페이지: 72

우즈베키스탄에 살고 있는 김정세의 새 시집에는 처녀지 개간자, 목화 재배자, 쌀농사꾼, 노동자, 교사 등 우리 동시대인들의 노동의 공적에 찬사를 돌리는 시들이 실려 있다. 시집의 일부분은 어린이들에게 바치고 있다. 이 시집에는 헤르손에서 빨치산 활동을 했던 안톤 김의 행적을 이야기하는 포에마 "불멸의 기념비"의 장들이 수록되어 있다.

## 목 차



### 붉은 광장

붉은 광장이여, 수도의 심장!
너를 보면 숨이 막힌다.
산에서 달려 내리는 물결처럼
사람들은 너의 공간으로 달려간다.
나는 그 강 속에서 물방울처럼
모두와 함께 광장으로 서둘러 간다.
우리 모두는 여기서 늙은이나 어린이나
위대한 영혼의 두근거림으로 함께 있다.
우리는 침묵하며 함께 움직인다.

눈을 내리깔고 조용히 움직인다.
굵은 빗방울을 눈치채지 못하고
장엄하고 슬픈 음률이 들려온다.
아치 아래로 들어간다.
보초들이 서 있다.
지도자가 우리와 함께 있지 않다고 누가 그러는가?
영원히 살아있는 그의 말을 기억하는데
모든 행동에는 그의 사상의 빛이 있는데!
레닌을 환영한다 (위대한 건설 속에)
우리와 함께 모든 봄의 도로에서
노래 속에는 영광스런 영웅들에 대한 기억이
바다는 그들의 이름을 되뇐다.
둔탁한 울림 속에 잠 모르는 소음 속에서
하늘은 안뜰의 기념비 위에
태양도 안뜰의 기념비 위에

## ▎우즈베키스탄 박물관(Музей Узбекистана)

- 저자: Х. Садыков, Ю. Глас, Е. Цой
- 출판사: Издательство Фан УзССР
- 자료유형: 단행본, 러시아어
- 출판연도: 1978
- 총 페이지: 116

본 단행본은 참고서로서 구조와 프로필 면에서 다양한 우즈베키스탄 박물관의 발생과 발전 문제를 조명하고 있으며 그 전시품들을 소개하고 있고, 다방면에 걸친 학문적·계몽적 활동을 드러낸다.

**목 차**

지리학박물관
문학박물관
기념박물관
자연과학박물관
민족박물관


# 우즈베크 민요 화성 구조와 민요 화성의 문제들(Некоторые вопрос ы ладового строения узбекской народной песни и ее гармонизации)

• 저자: Кон Ю. Г.
• 출판사: Издательство Фан УзССР
• 자료유형: 단행본, 러시아어
• 출판연도: 1979
• 총 페이지: 100


본 도서에는 우즈베키스탄 성악 독창곡의 구조와 그 다성적 구체화에 관한 광범위한 영역의 문제가 고찰되어 있다. 본 단행본에는 새로운 우즈베키스탄 음악 문화 형성 법칙의 이론적 근거가 마련되어 있고, 우즈베키스탄 민요의 화성 문제가 조명되어 있다.


## 목 차

## ▌러시아와 한국(Россия и Корея)

- 저자: Пак б. Д.
- 출판사: Наука
- 자료유형: 단행본, 러시아어
- 출판연도: 1979
- 총 페이지: 301

본서에서는 러시아와 조선이 처음 접촉한 이후, 그리고 1910년 한국이 일본제국주의의 식민지로 되기까지의 양국 국민 간 상호관계의 역사를 분석하고 있다. 그때부터 일본의 식민주의자들은 한국 민중을 러시아 민중으로부터 분리시키기 위해 모든 방법을 동원했다는 것이다. 물론 양 국가 간에는 공식적인 국가적 관계가 종식되었지만, 양국 민중간의 연계를 전적으로 와해시킨다는 것은 불가능하였다는 것이다.

10월 혁명의 기간에 양국 간 관계의 역사는, 본서에서 자세하게 기술되어 있듯이, 한국민은 두 개의 러시아-'차르러시아, 계급착취의 러시아'와 — '민주혁명의 러시아'—에 대해 잘 알고 있었다는 것을 확실히 증명하고 있다. 그런데, 혁명 이전 러시아 역사가들은 러시아-한국의 관계를 한국의 역사 자체만 보거나, 러시아와 극동지역의 국제관계와 관련하여 보고 있었다. 그런데 1860년대가 시작되면서 한국이 러시아와 국경을 맞대게 되고, 제국주의 열강이 한국을 강제적으로 개방시키기 위한 투쟁을 전개함에 따라 러시아에서는 한국에 대한 관심이 커지게 되었다. 본서에는 차르러시아의 대한국 정책의 특수성이 분석되어 있다. 또한 한국문제를 둘러싼 중국정부의 정책에 대한 차르정부의 외교관계가 밝혀져 있으며, 한국이 반식민국가로 전락하는 조건에서 한국정부의 대외노선도 추적하고 있다.

## 목 차



# 1918~1922년 극동에서 소비에트 정권을 위한 투쟁에서의 한인 국제주의자(Корейские интернационалисты в борьбе за власть советов на дальнем востоке (1918-1922гг.))

- 저자: Ким М. Т.
- 자료유형: 단행본, 러시아어
- 출판사: Наука
- 출판연도: 1979
- 총 페이지: 144

러시아의 10월 사회주의 혁명은 인류의 역사에서 새로운 시대를 열었으며, 특히 민족해방 및 국제노동 운동의 연대와 강화를 가져왔다. 소비에트 정부는 그들의 정치활동에 있어서 탄압받는 민족들의 해방을 지원하였다.

러시아의 극동 소비에트는 한인 진보세력의 무대가 되었다. 러시아의 10월 혁명의 발발로 러시아는 한국에서의 민족해방운동을 계속적으로 지원하게 되었으며 이로 인해 최초의 한인 1세대 혁명전사 세대를 형성하는 계기가 되었다. 또한 이들 혁명전사들은 민족해방을 위하여 국제적인 노동계급의 연대 필요성에 대해 적극적으로 동의하였다. 러시아의 한국민족에 대한 적극적인 지원은 매우 효과적이었는데, 왜냐하면 이때 한국에는 혁명사상을 받아들이려는 내부적 조건이 형성되기 시작했기 때문이었다.

이 책은 극동에서 소비에트 정권 수립 및 시민전쟁에 적극적으로 참가한 한인 국제주의자들에 대해 상세히 기술하고 있다. 여기에는 70명 이상의 한인 국제주의자의 간단한 인적 정보가 소개되고 있다. 러시아 프롤레타리아와 국제주의적인 친선을 도모하는 한인 국제주의자들의 영웅적인 활동에 대해서도 보여주고 있다. 저자는 회고록 및 역사자료를 연구의 자료로 이용하였다.


## 2. 논문 및 저널


### 고려인 콜호스의 조직적·산업적 강화를 위한 우즈베키스탄 공산당의 활동(Деятельность Коммунистической Партии Узбекистана по организационно-хозяйственому укреплению Корейских колхозов)

- 저자: Ким П. Н.
- 발행처: Ташкентский государственный университет имени В. И. Ленина
- 발행연도: 1970
- 자료유형: 학위논문, 러시아어


본 논문은 1937년 극동지방에서 중앙아시아로 이주한 고려인들이 1941년 제1차 세계대전이 발생하기까지의 기간에 콜호스를 강화시키려는 우즈베키스탄 공산당의 활동을 연구하고 있다.

본 논문에서는 우즈베키스탄 공화국에 거주한 인민들이 다민족에 대해 우호적인 상황에서 고려인들이 정치적·경제적·문화적으로 큰 성과를 이룩했음을 지적하고 있다. 산업, 학문 및 기타 영역에서 고려인들은 적지 않은 노력을 하여, 유명한 전문가들을 많이 배출하였으며, 선진적인 생산 활동을 하였다. 특히 농업생산에서 고려인은 위대한 업적을 달성했음을 밝히고 있다. 고려인들은 쌀, 면화 등의 생산을 매년 증가시켰으며, 축산분야에서도 생산성을 크게 높였다.

고려인의 콜호스 촌락에는 문화궁전, 학교, 유치원, 병원시설, 일반생필품 콤비나트 등을 갖추어, 양호한 사회주의적 도시의 모범으로 변모하였다. 많은 고려인 어린이들이 중등교육 및 고등교육을 이수하고 농촌지역의 인텔리층을 형성하였다. 저자는 이것이 공산당과 소비에트 정권의 민족정책이 노동자 대중을 위한다는 관점에서 민족문제를 바라보았고, 그래서 고려인에 대해 지원한 결과라는 것이다. 저자는 이 점에 대해 공산당의 민족정책은 소수민족을 포함하여 모든 민족의 권리를 무조건적으로 보장해야 한다는 레닌의 교시를 지적하고 있다. 저자는 이후 공산당과 소비에트 정권이 수행한 민족평등정책에 관한 여러 도큐먼트를 보여주고 있다.

## 고학년 학생들에게 작품들의 사상적 구도를 습득하게 하는 과정과 방법(Пути и средства усвоения идей ного замысла изучаемых произведений учащимися старших классов средней школы)

- 저자: Цой Венадий Григорьевич
- 발행처: Ташкентский государственный университет имени В. И. Ленина
- 발행연도: 1975
- 자료유형: 학위논문, 러시아어

본 논문은 고학년 학생들에게 작품들의 사상적 구도를 습득하게 하는 과정과 방법을 연구한 것이다. 사상적 구도는 모든 문학 작품들의 구성 성분인 내용, 예술적 형태 등으로 전개되는 곳에 있는 객관적으로 조직적인 중심을 이루는 것이다. 또 다른 의미에서 '사상적 구도'라는 개념은 내용 속에서 습득되는 대상처럼 넓은 범주의 철학적 · 사회적 · 정치적 · 미학적 · 시학적 이해를 전제로 하는 것이다.


## 카라칼파크 자치공화국내 한인 이주민들의 산업(Хозяй ственное устрой ство корей ских переселенцев в Каракалпакской  АССР)

- 저자: Ким П. Н.
- 저널명: Хабаршысы № 4,
- 발행처 : Каракалпакский  филиал Академии Наук УзССР
- 발행연도: 1971
- 자료유형: 저널, 러시아어


　　카라칼파크스탄 공화국으로의 한인 이주는 공산당과 소비에트의 민족정책의 일환으로 1937년 12월에 본격적으로 실시되었다. 카라칼파크스탄 공화국 당국은 짧은 시간 동안 5천 명에 이르는 한국인들의 농장 배치를 마쳤다. 저자는 이러한 카라칼파크스탄 공화국으로의 한국인 이주에 대한 과정과 이주 후 한국인들이 농장에서 거둔 생산성과를 도표와 수치를 가지고 상세히 설명하고 있다.


## 문, 시(Двери, стихи)

- 저자: Пак Борис
- 저널명: Звезда Востока, №. 9
- 발행처: Издательство литературы и искусства имени Гафура Гуляма
- 발행연도: 1972
- 자료유형: 저널, 러시아어

문

우리 문이 삐걱삐걱
문이 아마도 감기에 걸렸나봐!

문을 닫아라.
아프지 않도록!

막 일어나는데

막 일어나는데 하루 종일
창문 밑에서 징쟁징쟁…

이 노래는 물방울이 부르는 거야.
빨리 사월이 오라고!

# 러시아와 레닌, 시(Россия и Ленин, стихи)

• 저자: Пак Борис
• 저널명: Звезда Востока, №. 11
• 발행처: Издательство литературы и искусства имени Гафура Гуляма
• 발행연도: 1972
• 자료유형: 저널, 러시아어

## 러시아와 레닌

내게 소중한 것은 맑은 하늘
그리고 들판의 밝고 가는 연기
황금빛 곡물 이삭
학보다도 은빛 나는 쐐기풀.
내게 소중한 것은 볼가강 위의 노을
그리고 부드러운 솜털의 포플러…
허리를 낮게 숙이며
나도 몰래 속삭였네: 〈나의 러시아여…〉

지난 전쟁을 겪은 날들이 밀려올 때
얼마나 아팠는지…
너와 함께 불행을 나누었고
기쁨도 너와 함께 나누었네!
러시아여! 흥분을 가누지 못하겠네!
광활함과 높음이여!
그리고 마음속에서는 러시아와 레닌이
두 개의 태양처럼 합쳐졌나니!


## 소생한 페이지의 역사(История оживших страницы)

- 저자: Ким Никифор
- 저널명: Звезда Востока, No. 11
- 발행처: Издательство литературы и искусства имени Гафура Гуляма
- 발행연도: 1974
- 자료유형: 저널, 러시아어


　역사 혁명극을 독립 무대에서 상연한다는 것은 복잡하고도 책임감을 요구하는 일이다. 하지만 이 일은 효율적인 공동작업으로 이루어진다면 가능한 일이다. 그들의 연극 무대에는 생동감 있는 창작성과 우리의 영광스런 혁명의 과거를 신선한 눈으로 보려는 노력이 있다.

　공화국 민중극장의 성공적인 연극들 가운데 안디잔주 도시 문화원의 드라마 공동작업단이 상연한 베. 엔. 빌-벨로체르코프스키의 〈폭풍우〉가 주목 받을 만하다.

　이 민중극장은 상연 목록이 러시아와 소비에트의 고전으로 이루어졌다는 점에서 다른 극장과 구분된다. 오스트로프스키의 〈뇌우〉, 〈늦사랑〉, 체호프의 〈기념일〉, 고리키의 〈바샤 질레즈노바〉, 라브레네바의 〈분쇄〉 등이 그것이다. 거대한 이념적·예술적 내용과 복잡성을 지닌 극장의 상연 목록의 방향성은 그 나름의 기반을 가지고 있다: 독립 배우들의 대부분은 높은 교육 수준과 적지 않은 무대 경험을 가지고 있는 사람들이다. 그들 중에는 혁명적 사건과 시민전쟁에 참여했던 사람들도 있다. 그들 중 많은 사람들이 대조국전쟁을 겪었다. 이념적으로 커다란 사회적 문제를 다룬 작품들이 그러한 사람의 관심을 끄는 것은 당연한 일이다.

## ▌시론(Этюд)

- 저자: Дюгай блатон
- 저널명: Корреспондент, № 12
- 발행처: ЦК Компартии Узбекистана
- 발행연도: 1976
- 자료유형: 저널, 러시아어

### 시론

붉은 오렌지처럼
태양은 가을로 기울고 있다.
먹구름떼가 하늘을 푸르게
얼룩을 빼내고 있다.
그리고 장대비가
긴 다리들로
백조떼들이
남으로 가는 길에 있다.
새들은 날아가고
나뭇잎들은 떨어지고.
잎들로 싸인 가을이
나의 문을 두드리고 있다.

## 민중극장-어제, 오늘, 내일(Народные театр, вчера, сегодня, завтра)

- 저자: Ким Никифор
- 저널명: Звезда Востока, №. 4
- 발행처: Издательство литературы и искусства имени Гафура Гуляма
- 발행연도: 1976
- 자료유형: 저널, 러시아어

사회발전 역사에서 최초로 민중 대중의 예술 창작이 중요한 국가적인 의의를 획득하고 있다. 점점 예술적 자율성의 역할이 증대되고 있는데 그중에는 공산주의 노동대중의 교육에 있어서 독립적인 민중극장의 역할도 포함된다. 집단 내에서의 체계적인 창조적 작업은 인간 내부에 있는 사회적인 원칙을 강화하고 견고하게 한다. 또한 활동적이고 시민적인 적극성을 형성한다. 객관적인 본질에 있어서 집단적인 예술 창작의 과정 자체는 휴머니스트와 국제주의자를 양성하는 과정임을 강조하는 것 역시 중요하다.

## 인터내셔널리즘에 대한 믿음-당의 레닌주의 민족정책의 토대
(Верность интернационализму – основа ленинской национальной политики партии)

- 저자: Тен В. С.
- 저널명: Сб. научных трудов ТашГУ, №. 493
- 발행처 : Ташкентский Государственный Университет
- 발행연도: 1976
- 자료유형: 저널, 러시아어

75년 전에 인류사회에 노동자계급의 정치적 정당으로서 정치적 사상을 보유하는 볼세비키가 등장하였다. 정치적 권력을 향한 투쟁 및 사회주의 사회건설을 위한 프롤레타리아의 계급투쟁 과정에서 볼세비키는 수많은 당 지도력에 대한 경험을 쌓았다. 항상 국제주의 프롤레타리아 원칙에 준하는 활동을 하는 소련공산당은 혁명을 통한 인류의 개선이라는 위대한 목적이 새겨진 신념을 변함없이 유지해 왔다.

　　10월 사회주의 혁명 이전까지 당은 전체 사회의 적인 독재정권 및 부르주아에 대항하는 국제주의 프롤레타리아의 원칙에 대한 신념을 지녔다. 이것은 러시아 공산당의 민족 프로그램에서 중대한 요구를 발생시키는 것을 의미했다. 모든 민족들은 자치를 위한 자신들의 권리를 요구하였고, 이는 전적으로 러시아의 다민족 노동계급의 혁명투쟁의 성패에 달려 있었다. 10월 혁명의 승리와 세계 최초로 사회주의 국가를 건설하여 국가를 운영하는 정당이 된 소련공산당은 국제 프롤레타리아 이상을 실현할 수 있는 가능성을 선보이게 되었다.

　　마르크스의 혁명사상을 기반으로 세계 공산주의 운동을 실시하고자 젊은 공산당은 볼셰비키 경험으로 무장하며 사상 및 조직을 강화하였다. 이로 인해 1919년 제3차 국제공산주의자 대회를 레닌이 선도하게 되었고, 공산주의 발전에 위대한 역사를 남기게 되었다.

## ▌산고개, 시(Перевал, стихи)

- 저자: Ким Ден Ше
- 저널명: Звезда Востока
- 발행처: Издательство литературы и искусства имени Гафура Гуляма
- 발행연도: 1977
- 자료유형: 저널, 러시아어

### 산고개

　　새해는 산 속의 고개처럼
　　주위를 둘러본다-언덕길은 굽었고 어려웠네.
　　봄이었지, 꽃이 피는 계절.
　　가을날은 성찬처럼 부족하지 않았네.
　　귀는 민감해졌고 더 멀리 보게 되었지.
　　과학은 모든 일에서 우리를 도왔네.
　　우리에게 끝없는 우주를 보여 주었지.

수수께끼로 가득 찬 우리의 대지.
노동자의 새벽노을이 작업대로 불렀네.
시대의 사명은- 일상에서 우리들은 결정했어.
그리고 우리와 너는 10월의 동갑내기.
60주년을 축하하러 와서는
너는 말하겠지:
나의 젊음은 어디로 간 걸까?
앞에는 일이 셀 수 없이 많아!
하지만 우리 옆에는 아들들이 일어나고 있네.
그들은 더 많이 걸어야 한다. 그러한 길을…
그들에게는 어떤 승리가 올 것인가?
어떤 영웅들의 이름을 듣게 될 것인가?
새해는 산 속의 고개,
그 고개 너머에는 앞으로 그리고 더 높은 길이 있다!


## ▍무대에 노동자가(На сцене, человек труда)

- 저자: Ким Никифор
- 저널명: Звезда Востока
- 발행처: Издательство литературы и искусства имени Гафура Гуляма
- 발행연도: 1977
- 자료유형: 저널, 러시아어


　　제25차 소연방 공산당대회의 역사적 결정은 예술가들 앞에 놓인 주요 과제를 규정하고, 우리나라 예술의 특별한 역할을 강조하며 앞으로 나아갈 방향을 제시해 주었다. 예술 작품의 질의 문제는 오늘날의 예술, 문화 분야의 종사자들에게 가장 심각한 문제 중의 하나로 인식되고 있다. 사회주의에서 공산주의로 이행하는 과정에서의 예술의 역할 증대는 창조되는 예술 작품의 이념적·미학적 층위에서의 질적 향상을 필연적 조건으로 하고 있다. 당은 항상 우리나라에서 예술의 실제적인 역할을 강조해왔다. 제25차 소연방 공산당대회에서 브레즈네프는 "현재는 창조적 인텔리겐치라아의 활동의 활성화로 특징지을 수 있다. 창조적 인텔리겐치아는 공산주의 사회의 범당적·범인민적 사업에 점점 큰 공헌을 하고 있다.”라고 말했다. 그러한 평가는 무엇보다도 '기본적이고 본질적인 것이 반향을 찾는 작품, 국가가 무엇으로 사는가 하는 문제를 다룬 작품, 소비에트 민중의 개인적 운명을 이루는 것은 무엇인가 하는 문제를 다룬 예술 작품'과 관련이 있다.


## ▌ 가을꽃, 시(Цветок осени, стихи)

- 저자: Ким Ден Ше
- 저널명: Звезда Востока
- 발행처: Издательство литературы и искусства имени Гафура Гуляма
- 발행연도: 1978
- 자료유형: 저널, 러시아어

### 가을꽃

늦가을에 꽃이 피었네.
꽃은 따사롭고 밝을 때 피는 법인데…
가을바람은 따갑고 혹독하기만 하구나.

늦가을에 꽃이 피었네.
꽃은 언제쯤 열매를 맺을까. 겨울에?
자기의 임무를 제때에 이루지 못했구나…

그래도 향기를 풍기며 꽃이 피었네.
그 영혼은 불손하게도 따사롭구나.
그 용감한 부름은 무엇을 기억했던 걸까?

가을의 도래는 우리를 위협하지 않는다.
내 사랑아, 너의 향기는 나와 함께 머물고,
나의 시는 너의 너그러움의 열매려니.

# ▍노동운동의 시작과 러시아에서의 마르크스 이데올로기의 확산

(Начало рабочего движения и распространение марксизма в России)

- 저자: Тен В. С.
- 저널명: Сб. научно-методических трудов ТашГУ, No. 568
- 발행처: Ташкентский Государственный Университет
- 발행연도: 1978
- 자료유형: 저널, 러시아어

19~20세기의 경계선에 노동자 계급의 국제적인 혁명운동은 노동운동의 발전에 결정적인 영향을 주었다. 이 당시는 제국주의 말기 자본주의의 집중적인 발전과정으로 사회혁명의 실현에 대한 문제들이 제기되고 있을 때였다. 바로 전 세계적으로 역사변혁의 시기가 도래한 것이다. 국제적인 사회발전의 요구는 러시아에서 발생한 세계 자본주의에 대항하는 국제 노동자 운동으로 그 중심이 옮겨왔다.

2개의 대륙에 걸쳐있는 자본주의적 발전을 지향하는 러시아 제국은 1861년에서야 농노법을 폐지하였고, 19세기 말부터 20세기 초까지 거대 산업국가로 변모하였으며 수많은 노동자 계급을 보유하였다. 대중노동자들의 단결을 바탕으로 하는 마르크스정당 생성을 위한 조건들은 19세기 90년대 중반부터 러시아에서 나타나기 시작했다. 역사의 무대에서 혁명 활동을 시작하는 레닌의 등장과 더불어 노동자 계급운동이 증폭되었다. 대중 프롤레타리아 운동을 기반으로 하는 레닌당은 항상 노동자 계급과 깊은 연관관계를 맺으며, 노동자계급을 착취하는 모든 세력들과 싸우면서 사회주의 및 공산주의 건설에 매진하였다. 또한 레닌당은 노동자 계급뿐만 아니라 농민, 인텔리, 모든 일하는 인민들을 끌어들였다. 레닌의 등장과 마르크스 이데올로기의 발전은 러시아를 비롯한 국제적인 프롤레타리아 및 공산당에서 사회주의 건설을 향한 투쟁전선에 결정적인 역할을 하였다고 저자는 밝히고 있다.

## ▌농촌의 문화와 삶
(Культура и быт села - забота общая)

- 저자: Ким Е.
- 저널명: Корреспондент, No. 5
- 발행처 : ЦК Компартии Узбекистана
- 발행연도: 1979
- 자료유형: 저널, 러시아어

농촌지역의 문화발전을 위해서는 많은 자원이 농촌의 문화·계몽기관 및 적극적인 당 정치 수행자에게 제공되어야만 한다. 문화의 집, 클럽, 도서관, 박물관 등은 소비에트 농촌마을에서 정신적인 삶의 중심지가 될 수 있으며, 정치 이데올로기 및 노동에 대한 노동자들의 사상교육에 많은 역할을 하기도 한다.

현대 시골 마을의 문화… 이것은 질이 좋고 잘 정비된 집들, 넓은 거리들뿐 아니라 도시에 뒤지지 않는 가게들과 모범적이고, 넓으며 밝은 문화의 집, 도서관들을 말한다. 이것은 각 우즈베키스탄 가정에서 일상적인 생활상으로 변한 새로운 것이기도 하다. 이것은 최근 소비에트 시골의 형태가 변하고 나서 - 분산되어 있던 키쉬라크 촌락들의 작은 농업도시로의 변환 - 3월(1965년)과 제15회 당 소집인 소연방 공산당 중앙위원회 총회로서 7월(1978년)에 실행된 당과 국가의 농업 정책의 성공적인 실현의 결과이다.


## ▌〈부라티노〉, 〈종〉과 기타(『Буратино』 『Колокольчик』 и другие)

- 저자: Югай Е. Г.
- 저널명: Руский язык и литература в узб. школе, No. 6
- 발행처: Самаркантское педагогическое училише им. А. С. Макаренко
- 발행연도: 1979
- 자료유형: 저널, 러시아어

기본적이며 가장 효과적인 교실 외 러시아어 수업 중 하나는 4학년부터

10학년까지 광범위한 층을 포함하고 있는 러시아어 클럽 활동이다. 우리 학교에서는 '브라티노', '종', '고안자', '러시아어' 등 4개의 클럽이 형성되어 있다. 그 각각의 클럽은 자기만의 방향성을 가지고 있다. '브라티노'는 인형극장으로서 클럽 회원들은 러시아 이야기를 공연한다. '종'은 음악, 춤 클럽으로서 그 참여자들은 러시아 노래와 춤을 공연한다. '고안자'와 '러시아어' 클럽의 회원들은 유머러스한 극을 상연하며 문학적인 행사를 기획한다. 클럽의 지도자들은 매주 수업을 진행하며 자세한 계획표를 수립한다. 그 계획표에는 시와 이야기 낭송, 마이크로필름 상연, 다양한 담화, 놀이 배우기, 수수께끼 풀이, 실무적인 편지, 벽보에 메모쓰기, 기타 다양한 활동이 포함된다.

# 제4장

# 1980년대 자료

## 1. 단행본

### ▍지휘 교본(Элементы дирижирования)

- 저자: Кан Э.
- 출판사: Музыка
- 자료유형: 단행본, 러시아어
- 출판연도: 1980
- 총 페이지: 216

이 책의 저자는 미국의 지휘자이자 심포니 오케스트라 지휘 기술의 문제를 연구하는 교육자이다. 본서는 영감 있는 오케스트라와 합창단을 비롯하여 학생들과 독자적인 단체의 지휘에 중점을 두고 있다. 저자는 주제별로 유사한 일반적인 악보 자료를 제시하고 있다. 이 책은 지휘를 처음 시작하는 자나, 독학을 원하는 사람도 활용 가능하다.

## 목 차



## ▌땅의 관대함(Щедрость земли)

- 저자: Хван М. Г.
- 출판사: Издательство 〈Узбекистан〉
- 자료유형: 단행본, 러시아어
- 출판연도: 1981
- 총 페이지: 52

　　이 책은 붉은 기 노동훈장을 받은 '폴리타젤' 협동농장을 기술하고 있다. 이 협동농장은 농산물 생산의 집중화를 비롯하여, 토지이용의 효율성 증대, 농산물 및 가축 생산력의 증대 사례를 보여주고 있다.

## 목 차

# ▌밤의 피리, 시와 포에마(Вечерняя свирель, стихи и поэмы)

- 저자: Ким Дюн
- 출판사: Советский писатель
- 자료유형: 단행본, 러시아어
- 출판연도: 1981
- 총 페이지: 112

### 최초의 말의 탄생

검은 하늘 아래

말라버린 동쪽 벌판에

용처럼

누런 댐이 누워있는 곳에

북극성 아래

불과 우레를 낳았다

나의 최초의

가장 최초의 말이

화살이 날아갔다

나의 깨어난 영혼으로부터

검은 하늘에 찔렸다

무거운 검은 먹구름을

그리고 돌들을 뿌렸다

검은 산비탈에

노란 호박처럼

태양에서 떨어져 나온 구슬처럼

## 목 차

# 발전된 사회주의 조건하 민족화합에 대한 소련공산당의 지도, 1959~1975년(Руководство КПСС процессом сближения наций в условиях развитого социализма, 1959 - 1975гг.)

- 저자: Тен В.
- 출판사: Издательство 〈Узбекистан〉
- 자료유형: 단행본, 러시아어
- 출판연도: 1981
- 총 페이지: 190

민족문제는 넓은 의미에서 공산당의 혁명적인 활동지침에 학문적인 이론의 한 부분이라 할 수 있다. 중앙아시아 공화국에서의 민족관계의 발전에 대한 문제는 사회주의 발전기간 동안 여러 학자들에 의해 연구가 진행되었다. 이 연구들은 대부분 소련중앙공산당 프로그램 적용 후에 나타나는 민족관계의 발전에 대한 문제점들에 관해 이루어지고 있으며 특히 사회주의 민족과 타민족과의 화합에 대한 경향 연구에 중점을 두었다. 이러한 연구과정에 있어 소비에트 민족들의 화합에 대한 공산당의 지도과정이 연구의 핵심으로 떠오르게 되었다.

이러한 경향을 반영하여 이 책은 사회주의 발전기간 민족화합에 대한 소련공산당의 지도적 역할에 대해 상세한 연구 성과를 보여주고 있다. 여기에는 민족화합에 대한 당의 지도의 필요성 및 미래 소비에트 민족의 경제적 화합 및 민족화합에 있어서 사회구조의 개선 및 이에 대한 당의 역할 등에 대해 상술하고 있다. 이와 함께 중앙아시아에서 국제주의에 바탕을 둔 민족문화 강화에 대한 당의 지도를 비롯하여 민족 상호간 문화발전에 대한 당의 역할 등도 기술하고 있다.

저자는 많은 자료를 동원하여 사회주의 발전과정에서의 민족화합에 대한 법칙성을 추적하고, 중앙아시아 공화국들의 경제 강화, 사회구조의 개선에 대한 당의 역할 및 민족문화에 대한 상호호혜에 기반한 당의 목적지향적인 활동 등을 소개하고 있다. 이에 대한 구체적인 실천 방법으로 노동자에

대한 국제 민족주의적 교양활동의 강화, 소련중앙공산당의 민족주의 잔재
에 대한 투쟁의 가속화를 주장하고 있다.

### 목 차

- 서론
1장 민족화합에 대한 당의 지도 필요성
2장 미래 소비에트 민족의 경제적 화합에 대한 당의 역할
3장 민족화합에 있어서 사회구조의 개선 및 이에 대한 당의 역할
4장 민족문화 화합에 대한 당의 지도
    1. 중앙아시아에서 국제주의에 바탕을 둔 민족문화 강화에 대한 당의 지도
    2. 민족상호간 문화발전에 대한 당의 역할
- 결론


## 요술성의 주인, 시와 이야기 (Хозяин волшебного замка, стихи и сказка)

- 저자: Пак Б.
- 출판사: "Ёш гвардия", Ташкент
- 자료유형: 단행본, 러시아어
- 출판연도: 1982
- 총 페이지: 48

　　본 단행본은 저학년을 위한 문학 작품집으로 17편의 시와 1편의 동화 그
리고 1편의 서사시를 수록하고 있다.

### 목 차

페트르슈카가 어떻게 잼 바른 과자를 먹었나
여동생
아랄 해
몇 켤레의 장화를 꿰매야 하나
게으름뱅이
후추
이제는 더위도 겁나지 않아
왜 미슈카는 혼자 꿀을 먹는가? 동화
랄랴의 모험. 서사시

## 19세기 후반~20세기 초반 한국의 계몽운동과 교육시스템

(Просветительское движение и система образования в Корее, во второй половине 19-начале 20в.)

- 저자: Пак Вадим Павлович
- 출판사: Наука
- 자료유형: 단행본, 러시아어
- 출판연도: 1982
- 총 페이지: 108


본서는 19세기 후반~20세기 초 한국의 계몽운동과 교육시스템에 대해 분석하고 있다. 당시 한국이 식민노예로 전락할 실제적인 위협을 받고 있었으며, 한국 민중들이 국가의 독립성을 유지하기 위해 용맹스런 투쟁을 벌였던 점에서 계몽운동과 민족해방투쟁을 분리해서 볼 수 없다고 한다.

저자는 한국의 계몽운동에 대해 소비에트 역사가들의 연구가 거의 없음에 반해, 미국과 남한의 부르주아 역사가들의 연구가 많음을 인정하고 있다. 그렇지만 그들의 연구가 일면적·부르주아 편향적이라고 지적하고 있다. 그들에게서는 외부적 요인, 한국에서의 계몽운동의 발전을 내부적 요인은 무시하고, 이에 영향을 준 외부적 요인의 의미를 과장하고 있다는 것이다. 저자는 민족·문화적 유산, 실학사상의 교육관, 개화운동과 학교 교육개혁을 지향한 계몽운동의 관점에 대해서는 부르주아 역사가들이 입을 다물고 있고 말한다. 본 저서에서는 보수적 유학교육 시스템에 대항한 한국의 지식인들의 진보적 투쟁을 서술하고 있으며, 문화계몽운동의 역할을 한국민의 민족해방투쟁이라는 전체적인 흐름 속에서 파악하고 있다.

## 목 차



# 소비에트 고려인 극장(Советский корейский театр)

- 저자: Ким И.
- 출판사: Онер
- 자료유형: 단행본, 러시아어
- 출판연도: 1982
- 총 페이지: 204

　이 책은 카자흐스탄 고려극장의 극작가이자 지휘자인 고려인 김 요시프의 50주년을 기념하여 나왔다. 저자는 고려극장의 탄생과 창조적 활동, 김 요시프의 활동을 쓰고 있다. 저자는 소비에트 고려인 극과 극장에 대해 설명하고 무대극으로서의 10월 혁명을 소개하고 있다. 또한 우리의 민족 고전뿐만 아니라 외국의 고전극도 소개하고 있다. 소련시기의 인민극작가, 카자흐스탄의 고전극, 고려극장의 콘서트, 스펙터클을 소개하고 있다.

# 풀을 베는 사람들(Собиратели трав)

• 저자: Ким Анатолий Андреевич
• 출판사: Известия Советов народных депутатов СССР
• 자료유형: 단행본, 러시아어
• 출판연도: 1983

이 책에 포함된 〈꾀꼬리 메아리〉는 아나톨리 김의 최초의 중편이다. 배경은 우리 시대뿐 아니라 1세기 전으로 거슬러 올라간다. 그리고 이 중편에는 최초로 과거와 현재에 대한 시각이 미래로부터 향해있는 듯하다. 이것이 작가가 확인한 인간의 수직성이다. 사람들은 "…만약 수평적인 방향으로 추상적으로 제시한다면 먹고 살 빵을 찾기 위해 불안하게 유아기부터 노년기까지 수선을 피우면서 생존한다. 그러나 인간은 위대한 이름으로 태어난 만큼 수직적으로 영원히 높은 곳을 향하여 추구해야만 한다". 높이—즉 과거로부터 미래로 높이—라는 것은 한 영혼에서 모든 인간 영혼의 일치로 나아가야 한다는 것을 의미한다.

농촌에 오게 된 독일인들과의 사건은 작가의 어린 시절 이야기이다. 기억으로부터 소설이 자라난 것이다. "귀 끝으로 들었다. 언젠가 아무르 로쿤스트라는 성을 가진 독일인이 젊은 한국 여자를 데리고 왔다. 그리고 20년이 지나서 그녀는 돌아갔고 두 명의 불그스레한 아들을 데리고 왔다. 이것은 기억 속에 생생히 남아있었다. 남편은 어디로 사라진 것일까? 그 다음에는 어떻게 되었는가? 그 모든 것을 생각해 보는 것은 재미있었다. 그러나 그것 때문에 소설을 쓴 것은 아니었다. 중요한 것은 내가 과거와 현재가 동일하게 가치있다는 것을 추적하고 증명하고 싶었다는 것이다." 덧붙이자면 미래 앞에서.

## 목 차

# ▌날개 달린 기쁨, 시, 포에마, 우화, 이야기
(Крылатое счастье, стихи, поэмы, басни, сказки)

- 저자: Угай Дегук
- 출판사: Издательство литературы и искусства им. Гафура Гуляма
- 자료유형: 단행본, 러시아어
- 출판연도: 1983
- 총 페이지: 144

우즈베키스탄의 타슈켄트에 거주하는 경제학자이자 시인인 우제국은 1957년부터 시집을 출간해왔다. 그의 새로운 시집에는 과거 최고의 시들과 새로운 시들이 수록되어 있다. 이 시들은 고향 땅과 그곳에 살고 있는 사람들의 불안과 걱정에 대해 노래하고 있다.

### 목 차
- 시
   피로 맺어진 형제
   우정에 대하여
   여주인
   가을
   뮤즈
   젊은이
   시인
- 포에마
   아들에게 보내는 편지
   날개달린 행복
   우화고
   머리, 팔, 다리
   이야기, 새에 대한 이야기
   왜 뱀의 혀는 갈라져 있나

   이름

      사람에게 이름은 하나만 주어졌다!
      갑자기 이 이름이 거짓으로 더럽혀진다면
      너는 그 거짓을 거울에서 먼지를 털어내듯

털어낼 수 없고
닦을 수도 없다
까만 얼룩이 질 테니
사람에게 이름은 하나만 주어졌다!

사람에게 이름은 하나만 주어졌다!
네 양심처럼 소중히 간직해
억울한 싸움에서 죽는 한이 있어도
네 자신의 이름으로 살 테니
사람에게 이름은 하나만 주어졌다!

사람에게 이름은 하나만 주어졌다!
이 이름은 일하는 소음보다 더 크게 들리고
일상의 우레 속에서도 이 이름은 알려지리니
노동 속에서 그것은 굳세진다
사람에게 이름은 하나만 주어졌다!

## ▍물질 생산 영역에 있어서의 미학 문화의 형성과 발전, 중앙아시아 국가들의 사례(Становление и развитие эстетической культуры в сфере материального производства, на примере республик Средней Азии)

- 저자: Цай А. В.
- 출판사: Издательство Фан УзССР
- 자료유형: 단행본, 러시아어
- 출판연도: 1983
- 총 페이지: 79

이 저서에는 중앙아시아 공화국들, 특히 우즈베키스탄을 중심으로 이 지역에서의 미학 문화의 형성과 발전의 역사-사회학적, 미학-철학적 합법칙성이 연구되고 있다. 특히 발전된 사회주의의 조건 하에서 물질-대상 환경의 미학화 문제가 집중적으로 다루어지고 있다.

## 목 차



# 한국에서 민족해방운동 이데올로기의 형성(формирование идеоло гии национально-освободительного движения в Корее)

- 저자: Тягай Г. Д.
- 출판사: Наука
- 자료유형: 단행본, 러시아어
- 출판연도: 1983
- 총 페이지: 247

저자는 동양 민족의 사회적 삶, 그들이 식민주의에 저항하여 독립을 얻기 위해 그리고 자주 민주국가를 이룩하기 위해 벌인 투쟁, 그들이 사회주의적 발전의 길로 나아가는 것, 이 모든 것을 올바로 이해하기 위해서는, 그들의 과거 문화적 유산과 전통적인 이데올로기 시스템과 민족해방의 사상적 발전의 길을 알아야만 한다고 주장하고 있다.

본 저서에서는 17세기부터 1910년까지 한국에서의 민족해방운동 이데올로기의 길고 복합적인 형성과정을 연구하고 있다. 저자는 한국 유교의 주요 경향과 내부적·외부적 상황변화에 따라 유교가 어떻게 변했는지를 분석하고 있다.

저자는 한국에서의 민족해방운동의 이데올로기 형성에 대한 연구를 이웃국가인 중국과 일본의 이데올로기 경향과 비교분석을 지향하고 있다. 이를 위해 본 저서에서는 중국, 일본, 한국의 역사와 문화에 대한 많은 자료를 동원하고 있다. 저자는 민족해방 이데올로기 형성의 강력한 요인으로서 한국농민들의 사회적 인식과 민족적 유산으로서의 동학이론을 제시하고 있다. 저자는 한민족이 민족해방투쟁의 다양한 단계에서 다양한 반외세 투쟁을 벌인 사례를 보여주면서 투쟁의 전개와 투쟁의 사회적 토대를 분석하고 있다. 이를 위해 저자는 17, 18, 19세기 초반 한국의 계몽운동가들의 원자료를 위시하여, 신문기사, 러시아 문서보관소 자료, 미국무성 자료, 많은 러시아어·한국어·영어자료를 참고하였다.

## 목 차



## 새벽 가시나무 열매의 맛, 단편소설(Вкус терна на рассвете, рассказы)

- 저자: Ким А.
- 출판사: Молодая гвардия
- 자료유형: 단행본, 러시아어
- 출판연도: 1985
- 총 페이지: 351

　본서에 수록된 많은 단편 소설들은 작가가 여러 해 동안 쓴 것을 모은 것이다. 작가는 4개의 큰 주제별로 소설을 묶었다. '잊혀진 역' 분류에 속하는 작품들의 주인공들은 아주 작은 시골 마을에 살고 있거나, 출장이나 혹은 운명적으로 이곳에 찾아 온 사람들이다. '도시 산책'은 현대 대도시에 살고 있는 노동자들, 학생들에 대한 이야기이다. '새벽 가시나무 열매의 맛'에서는 랴잔의 시골마을에서 살았던 작가의 오랜 감상들이 나타나 있다. '아버지의 이야기들'에서는 극동지방을 주무대로 작가의 뿌리인 한국 이주민들과 그들의 삶, 전기들이 나타나 있다. 이 모든 작품들에서 작가는 우리 존재의 도덕적인 측면에 관심을 기울이게 한다.

## 목 차

## ▌별 백조, 시, 포에마, 노래(Звёздный лебедь, стихи, поэма, песни)

- 저자: Пак Борис
- 출판사: Издательство литературы и искусства им. Гафура Гуляма
- 자료유형: 단행본, 러시아어
- 출판연도: 1986
- 총 페이지: 80

중학교와 고등학교 학생들을 위한 보리스 박의 시와 노래를 엮은 시집이다.

### 목 차

조국 땅                             전쟁이 있었다
태양으로 물들어진 땅                 별 백조
노래들

## ▌바다의 신부, 단편소설(Невеста моря, рассказы)

- 저자: Ким А.
- 출판사: Издательство литературы и искусства им. Гафура Гуляма
- 자료유형: 단행본, 러시아어
- 출판연도: 1987
- 총 페이지: 544

본 단행본은 유명한 소비에트 작가인 아나톨리 김의 28편의 단편들과 소설 '다람쥐'를 수록하고 있다. 작가는 예술학교의 학생, 삶에서의 자신의 위치를 모색하는 화가 등과 같이 우리 동시대인들의 형상을 통해 현대의 양심과 도덕의 문제를 다루고 있다. 작품의 주인공들은 모두 한결같이 쉽지 않은 길을 가면서 자신의 운명을 담담히 헤쳐 나간다. 작가는 이들의 운명을 통해 독자들에게 수준 높은 삶의 길을 제시하고 있다.

## 목 차



## ▌민족적·사회적 해방-내적 및 외적 조건(Национальное и социальн ое освобождение - внешние и внутренние условия)

- 저자: Хан Г. Б.
- 출판사: Казахстан
- 자료유형: 단행본, 러시아어
- 출판연도: 1987
- 총 페이지: 192

　이 책은 철학적 관점을 바탕으로 정치적으로 예민하고 현실적으로 활발히 토론되고 있는 테마인 민족-사회적인 해방에 대한 외부 및 내부의 조건들을 분석하고 있다. 저자는 소련공산당 27차 당대회에서 발표된 사회주의에 대한 전망을 가진 현대 민족-민주혁명에 대한 국제·국내의 조건들을 분석하였다. 또한 자신의 독립과 사회진보의 강화를 위한 해방된 국가 민족들의 반제국주의에 대한 투쟁을 고찰하였다. 저자는 여기서 거론되는 국가들을 방문하였고 이로 인해 이 책의 서술에 필요한 세세하고도 방대한 자료를 수집할 수 있었다.

　저자는 국제적인 학술회의를 비롯하여 소련 전체 수준의 심포지엄 그리고 학문·이론 컨퍼런스에 참가하였으며, 오늘날의 세계적인 혁명과정에 대한 현실적인 문제점들을 밝혔다. 저자는 현대 국제민족주의의 수립에 대한 조건 및 독립된 국가에서의 반제국주의 투쟁과정을 살펴보았으며, 투쟁의 산물로 해방된 국가가 민족-민주혁명 노선을 이행할 수 있게 하는 국제적인 조건에 대해서 심도 있게 연구하였다.

이밖에 저자는 사회주의의 시스템과 민족-민주혁명에 대한 결정적 조건과의 상관관계를 비롯하여, 민족-민주주의에서 사회주의로의 이행의 실질적인 가능성을 진단하고 있다. 해방된 국가에서의 민족정권의 형성 및 노동자의 전위정당 수립에 대한 이론적 배경을 제시했다. 그밖에 저자는 사회주의로 이행에 있어 내부의 물질적 조건 및 사회주의 국가로서의 문화의 재형성을 심도 있게 분석하였다.

공산당 제27차 대회에서는 지난 10년간 제국주의 국가들의 직접적인 정치적 지배로부터 해방된 국가들에서 국가적인 자주성의 달성과 관련된 일련의 문제들과 사회생활과 관련된 경제적·문화-기술적인 낙후성의 극복과 관련하여 진전이 있었음을 밝혔다. 본 저서는 정치적으로 현실적으로 민감한 테마를 다루고 있다. 저자는 본 연구와 관련된 여러 나라를 실제로 방문하고 살펴보았으며, 그렇기 때문에 본 저서에는 구체적인 실증자료를 풍부히 보여주고 있다. 저자는 현대 세계혁명 과정에 관한 현안사안을 다룬 국제적인, 전 소련의 심포지엄과 이론적 컨퍼런스에 참여하였다. 저자는 공산당 제 27차 대회의 견지에서 현대의 민족적·민주적 혁명을 사회주의적 전망 하에 대내적·대외적 조건을 조망하고 있으며, 자신의 국가적 자주성과 사회적 진보를 위한 인민들의 반제국주의 투쟁을 고찰하고 있다.

저자는 실제적으로 모든 사회적인 문제는 민족적인 문제라는 프리즘을 통해서 보게 된다고 한다. 반제국주의 해방투쟁은 중심부와 대부분을 구성하고 있는 식민지 민중과의 투쟁이라는 것이다. 반식민투쟁을 벌이는 사회계급과 사회세력은 자신이 민족적 문제—국가적 자주성 달성—를 해결하는 해결사로 간주한다. 해방투쟁을 겪고 있는 국가에서 사회문제를 포함하는 모든 문제는 국가의 독립과 자유라는 민족문제에 종속된다는 것이다.

동시에 식민지 및 종속된 국가의 인민들이 중심부의 정치적 지배로부터 해방을 위한 투쟁을 수행하면서 주요한 착취자에 저항하는 투쟁을 수행하는데, 이 착취자들은 자본주의적 관계의 대표자임과 동시에 수행자라는 것이다. 이러한 면에서 민족해방투쟁은 동시에 사회적 독립성 획득을 위한 투쟁이 되는 것이다.

### 목 차

제언
저자의 말
해방된 국가 인민들의 반제국주의 투쟁과 그 현대 대외적 조건
해방된 국가들이 민족적-민주적 혁명의 길로 향하는 대외적 조건
사회주의 세계체제-민족적-민주적 혁명의 결정적인 대외적 조건
사회주의로 향하는 민족적-민주적 전환의 내부조건과 그 가능성의 현실화
해방된 국가들의 정치적 독립성과 경제적 자립의 변증법적 관계
새로운 민중권력의 형성과 강화, 그리고 노동자당의 전위
민중-민주혁명이 사회주의로 전이하는 과정에서의 추동력의 변증법
민중-민주주의가 사회주의로 전환될 내부적·물적 전제 형성의 목적성
문화적 전환 — 민족민주혁명이 사회주의로 향하는 당위성
결론


## ▌ 러시아 문학(Русская литература)

- 저자: Хван Л. Б., Т. Бекмуратов
- 출판사: "Билим", Нукус
- 자료유형: 단행본, 러시아어
- 출판연도: 1988
- 총 페이지: 135


본 단행본은 고려인 학교인 카라칼파크 학교의 9학년 러시아 문학 교재로서 시 작품의 선정에 있어 이전의 교재들과의 차별성을 강조하고 있다. 학생들의 민족적 자긍심과 수준 높은 도덕적 소양을 기를 수 있는 작품뿐만 아니라, 인간의 미덕과 독창성을 보여주는 작품, 그리고 혁명의 파괴력과

인간성에 미치는 폐해를 그린 작품 등이 다양하게 수록되어 있다. 또한, 극동 민중의 정신적 아름다움을 노래한 시들과 극동 지역 시인들의 작품들도 다수 싣고 있다.

## 목 차



## ▌순환, 시와 포에마(Круговорот, стихотворения и поэмы)

- 저자: Угай Дегук
- 출판사: Советский писатель
- 자료유형: 단행본, 러시아어
- 출판연도: 1988
- 총 페이지: 112

나는 무엇을 사랑하는가?
    신선한 봄바람과 학의 외침 소리
    이 강과 이 높은 하늘
    나는 이 땅을 사랑한다
    나는 이 태양을 사랑한다
    그리고 옆에서 함께 살아가는 사람들
    내 모든 사랑으로 사랑한다

    나는 무엇을 미워하는가?
    전쟁과 모든 생명의 살해자들
    강 위의 다리에 폭탄을 퍼붓는 것
    탱크가 빵을 위협하는 것
    아이들을 모욕하는 것
    사랑하는 사람들과
    어머니들을
    배반하는 것
    나의 모든 미움으로 미워한다

## 목 차

## ▌작은 불꽃(Огонек)

- 저자: Ен Сен нен
- 출판사: Зазушы
- 자료유형: 단행본, 러시아어
- 출판연도: 1988
- 총 페이지: 64

본 단행본은 극작가이자 연출가인 연선녕의 서정시 모음집으로서 1930
년대에 주로 창작된 시들을 수록하고 있다.

### 목차

| | |
|---|---|
| 번역자로부터 | 시작 |
| 신칸센 | 수확 |
| 비 | 네프스키에서 |
| 바다의 노래 | 꿈 속에서 |
| 기적은 없다 | 별 |
| 작은 불꽃 | 나비 |
| 버스 안에서 | |

## ▌한국어 학습자를 위한 교재(Пособие для изучающих корейский язык)

- 저자: Ким В. Н., Цой Дек Дин
- 출판사: "Ленин кичи", Ташкент
- 자료유형: 단행본, 러시아어
- 출판연도: 1989
- 총 페이지: 44

본 단행본은 타슈켄트 교육대학교 한국어과와 주요 신문인 '레닌 기치'
타슈켄트 지부에 의해 발간된 한국어 교재로서, 한국어 수강생이나 한국어
를 독학하는 학습자를 위해 마련되었다. 교재는 발음과 알파벳, 간단한 문
법 정리를 수록하고 있으며, 더 나아가 유용한 표현들과 단어들을 익히고
이를 바탕으로 한국어 본문 독해 연습을 할 수 있도록 구성되었다.

## ▍투쟁은 계속된다 (Борьба продолжается)

- 저자: Хан Г. б.
- 출판사: Казахстан
- 자료유형: 단행본, 러시아어
- 출판연도: 1989
- 총 페이지: 144

이 책에서 저자는 새로운 정치적 사고의 견지에서 해방된 나라들이 정치적 독립을 확고히 하고자 하는 투쟁, 독자적인 국민 경제의 창조, 근로 대중의 이해를 위해 심오한 사회적 개혁을 단행하는 것에 대한 담론을 펼치고 있다. 이 책에서는 미국 제국주의의 반동적·공격적 정책을 비판하고 있으며 개발도상국가들에서 이루어지고 있는 제국주의로부터의 이데올로기적인 해방의 주된 방향이 기술되어 있다.

### 목 차

아시아, 아프리카, 라틴 아메리카 민족들의 반제국주의 투쟁의 문제들에 관한 소연방 공산당의 제27차 회의
개발도상국가들에 대한 제국주의의 이데올로기적 공세
개발도상국가 민족들의 평화, 무장해제, 민족 독립의 공고화를 위한 투쟁
위대한 10월 혁명, 페레스트로이카, 그리고 민족들의 반제국주의 투쟁

## ▍언어세계에 대해 (Беседы о жизни языка)

- 저자: Ким О. Г.
- 출판사: Издательство Казахстан
- 자료유형: 단행본, 러시아어
- 출판연도: 1989
- 총 페이지: 112

저자는 문명의 발전에서 언어의 역할, 인간의 자기표현의 형성과 그 표현능력의 가치에 대해 밝히고 있다. 소비에트인은 과거의 역사에서는 보이지

않던, 20세기에 발생한 국민의 언어생활에서의 사회-심리적 변화, 국가의 언어정책의 변화와 현대 러시아어의 위치에 대해 잘 알고 있다. 언어의 다양성과 그 의미가 인간에게 가치 있는 것, 소비에트 인민의 언어와 문화의 상호관계에 관한 명백한 사례를 제시하고 있다.

**목 차**



## 카자흐스탄 고려인의 사회·문화적 발전

(Социально-культурное развитие Корейцев Казахстана)

- 저자: Ким Г. Н.
- 출판사: Академия наук Казахской ССР
- 자료유형: 단행본, 러시아어
- 출판연도: 1989
- 총 페이지: 60

고려인에 관한 전 소련 인구통계에 의하면, 1926년 8만 7000명, 1939년 18만 2천명, 1959년 31만 3000명, 1970년 35만 7500명, 1979년에 38만 8900명이다. 대부분의 고려인들은 중앙아시아 국가들에 분포했는데, 우즈베키스탄에 약 42%, 러시아에 약 25%, 카자흐스탄에 약 23.6%, 키르기스스탄에 3.7%, 기타 국가에 소수가 분포했었다.

구소련의 과학·사회정치적 문헌에서는 소비에트 고려인(советские корейцы)이라는 용어가 광범위하게 사용되었으며, 소련의 민족학자 차를 가시노바는 소비에트 고려인이 새로운 민족공동체를 형성하는 복잡한 과정에 있다고 지적하였다.

고려인이 러시아 원동지역에 이주한 것에 대한 최초의 기록은 1860년대의 초로 거슬러 올라간다. 1863년 조선인 20가구가 노브고로드 지역 담당 육군중위 랴자노프에게 이주를 허가해달라고 요청했다는 것이다. 그리고 1865년에 처음으로 고려인 촌락, 랴자노보가 생겨났다. 이후 많은 조선인이 이주해왔는데, 특히 1910년 일본의 식민통치를 피해 극동지역의 유즈노-우수리 지역으로 들어왔다. 조선인의 이주에 대하여 차르러시아는 조선인을 농노로 간주함으로써 긍정적으로 받아들였다.

이후 극동지역에서 한인들은 1937년까지 농업, 어업 콜호스를 강화시켰으며, 문화면에서도 성공적이었다. 한인 초등학교가 문을 열었고, 한국어로 강의하는 사범학교도 생겨났다. 한국어로 된 신문과 잡지도 만들어졌다.

1937년 가을 고려인들의 중앙아시아와 카자흐스탄으로의 강제이주가 시작되었다. 1937년 6월 중국과의 국경에서 일본군과의 무력충돌이 있었고, 소련정부는 극동러시아 지역에서 일본제국주의의 군사적 위협이 실제적으로 존재한다고 판단했으며, 이 지역의 고려인에 대한 의심을 가졌다는 것이다. 그러나 지금의 판단으로는 소수민족에 대한 스탈린의 병적인 의심에서 비롯된 것이었다고 본다.

이 책에서는 카자흐스탄의 각 지역으로 이주한 고려인들의 수를 보여주고 있는데, 주로 알마아타 주와 크즐오르다 주, 침켄트 주, 카라간다 주에 이주되었음을 보여주고 있다. 그리고 고려인들은 새로운 자립적인 콜호스를 형성하고, 억센 생명력을 보여주었다. 지난 50년간 카자흐스탄의 고려인들은 모든 면에서 큰 변화를 겪었다. 사회-문화적, 민족적 발전의 면에서 일정한 성공을 보여주었다. 본 글에서는 콜호스에서의 고려인의 성공적인 여러 가지 면을 자세히 기록하고 있으며, 레닌기치, 고려일보 등 지적활동에 대해 자세히 기록하고 있다. 최근에는 소비에트 소유주, 소비에트 여성 등의 잡지를 한글로 발간하였다.

은선현, 차잔춘, 한진, 김준, 김관현, 박일 등의 작품 활동을 소개하고 있다. 1987년에는 카자흐스탄 작가협회에서는 〈학이 둥지를 떠나다〉를 발간하였으며, 자수시 출판사에서 일련의 작품을 발간하였다.

## 2. 논문 및 저널

### ▌카자흐스탄 고려인의 현대 문화와 삶
(Современная культура и быт Корейцев Казахстана)

- 저자: Цой Виктор Семёнович
- 발행처: Институт этнографии им. Н. Н. Миклухо-Маклая
- 발행연도: 1985
- 자료유형: 학위논문, 러시아어

소련에서 민족연구의 중요한 방향 중의 하나가 소연방 구성의 소수민족에 대한 것과 타민족 사이에서 살고 있는 이주민족에 대한 것이다. 본 논문은 카자흐스탄에 살고 있는 고려인의 문화와 삶을 연구하고 있으며, 고려인의 문화와 삶 속에 자리 잡고 있는 전통과의 상호관계를 분석하며, 이러한 토대 위에서 민족문화 과정의 성격을 규명하고 있다. 연구가 현대문화의 전통적 요인의 역할을 밝힌다는 면에서만 진행된 것은 아니며, 낡은 전통을 밀어내고 대체하는 새로운 요소의 역할까지 밝혀내고자 하였다.

본 연구를 위해 저자는 첫째, 1959, 1970, 1979년의 전소련방 인구통계를 이용하고 있다. 둘째, 카자흐스탄 5개 지역(탈드-쿠르간, 알마아타, 잠불, 침켄트, 크즐오르다)에 살고 있는 고려인들에 관한 지역 문서보관소의 자료를 이용하였다(동 자료는 카자흐스탄 국립대학 민족학부의 보관소에 보관중임). 셋째, 한국인의 전통문화, 고려인의 문화와 삶에 관한 논문, 저서, 실증자료를 이용하였다. 본 논문은 카자흐스탄 내 고려인의 민족문화 과정에 대한 학위논문으로서는 첫 번째 논문이라는 데 의의가 있다.

구체적으로는 민족의 전통문화에 관한 자료 분석과 전통문화가 현대화되면서 변화되는 삶이 어떠한 모습으로 나타나는가, 소련인으로서 자리 잡아 가는 과정을 분석하고 있다. 여기에서 민족 간 통합문제가 중요한 역할을 하고 있다. 이를 위해 첫째, 카자흐스탄에 살고 있는 고려인들의 수, 주거형태, 의복, 식생활 등을 분석하고 있다. 둘째, 카자흐스탄 고려인의 가족

-친족관계의 변화문제를 분석하고 있는데, 전통적·현대적 가족관계, 친족
관계의 변화문제를 다루고 있다. 셋째, 카자흐스탄 고려인의 정신문화에 자
리 잡고 있는 전통적 요인을 분석하고 있다.


## 우즈베키스탄 문학에서 드라마 장르 형성에서의 구전문학의 역할 – 음악 드라마 희곡『파르하드와 쉬린』,『레일리와 메드준』,『타히르와 주희라』,『알파므쉬』,『랍샨과 줄후모르』를 예로 들어(Роль фольклора в формировании жанра драмы в Узбекской литературе, на примере музыкально – драматических пьес "Фархад и Ширин", "Лейли и Меджун", "Тахир и Зухра", "Алпамыш", "Равшан и Зулхумор")

• 저자: Хегай  Светлана Матвеевна
• 발행처: Институт Языка и литературы им. А. С. Пушкина, Ташгу
• 발행연도: 1986
• 자료유형: 학위논문, 러시아어


이 논문에서 저자는 가장 복잡한 장르 가운데 하나인 드라마를 다루고 있
다. 우즈베키스탄 문학 연구에서 민족 드라마의 연구는 매우 활발하게 진행
되고 있지만 아직까지 음악 드라마 장르의 형성 문제는 특별한 주목을 받지
못했다. 본 논문은 문학 연구에서 중요한 이 공백을 메우고자 시도하였다.
예술 문화 발전의 현대 단계에서 민속 유산이 어떠한 형태로든 큰 역할을
하는 것은 당연한 것이 되었다. 실제로 민속 유산은 우즈베키스탄 문학의
필수적인 구성 부분이며, 음악 드라마 장르의 민족적 미학 형성과 새로운
발전에 강하게 작용하는 요소이며, 국제적 예술 문화의 경험을 증대시키는
부분이다.

## 중앙아시아의 민족 연극-관람 예술의 형성과 발전(Формирование и развитие народного театрально - зрелищного искусства Средней Азии)

- 저자: Ким Никифор Степанович
- 발행처: Ташкентский государственный университет имени В. И. Ленина
- 발행연도: 1987
- 자료유형: 학위논문, 러시아어

본 논문은 중앙아시아의 민족 연극-관람 예술의 형성과 발전을 연구한 것이다. 중앙아시아에서 연극-관람 예술은 혁명에 적대적인 세력들의 무장 투쟁을 포함하여 모든 가능한 방법들로 가장 격렬한 저항들을 펼쳤을 때의 계급적인 격투의 변혁 상황 속에서 발전해왔다. 본 논문에서는 연극-관람 집단으로서 인간의 도래뿐만 아니라 관객으로서 그것의 상연 정착에 대해서도 살펴본다.

## 소비에트 한인 전문극장의 형성과 발전(Формирование и развитие Советского Корей ского профессионального театра)

- 저자: Ким Иосиф Федорович
- 발행처: Институт искусствознания им. Хамзы Хаким-Заде Ниязи
- 발행연도: 1987
- 자료유형: 학위논문, 러시아어

본 논문은 소련의 민족극장들 중에서 가장 연구되지 않은 한인 극장의 역사적 형성 과정을 연구한 최초의 시도이다. 논문은 구전문학 전통의 독특성과 연관하여 무대 유형학의 문제를 다루고 있으며, 소비에트 한인 드라마의 형성 문제를 고찰하고 소비에트 사회의 조건 속에서 사상적·예술적으로 서로 풍요롭게 하는 과정을 드러내고 있다.

'명예훈장'을 받은 카자흐스탄의 고려극장은 한국 밖에서는 유일한 민족 극장이다. 소련에서보다 훨씬 많은 한국인이 살고 있는 중국, 일본, 미국에도 이러한 예는 없다. 이 사실은 소련에서야말로 소수민족을 포함한 모든 민족의 예술문화 발전을 위한 현실적인 여건을 제공했었다는 것을 증명하는 것이라고 저자는 지적하고 있다.

1932년 블라디보스토크에서 창단된 이 극장은 한국의 가장 오래된 극장으로서 일반 대중의 민간극예술의 전통을 이어갔는데, 이는 일본의 강점으로 이미 사라진 것이었다. 소비에트 고려인의 극단은 특유의 창조적인 조직으로 형성되었으며, 민간극의 민속적 전통을 이어받았으면서, 유럽적인 극의 형태를 수용함으로써, 민족예술을 창조하였다. 지난 반 세기 고려인 소비에트 극장은 자체적으로 배우와 감독, 드라마를 창출하면서 러시아, 소비에트 기타 민족의 그리고, 외국의 드라마를 연출하였다.

본 논문은 소련의 민족극에 관해 거의 연구가 이루어지지 않은 것 중의 하나인 고려인극의 형성과 발전과정을 연구하고, 그 역사적 사실을 체계화하는 최초의 논문이다.

저자는 고려인 극장이 민족의 정통 산문을 극 형태로 수행함으로써 발전해 가는 한편, 인간적이고, 민주적인 이상을 확인하였으며, 현대적 정통 드라마로 승화시키고, 그러한 토대에서 극예술을 발전시켰다고 밝히고 있다.

## ▎민족화합-발전된 사회주의의 합법칙성
(Сближение наций – закономерность развитого социализма)

- 저자: Тен В.
- 저널명: Коммунист Узбекистана
- 발행처: ЦК Компартии Узбекистана
- 발행연도: 1982
- 자료유형: 저널, 러시아어

이미 알려진 대로 민족, 종족, 민족사회로 구성된 대다수 국가는 다민족국가에 속한다. 다민족국가는 사회주의 국가를 제외하고는 자신들이 해결해야만 하는 민족문제가 발생한다. 자본주의 국가에서는 민족문제를 해결할 수가 없다. 더욱이 자본주의 국가에서는 항상 민족문제가 갈등상태 하에 놓여있다. 이러한 민족문제들은 미국의 흑인 인종차별 문제, 북아일랜드의 소수 가톨릭 신자 문제, 캐나다의 프랑스-캐나다인 문제, 스페인의 바스크 분리주의자 문제 등이 대표적인 예라고 할 수 있다.

역사적 경험으로 봐서 이러한 민족문제는 오로지 민족에 대한 착취가 없는 사회건설에 의해서만 해결될 수 있는데, 예를 들면 소련 같은 국가에서만 민족문제 해결이 가능하다. 현재 소련에는 실질적으로 해결해야할 민족문제가 없다. 모든 민족은 평등하며 서로 적대감이 없다. 그리고 모든 민족은 고유의 문화를 발전시키며 부강한 국가를 만드는 데 열심히 참여하고 있다. 이것은 물론 민족마다의 차이를 말살하는 것을 의미하는 것이 아니다.

민족관계의 발전을 정확히 이해하기 위해서는 이와 관련된 법칙을 이해하여만 한다. 소비에트 학문에서는 사회주의 발전과정에 있어 민족관계의 발전은 삶의 물질적 조건을 가진 민족 또는 종족의 융합을 의미한다. 마르크스-레닌 사상의 관점에서 볼 때 자본주의 사회에서의 민족융합은 생산력이 발전함에 따라 발생한다고 한다.


## ▌여자의 미소, 겸손, 얼굴, 시
(Улыбка женщины, скромность, лицо, стихи)

- 저자: Угай Дегук
- 저널명: Звезда Востока, No. 7
- 발행처: Издательство литературы и искусства имени Гафура Гуляма
- 발행연도: 1985
- 자료유형: 저널, 러시아어


### 여자의 미소
여자의 미소는 어떠한 기적!
황금물고기처럼 미소는 맹세를 한다.
아침부터 남성들에게 좋은 날을 선물하고

이 기적은 우리를 행복하게 만든다.
우박도 폭우도 우리들 위협하지도 못한다.
일에서 지침도 우리는 느끼지 못한다.

언젠가 전선 누이의 미소는
병사에게 사랑과 용기를 불어넣었다.
희망 없는 삶에 미소를 불러일으켰다.
오, 미소 지어 주세요, 사랑스러운, 그리고 봐주세요!
우리에게 있는 나라는 대가족.
거기에는 당신들 여주인, 어머니, 부인이 있습니다.


## ▌실존주의는 자본주의의 정신적 위기의 철학이다
(Экзистенциализм - философия духовного кризиса капитализма)

- 저자: Тё А.А.
- 저널명: Общественные науки в Узбекистане, № 4
- 발행처: Издательство Академии Наук Узбекской ССР
- 발행연도: 1986
- 자료유형: 저널, 러시아어


마르크스주의와 실존주의의 인간 이해의 근본적인 차이는 무엇보다도 먼저 그 사회적 본성에 대한 문제의 해결에서 드러난다. 진정한 인간성에 대한 이해의 차이에도 불구하고 실존주의의 대표자들에게 공통된 것은 현대 자본주의 사회에서 일상적인 생존의 세계는 인간 존재의 진정한 영역이 아니라고 하는 것이다. 따라서 인간의 사회적 존재의 실존주의적 분석은 생존 철학에 대한 마르크스주의적 비평의 계기와 맞물린다. 여기서 우리는 독일 실존주의의 두 대표자인 마르틴 하이데거와 칼 야스퍼스의 '몰개성적 사회성'의 개념과 마주친다. 하이데거에 의하면, 인간의 사회적 생존의 가장 중요한 특징은 사회적 세계 속에 인간이 녹아드는 것이며 보편화된 존재로 변화하는 것이다.

# ▌가장 행복한 사람, 시(Самый счастливый человек, стихи)

- 저자: Угай Дегук
- 저널명: Звезда Востока, No. 4
- 발행처: издательство литературы и искусства имени Гафура Гуляма
- 발행연도: 1988
- 자료유형: 저널, 러시아어

## 가장 행복한 사람

어떤 사람은 말하지: 건강에 행복이 있다고.

다른 사람은 말하겠지: 돈에 행복이 있다고.

또 다른 사람은 믿고 있지: 사랑에 행복이 있다고.

그럼 또 다른 사람이 확신에 차 말하지: 아이들에게 행복이 있다고.


만약 건강이 행복이라면

잘 보존해야겠지.

망가진 건강은

말처럼 주저앉을 테니까.


만약 돈이 행복이라면

정직하게 벌어야 해.

깨끗하지 못한 돈은

불처럼 너를 망치지.


만일 사랑이 행복이라면

부드럽게 대하도록 해.

사랑은 어리석음과 폭력을 피해

새처럼 달아나고 말테니까.


만일 아이들이 행복이라면

그들을 소중히 키우도록 해.

만일 아이들이 가망이 없다면

너는 가망 없는 아버지가 될 테니까.

건강과, 돈과, 사랑과, 아이를
보존하고 있는 사람은 행복하지.
네 연로한 부모님과
네 아비의 집을
눈동자처럼 보살펴라.
세상에서 가장 행복한 사람이 될 테니.


# ▌동양문학에서 낭만주의 문제
(К вопросу о романтизме в литературах восток)

• 저자: Тен А. Н.
• 저널명: Вестник Академии Наук Казахской ССР, No. 5
• 발행처: Наука Казахской ССР
• 발행연도: 1988
• 자료유형: 저널, 러시아어


1980년부터 리가에서 개최된 학술대회 〈동양 문학의 낭만주의의 문제들〉과 최근 몇 년 동안의 소비에트 동양학 연구는 동양의 여러 민족 문학을 재료로 이 문제를 다루는 것의 시의적절성을 증명한다. 동양 문학의 낭만주의 문제를 논의하고 해결하는 것은 세계문학사를 정리하는 데 있어서 소비에트 문학연구가들 앞에 놓여있는 과제의 견지에서 볼 때 이론적으로나 역사·문학적 차원에서 중요하다. 소비에트 동양학 연구자들은 동양문학의 낭만주의 문제를 주로 유럽문학에 기초하여 형성된 낭만주의 미학과의 연관성 하에서 검토한다.

# 새로운 무종교 작업 건설에 관하여
(По-новому строить атеистическую работу)

- 저자: Цой  Г.
- 저널명: Коммунист Узбекистана, № 3
- 발행처: Издательство ЦК Компартии Узбекистана
- 발행연도: 1989
- 자료유형: 저널, 러시아어

개방과 개혁은 무종교 교육에 있어 부정적인 현상을 가져오게 하였다. 이것은 아마도 종교시설에 대한 파괴와 관계가 있는데 많은 종교 시설들이 상당한 가치가 있는 보물급 건축물이었고 신자들에 대한 탄압과 종교사상에 대한 비판은 인류사상에 대한 억압의 역사를 잘 보여주고 있다. 술레이만 기념 필사본연구소의 선임연구원 술레이마노바는 〈동쪽의 진실〉이라는 저널에서 〈이것을 정당화하다 - 진실에 반대하여 가다〉라는 제목의 논문을 발표하였다.

그녀는 1930년대 민족의 보물인 필사본의 파괴와 이러한 종교 필사본 숨김에 있어 종교 신자로 몰려 비난을 받았던 일을 회상하였다. 보다 심한 역사적 굴절은 〈정체〉의 시기에 있었는데 이때는 모든 것이 종교적인 것으로 보였고 이것은 결국 민족적 허무주의를 탄생시켰다. 이것에 대하여 1988년 6월에 〈문학잡지〉에 아딜 야쿠보프가 기고하였다.

그는 최고법원에서 자신의 민족 언어로 말하는 것이 금지되었으며, 고향의 죽은 친구들의 기념비를 빛낸 사람들을 재판한 것을 회상하였다. 이러한 사례들은 많이 들 수 있다. 우리의 시각으로는 이들 작가들은 왜 무종교적 태도가 대중전체의 계층에서 동의를 받지 못하는지를 확실히 말해 주고 있다. 유명한 철학자인 미트로힌은 사회의 의견을 반영하여 무종교사상에 대한 이론적 수준에 대한 경종을 울렸다.

# ▌소비에트인으로서 고려 사람의 고백

(Исповедь Корё Сарам, советского человека)

• 저자: Ким Степан
• 저널명: Дружба народов, №. 4
• 발행처 : Орган Союза писателей СССР
• 발행연도: 1989
• 자료유형: 저널, 러시아어

　우리 고려인들이 어떻게 이곳에 있게 되었는가? 왜 우리를 이주시켰는가? 나라의 한 지역으로부터 다른 지역으로 우리가 유랑하게 된 것과 연관된 이런저런 질문들은 아직까지도 대답 없이 남겨져 있다. 나의 동포들, 내가 속한 구세대 사람들도 요즘 젊은이들과 마찬가지로 누구의 이름으로, 왜 이런 행위가 이루어졌는지를 알지 못한다. 이 주제는 닫히고 금지된 것이었다. 그러나 암시나 이솝의 언어로나마 자신의 아픔을 표현하기 위해서 이 금지를 피해가기 위한 길의 모색이 이루어지고 있었다.

# 1990년대 자료

## 1. 단행본

### ▌하얀 황새 나라의 후예들, 소비에트 한인들의 짧은 역사

(Потомки страны белых аистов, краткая история советских Корейцев)

- 저자: Пак Борис
- 출판사: Узбекистон
- 자료유형: 단행본, 러시아어
- 출판연도: 1990
- 총 페이지: 42

이 책은 1937년 스탈린에 의해 부당하게 억압당했던 소비에트 한인들의 비극적이고 영웅적인 역사를 객관적으로 그리고 있다. 이와 더불어 이 책은 소비에트 한인들의 독자적인 문화 부흥에 독자들이 적극적으로 참여하도록 호소한다.

스탈린의 계획에 따라 한인들은 중앙아시아의 계곡 삼림지대나 황야지대같이 사람들이 거의 살지 않는 마을로 옮겨졌다. 이주민들은 대부분 러시아어를 말하지 못했다. 특히 우즈베키스탄으로 이주한 한인들은 혹독한 고초를 겪었다. 그들은 대부분 농부들이나 어부들이었으며, 한국어 교육대학에서 공부했거나 극장, 신문 편집 등의 일을 했던 지식인들은 카자흐스탄의 크질 오르다 지역으로 이주했다.

한인들이 카자흐스탄과 우즈베키스탄으로 이주한 이후에도 억압은 계속되었다. 크질오르다에 있던 한국어 교육대학이 폐쇄되었고 모든 한인 학교들이 폐교 당했다. 1932~1937년 사이에 발행되었던 7개의 신문과 6개의 잡지 대신에 당과 정부의 공식 문서만을 출판하기 위해 〈레닌 기치〉라는 한국어 신문 하나만이 남았다.

모두의 여권이 몰수되었다. 여권을 가질 수 있도록 허용된 사람들에게는 헌법상의 권리가 제한된 도장이 찍혔다. 고려인들은 당과 소비에트의 기관에서 승진할 수 없었다. 그들은 연방을 자유롭게 여행할 수도 없었고, 고등교육기관에 진학하는 것도 금지되었다. 중앙아시아 지역의 주민들에게 우리 민족의 역사는 크림 타타르나 볼가 강 유역의 독일인들의 역사와 마찬가지로 잘 알려져 있지 않다. 소연방에 살았던 이민족들에 관해서는 최근까지도 출판물에서 다뤄지는 것이 허용되지 않았다.

## ▌발명가 귀뚜라미에 대한 이야기, 이야기, 우화, 시
(Сказка про сверчака-изобретателя, сказки, басни, стихи)

- 저자: Угай Дегук
- 출판사: "Ёш гвардия", Ташкент
- 자료유형: 단행본, 러시아어
- 출판연도: 1990
- 총 페이지: 80

고려인 동화 작가인 우제국의 동화, 시와 우화를 수록한 책이다. 이 책의 주인공은 물고기, 새, 숲에 사는 짐승들이다. 이 책에는 인공 귀뚜라미와 용감한 공작새, 소방서 코끼리, 새 경주의 챔피언 타조에 대한 흥미있는 이야기들이 담겨있다.

## 목 차



# ▌우리에게 땅은 하나다(Земля у нас одна)

- 저자: Абдувалиев В. А., С. А. Цой
- 출판사: Узбекистон
- 자료유형: 단행본, 러시아어
- 출판연도: 1991
- 총 페이지: 145

러시아의 페레스트로이카가 진행되는 동안 경제·사회·국제관계·사상분야에서 많은 혼란을 겪고 있다. 우즈베키스탄 사회는 이러한 급진적인 변화에 직면해 있다. 새로운 연방국가 형성을 위한 공화국간의 조약이 체결되고 있다. 소련연방이 붕괴되고 우즈베키스탄 최고 소비에트는 독립을 선포하였다. 이러한 정치적 흐름에서 우즈베키스탄은 민족 및 옛 소련 국가들과의 문명화된 전환을 위하여 결단의 길에 들어서게 되었다. 그러나 이 길은 그리 간단한 것이 아니다.

투표에 참가한 우즈베키스탄 국민 76.4퍼센트가 소연방 해체에 반대하였다. 찬성파들은 이전의 민족주의 및 분리주의로의 복귀를 희망하고 있다. 이제 침착하게 과거와 현재를 분석하고 미래를 전망할 때가 왔다. 우리는 이미 우즈베키스탄이 많은 민족들의 사회를 구성하고 있다는 것을 잘 알고 있다. 우즈베키스탄을 비롯한 많은 나라에서 민족전통과 종교의 역할이 정치와 경제개혁에 어떠한 영향을 주는지를 심도 있게 연구하여 왔다.

이 책에는 우즈베키스탄 및 카자흐스탄의 역사학자, 철학자, 인류학자, 정당인들이 가지고 있는 오늘날 정치 및 경제전환기에서의 문화와 사회관계에 대한 그들의 사상을 담고 있다. 저자들은 소연방이 해체되는 혼란한 시기를 대처할 수 있게 우즈베키스탄 및 카자흐스탄의 민족문화, 민족전통, 민족 언어의 발전, 소수민족에 대한 권익에 대해 새로운 시각을 가지고 분석과 전망을 내놓고 있다.


## 운명의 회오리, 소비에트의 한국인, 역사와 현재

(Ветры наших судеб, советские Корейцы, история и современность)

- 저자: Ким Брутт
- 출판사: Узбекистон
- 자료유형: 단행본, 러시아어
- 출판연도: 1991
- 총 페이지: 183


본 단행본에서 〈고려일보〉의 기자이자 특파원인 저자는 19세기 후반 한국에서 러시아로 이주하면서 시작된 소비에트 고려인들의 역사를 다루고 있다. 혁명 이전 시기부터 혁명 이후, 내전시기, 조국 전쟁 시기에 이르기까지 소비에트 고려인들의 역사를 기술하고, 모국어와 민족문화 보존의 문제를 비롯하여 현재 이들이 안고 있는 다양한 문제점들을 기술하고 있다.

## 목 차



## 고려인 자치주(Корейский национальный район)

- 저자: Нам С. Г.
- 출판사: Наука
- 자료유형: 단행본, 러시아어
- 출판연도: 1991
- 총 페이지: 103

모스크바에서 1990년 2월에 열린 소비에트 한인들의 민족 자결에 관한 전 소련 연방회의에서 소비에트 한인들은 최근 50년 간 처음으로 소리를 내서 곁눈질하지 않고, 그들을 오랫동안 괴롭혔고 평정을 주지 않은 것에 대해 말했다. 한 민족이라는 면에서 볼 때 그들은 민족 문화에서 많은 것을 잃었다. 무엇보다도 자신의 토대인 언어를 잃었다. 문화와 정신의 부흥 문제에 대해 열렬히 논의하면서 모든 연단에 선 사람들은 한결같이 다음과 같은 결론에 도달했다. 즉 문화와 정신의 복원과 차후 발전을 위해서는 한국어와 한국 문화 기능의 구조와 조직을 갖춘 민족적·지역적 교육이 필요하다는 것이다. 가족이—모든 사회의 최초 세포 단위—건강하고 자유롭게 살 수 없고 자신의 주택이 없이는 발전할 수 없는 것처럼, 모든 민족은 자신의 지역적 '구역'이 없이는 민족 행정 단위의 형태로 자유롭게 기준대로 발전할 수 없다는 것이다.

그러나 이때 모두는 단지 상황이 나빴을 뿐이라고 이해했다. 왜냐하면 현재의 조밀한 한인 거주지에서 즉 중앙아시아 공화국들과 카자흐스탄에 서 한인들은 수십 년 전에 독재자의 사악한 의지에 따라서 살게 되었다. 이 런 과제를 해결할 가능성은 아직까지 없었다. 50년 훨씬 이전에 한인들이 강제로 추방당했던, 이전 거주지인 연해주에서의 상황이 연구되지 않았고 알려지지 않았다. 이러한 면에서 고려인 자치주를 건설하는 문제를 심도있 게 검토해야 한다고 저자는 주장하고 있다.


## 우즈베키스탄 공화국의 고려인들(Корейцы республики Узбекистан)

- 저자: Ким П.
- 출판사: Узбекистон
- 자료유형: 단행본, 러시아어
- 출판연도: 1993
- 총 페이지: 175


소련에서의 1930~1950년대 정치적 박해로 수백만 명의 무고한 사람이 죽었으며, 또한 수백만 명의 사람들은 불공평한 재판을 통해 감옥, 수용소 에 수감되거나 추방되었다. 오늘날까지 박해 받은 고려인, 인구쉬인, 체첸 인, 칼믹인, 발카르인 등에 대한 진실이 밝혀지지 않고 있다. 단지 1989년 소련 최고 소비에트에서 이 민족들에 대한 박해를 불법적이고 범죄적인 행 위라고 선언했을 뿐이다.

이 책은 시기별 인쇄물, 고려인들의 회상 등을 통하여 비극의 역사를 밝히 고 있다. 이와 함께 이주된 고려인들이 힘든 노동을 통하여 삶의 터전을 일 구고, 우즈베키스탄인 등 타 민족과 연대관계를 통하여 다민족 국가인 소련 사회에 적응하려고 노력했던 구체적 사례를 소개하고 있다. 또한 한인들의 민족문화 및 전통, 관습의 복원 등에 대한 눈물겨운 노력을 보여주고 있다.

**목 차**



## 고려 사람의 역사, 문화와 언어(История, культура и язык Коре Сарам)

- 저자: Ким Г. Н.
- 발행처: Центр востоковедения АК Казахстана
- 자료유형: 단행본, 러시아어
- 출판연도: 1993
- 총 페이지: 128

이 책은 1937년과 1938년 연해주에서 중앙아시아로 이주한 고려인에 대해 씌어 있다. 카자흐스탄 고려인의 역사적·인구학적인 면에 대해 저자는 이주 시 고려인의 수, 1937년 이후의 이주민의 수와 이주과정을 정부 중앙보관소 문서, 카라간다 지방보관소 등의 자료를 동원하여 기술하고 있다. 이주 후 카자흐스탄 고려인의 경제발전에의 기여를 기술하면서, 카자흐스탄 고려인의 직업, 고려인의 집단농장, 고려인 기업체 등을 소개하고 있다. 그리고 카자흐스탄 고려인의 정신문화적 부문에서의 업적에 대해서 출판과 연극, 음악에서의 고려인의 활동을 기록하고 있다.

# ▌ 현대 미학, 철학 미학적 분석의 관점에서 본 물질문화

(Материальная культура в свете современной эстетики, философско-эс
тетический анализ)

- 저자: Цай А. В.
- 출판사: ФАН
- 자료유형: 단행본, 러시아어
- 출판연도: 1994
- 총 페이지: 192

본 단행본에서는 연속적인 덩어리가 아니라 부분으로서의 물질문화와
같은, 복잡한 사회적 현상을 철학 미학적 견지에서 분석하였다. 〈미학적〉,
〈예술적〉, 〈미학 문화〉, 〈예술 문화〉, 〈미학〉, 〈문화〉와 같은 범주에 대한
작가의 해설이 기술되어 있다.

## 목 차

- 서론
1장. 물질 미학 문화의 개념, 본질, 특징
    1.1. 미학 대상의 확대로서 미학적 문화(문제 조직 경험)
    1.2. 우리의 비전과 미학적 비전 본질의 근거
    1.3. 미학적 학문의 문제로서 물질 미학 문화
2장. 서구와 동방에서 물질 미학 문화 발전의 특징
    2.1. 물질 미학 문화의 발생
    2.2. 고대 그리스 로마와 중세 시대에 물질 미학 문화의 성분으로서 건축과 수공업
    2.3. 동방 르네상스 물질 미학 문화의 주요 영역으로서 건축과 수공업의 발전 특징
    2.4. 산업 기계 생산을 조건으로 하여 디자인과 건축에서 미학과 실용성, 예술과 기술의
        상호관계
3장. 물질 미학 문화
    3.1. 물질 미학 문화의 본질적 토대로서 근로의 미학
    3.2. 물질 미학 문화의 공간적 조직
    3.3. 물질 미학 환경의 대상적 모델
    3.4 사회 인간적 가치와 상호 작용할 때의 물질 미학 문화의 국가적 특성
- 결론
- 참고문헌

## 두만강: 국경의 강(Туманган: пограничная река)

- 저자: Ким В. Д.
- 출판사: Узбекистон
- 자료유형: 단행본, 러시아어
- 출판연도: 1994
- 총 페이지: 150

본 단행본은 1914~1922년에 일본 침략자들에 대항한 한국 빨치산들의 투쟁사를 담고 있으며, 여러 도시들과 주의 고문서 보관소에 보존되어 있는 문서들, 노병들과 목격자들의 회상록이 포함되어 있다. 이런 자료들은 조국의 정의, 자유, 독립을 위해 싸웠던 사람들의 국제적인 연대에 대해 증언하고 있다.

### 목 차



## 선집, 이야기, 포에마, 발라드, 시
(Избранное, сказки, поэмы, баллады, стихи)

- 저자: Угай Дегуг
- 출판사: Интер Весы
- 자료유형: 단행본, 러시아어
- 출판연도: 1995
- 총 페이지: 143

두 얼굴의 넙치 이야기

넙치가

살고 있었네.

넙치가 어디에 살고 있었을까?

바다에!

넙치는 누구지?
물고기!

그래서?
그러니까
백만 년 전에
말하기를
물고기들이 바다에 살기 시작했대.
말하기를

아래에는 깊은 바다가
위에는 얕은 바다가
말하기를
그래서?
그러니까
깊은 바다의 물고기들이
어둔 아주 어둔 옷을
짜서 입었대.
얕은 바닷물고기들은
밝은 아주 밝은 옷을
짜서 입었대.

## 목 차

# ▌친구여, 안녕(Друг, прощай)

- 저자: Александр Тян
- 출판사: "Каракалпакстан", Нукус
- 자료유형: 단행본, 러시아어
- 출판연도: 1995
- 총 페이지: 72

소설『친구여, 안녕』은 젊은 산문 작가 장 알렉산드르의 첫 번째 소설이다. 소설의 장르는 탐정소설이다. 소설의 플롯은 매우 빠르게 진행되며 사건이 일어나는 시간은 현대이다.

지겨운 가을비가 내리고 있었다. 갑자기 구두가 새는 것을 느끼면 으레 그렇듯이 따끔거리고 불쾌한 비였다. 이 불쾌함이 조금씩 기분을 적시고 있었다.

저녁이 되었다. 어디선가 등불이 켜지고 물웅덩이가 빛났다. 형형색색의 우산들이 정지하는 택시 옆에서 접혔다. 문지기들은 자동차의 유리에 떨어지는 비스듬한 빗줄기를 듣기 싫은 소리를 내며 닦아냈다. 퇴색하고 창백한, 금빛이 도는 나뭇잎들이 가로에 여기저기 뒹굴고 있었지만 사랑에 빠진 연인들의 시선을 끌지는 못했다. 그러나 그의 상상 속에서 이 모든 것들은 기계적으로 풀어지고 있었다.

그는 몸을 덥히고 보드카 한 잔을 마시기 위해 바에 들어갔다. 그리고 그가 생각하기에 얼마 전에 성공적으로 끝마친 논문을 기념하여 커피 한 잔을 마실 생각이었다.

그는 카운터로 가지 않고 경험 많은 단골손님으로서 기회를 이용해 격식을 차리지 않고 방금 자리가 난 높은 의자를 잽싸게 차지했다. 손에 담배를 쥐고 있는 귀엽게 생긴 여자가 그를 내려다보더니 어깨를 으쓱하고는 미소를 지었다. 카운터 뒤에서 누군가가 머리 위로 술잔을 들어올리는 작은 동작을 하는 바람에 그들의 어깨가 서로 부딪쳤다. 그 덕분에 그는 재미있고 따뜻하고 편안한 기분을 느꼈다. 종업원은 보드카 잔과 연기가 피어오르는 커피 잔을 가져다 놓았다. 담배는 가지고 있었다.

## ▌카자흐스탄 고려인의 역사(История корейцев Казахстана)

- 저자: Кан Г. В.
- 출판사: Гылым
- 자료유형: 단행본, 러시아어
- 출판연도: 1995
- 총 페이지: 208

이 책은 카자흐스탄 고려인의 역사를 연구한 최초의 연구로서 도큐멘트에 기초하고 있다. 이 책에서는 한국, 러시아, 소련, 카자흐스탄의 역사가 얼마나 밀접하게 연관되어 있는지를 밝히고 있다. 저자는 중앙아시아지역으로 강제이주가 되기 이전에도 한인들이 얼마나 오래전에 살아왔는지 밝히고 있으며, 한인 추방의 비극과 그 결과를 기술하고 있다. 그리고 고려인들이 카자흐스탄의 땅에서 조국을 찾는 과정을 상세하게 기술하고 있다. 현대적 조건에서 고려인의 민족적 복권운동을 분석하는 데 많은 지면을 할애하고 있다.

## ▌현대 중국 및 한국 문학 요강(Программы по "современной китайской литературе", "новой и современной корейской литературе")

- 저자: Ким В. Н.
- 출판사: Ташкентский государственный институт востоковедения
- 자료유형: 단행본, 러시아어
- 출판연도: 1996
- 총 페이지: 16

본 교안은 '국외 동양 여러 나라의 문학사' 과목의 강의 요강으로서 중국과 한국 문학 발전의 기본적인 단계와 현대 시기의 문학을 다루고 있다. 동양학 연구사상 최초로 예술과 학문 이론, 비평, 전기 자료 등을 체계적으로 망라하고 있다.

## 목 차



## 메아리 (Эхо)

- 저자: Ким Марта
- 출판사: Литература и искусства имени Гафура Гуляма
- 자료유형: 단행본, 러시아어
- 출판연도: 1996
- 총 페이지: 56

본 단행본은 마르타 김의 시선집으로 시인의 시대와 운명, 사랑과 자연에 대한 애상을 담고 있다. 우즈베키스탄 청년동맹 산하 한국청년협회⟨Kochenren⟩의 도움으로 발간되었다.

**목 차**



## ▌쉐브첸코와 한국 문학(Шевченко и корейская литература)

- 저자: Ким Сук Вон
- 출판사: Визант
- 자료유형: 단행본, 러시아어
- 출판연도: 1997
- 총 페이지: 269

본 단행본에서는 우크라이나 작가 쉐브첸코와 한국의 시인 윤동주를 비교 연구하고 있다. 저자는 이 작가들이 처한 시대적 여건뿐만 아니라, 작품 속에 나타난 낭만주의적 경향, 기독교적 요소, 저항정신을 그리면서 이들이 보여주는 유형론적 경향을 고찰하고 있다. 또한 이와 더불어 쉐브첸코 작품의 한국어로의 번역 상황과 그 해석의 문제점을 자세히 다루고 있다.

**목 차**

9. 쉐브첸코와 윤동주의 기독교
10. 쉐브첸코의 "코즈바 연주자"의 김춘본에 의한 한국어 번역. 비교 분석
11. 쉐브첸코의 서사시 "가이다마키(우크라이나 반혁명국)" 내용 해석의 문제
12. 쉐브첸코의 서사시 "가이다마키"의 필자에 의한 한국어 번역
13. 결론
14. 참고 문헌
15. 쉐브첸코의 "가이다마티"의 김숙본에 의한 한국어 번역


# 안디잔 주의 고려인(Корейцы Андижанской области)

- 저자: Кан А. А.
- 출판사: Издательство 〈Андижан〉
- 자료유형: 단행본, 러시아어
- 출판연도: 1997
- 총 페이지: 67


1997년 9월 고려인들이 우즈베키스탄과 카자흐스탄으로 이주한 지 60주년을 맞이하였다. 이는 중앙아시아에 사는 전체 한국인들에게는 특별한 기념일이다. 옛 소련 정권에 의해 정당치 못한 정책으로 수십만 명의 한인들이 중앙아시아로 강제이주 당했다. 1937년 한인들은 안디잔 주로 이주하였는데 현재는 거의 남아있지 않으며, 단지 손가락으로 셀 수 있는 가족들만 남아있다. 안디잔으로 이주한 고려인 300여 가족은 중앙아시아의 여러 도시로부터 이주해왔다.

초기 고려인 이주민의 대표적인 사례로 1937년 9월 코간드로부터 가족과 함께 온 당시 19살의 최 게르만 알렉산드로비치를 들 수 있다. 이들은 굶주린 상태에서 9개의 화차에 실려 안디잔에 도착하였다. 초기 안디잔에 도착한 고려인 이주민들은 임시거주지에 살다가 2년이 지난 후에 아파트에 살게 되었다. 이주한 고려인과 중앙아시아의 원주민과는 매우 우호적인 관계였다. 혹독한 스탈린시대에서도 우즈베키스탄 민족은 전통적인 손님환대 관습을 유지하였다. 안디잔 시 또는 안디잔 주로 온 고려인 이주민들은

코간드뿐만 아니라 키르기스스탄의 드좔랄라바드로 부터 이주해왔다.

이 책은 러시아 극동지역에서 중앙아시아의 우즈베키스탄과 카자흐스탄으로 이주한 한국인에 대해서 기술하고 있다. 또한 우즈베키스탄에서의 생활 적응과 생활터전의 공고화 과정, 안디잔에 살고 있는 한국인의 생활과 활동모습을 소개하고 있다. 또한 우즈베키스탄 보즈스크 주 토지개간에서의 한국노동자의 업적을 비롯하여 한국인들의 민족문화와 전통을 복원하려는 수많은 노력을 상세하게 보여주고 있다.


## 가장 긴 저녁-중편소설(Самая длинная ночь-повесть)

- 저자: Ким Л. В.
- 출판사: Былым
- 자료유형: 단행본, 러시아어
- 출판연도: 1997
- 총 페이지: 112


이 책은 1930년대 연해주에서 카자흐스탄으로 강제 이주된 고려인의 비극적 삶과 독제체제, 혹독한 탄압권력의 조건 속에 자신의 위험을 무릅쓰고 고려인의 생존을 도왔던 카자흐민족의 관대함, 호의에 대한 이야기이다.


## 카자흐스탄 고려인의 과거와 현재

(Прошлое и настоящее Корейцев Казахстана)

- 저자: Хан Г. Б.
- 발행처: Институт теоретической и прикладной математики МН-АН РК
- 자료유형: 단행본, 러시아어
- 출판연도: 1997
- 총 페이지: 171


이 책은 고려인이 카자흐스탄에 정착한 60주년을 기념하여 쓰였다. 이 책에는 1930~1950년대 고려인들의 민족적 자기 인식, 1980~1990년대의 민족 문화, 언어, 관습과 전통의 복구에 대해서, 그리고 고려인들이 고려인 문화센터 및 고려인협회를 건설한 것을 밝히고 있다. 1930년대와 1940년대는 스탈린시대로서 민족에 대한 논의가 금기시되었으며, 1953년에 이르러서 민족문제의 논의가 가능해졌다. 1960년과 1961년 카자흐스탄에는 새로운 세대의 고려인 인텔리가 등장하였으나, 카자흐스탄에서 고려인의 강제 이주 문제가 논의된 것은 1980~1990년대 사회적인 분위기가 달라지면서 가능해졌다. 이 책에서는 1997년 5월에야 강제이주의 불법성이 인정되고 고려인에 대해 복권이 이루어졌음을 밝히고 있다.

## ▌한인 이주의 역사-1권(1800년대 중반~1945년)(История иммиграци и Корей цев-книга первая(вторая половина 19в.-1945г.))

- 저자: Ким Г. Н.
- 발행처: Дай к-Пресс
- 자료유형: 단행본, 러시아어
- 출판연도: 1999
- 총 페이지: 424

이 책에서는 한인들이 1800년대 중반 이후부터 2차 세계대전의 종결까지의 기간 동안 연해주, 만주, 미국, 일본으로 이주한 것과 관련한 제반문제를 분석하고 있다. 저자는 이주의 조건, 이주의 역동성, 귀환, 이주자의 사회적 구성에 분석을 집중하고 있다. 19세기의 전환기에 자신의 조국으로부터 대규모로 이주토록 한 결정적 요인을 한국의 정치적·국제적 상황의 관점에서 밝히고 있다. 방대한 정부보관 문서, 통계자료, 일간지, 회고록 등을 동원하였다. 본 저서에는 이주민의 사회-경제적 적응의 전제조건, 법적 지위의 변화, 해외 한인동포의 현대적 삶의 토대 형성 등을 밝히고 있다.

## 2. 논문 및 저널

### ▌카자흐스탄 고려인의 민족적·문화적 발전(1946~1966년)
(Нациально-культурное развитие Корейцев Казахстана (1946-1966 гг))

- 저자: Ким Гера
- 발행처: Институт истории, археологии и этнографии
- 발행연도: 1990
- 자료유형: 학위논문, 러시아어

한국인은 하나의 민족으로 형성되어 있으며, 1986년 현재 세계인구 센서스에 따르면 남한에 4000만 명 이상, 북한에 2000만 명 이상, 해외에 400만 명 이상이 살고 있다. 재외동포 중에는 중국에 200만 명, 일본에 67만 명, 구소련에 42~43만 명(1989년 소련통계에 의하면), 미국에 1백만 명이 살고 있다. 전 소련 인구통계에 의하면, 1926년 8만 7000명, 1939년 18만 2천 명, 1959년 31만 3000명, 1970년 35만 7500명, 1979년에 38만 8900명이다. 대부분의 고려인들은 카자흐스탄과 중앙아시아 국가들에 분포했으며, 우즈베키스탄에 약 42%, 러시아에 약 25%, 카자흐스탄에 약 23.6%, 키르기스스탄에 3.7%, 기타 국가에 소수가 분포했다.

구소련의 과학·사회정치적 문헌에서는 "소비에트 고려인(советские корейцы)"이라는 용어가 광범위하게 사용되었으며, 소련의 민족학자 차를 가시노바는 소비에트 고려인이 새로운 민족공동체를 형성하는 복잡한 과정에 있다고 지적하였다. 고려인의 러시아 원동지역에의 이주에 대한 최초의 기록은 1860년대 초로 거슬러 올라간다. 1863년 고려인 20가구가 노브고로드 지역 담당 육군중위 랴자노프에게 이주를 허가해 달라고 요청했다는 것이다. 그리고 1865년에 처음으로 고려인 촌락-랴자노보가 생겨났다. 이후 많은 조선인이 이주해왔는데, 특히 1910년 일본의 식민통치를 피해 극동지역의 유즈노-우수리 지역으로 들어왔다. 조선인의 이주에 대하여 차르 러시아의 입장은 조선인을 농노로 간주함으로써 긍정적으로 받아들이는 것이었다. 이후 극동지역에서 고려인들은 1937년까지 농업·어업 콜호스를 강화시켰으며, 문화 면에서도 성공적이었다. 한국인 초등학교가 문을 열었고, 한국어로 강의하는 사범학교도 생겨났다. 한국어로 된 신문과 잡지도 만들어졌다.

1937년 가을 고려인들의 중앙아시아와 카자흐스탄으로의 강제이주가 시작되었다. 1937년 6월 중국과의 국경에서 일본군과의 무력충돌이 있었고, 소련정부는 극동러시아 지역에서 일본제국주의의 군사적 위협이 실제적으로 존재하고 있다고 판단했으며, 이 지역의 고려인에 대한 의심을 가졌다는 것이다. 그러나 지금의 판단으로는 소수민족에 대한 스탈린의 병적인 의심에서 비롯된 것이었다고 본다.

이 글에서는 카자흐스탄의 각 지역으로 이주한 고려인들의 수를 보여주고 있는데, 주로 알마아타 주와 크질오르다 주, 침켄트 주, 카라간다 주로 이주되었음을 보여주고 있다. 그리고 고려인들은 새로운 자립적인 콜호스를 형성하고, 억센 생명력을 보여주었다. 지난 50년간 카자흐스탄의 고려인들은 모든 면에서 큰 변화를 겪었다. 사회-문화적, 민족적 발전의 면에서 일정한 성공을 보여주었다. 본 글에서는 콜호스에서의 고려인의 성공적인 여러 가지 면을 자세히 기록하고 있으며, '레닌 기치', '고려일보' 등 지적 활동에 대해 자세히 기록하고 있다. 최근에는 '소비에트 소유주', '소비에트 여성' 등의 잡지를 한글로 발간하였다.

은선현, 차잔춘, 한진, 김준, 김관현, 박일 등의 작품 활동을 소개하고 있다. 1987년에는 카자흐스탄 작가협회에서는 〈학이 둥지를 떠나다〉를 발간하였으며, 자수시출판사에서 일련의 작품을 발간하였다.

# 현대적 조건하 개인의 국제적 특성 형성과 발전, 민족의례의 역할(Роль народной обрядности и формировании и развитии интернаци оналистских черт личности в современных условиях)


- 저자: Нигай Станислав Львович
- 발행처: Институт философии и права им. И. М. Муминова, ТашГУ
- 발행연도: 1990
- 자료유형: 학위논문, 러시아어


본 논문은 현대의 주어진 조건들에서 인간 개성의 국제적인 특징의 형성과 발전에서 민족 의례의 역할을 연구한 것이다. 저자는 구체적으로 의례-관습의 발전과 역할에 대해 철학적, 사회-정치적 관점에서 해석하고자 하였다. 또한 새로운 관습의 발전경향과 소비에트인들의 사회적 의식을 급속히 변화시킬 수 있는 개인 교육시스템에 어떠한 영향을 주는지를 분석하였다. 그밖에 사회주의 사회에서의 국제적인 인성 형성과 발전에 대한 민족관습의 역할과 위치를 구체적으로 밝히고자 하였다.

개성의 정신적 · 도덕적 특징의 형성과 발전은 현대 조건들에서 사회주의의 이론과 실제의 당면 문제들 중 하나이다. 사회주의적 사회 구성원들의 정신적 삶은 모든 인간적 영혼의 풍부성을 흡수해야만 하며, 문화의 가치 및 소비에트 사람들의 질문에 답하는 공동의 이념이 형성되어야 한다고 논하고 있다. 국제적인 특징의 발전이 개성의 정신적 · 도덕적인 성격 형성에 따라 노동의 구성 일부분이 되는 것이다.

# 우즈베키스탄의 건축 기념물에 대한 교실 외 수업 과정에서의 고학년들의 미학 교육(Эстетическое воспитание старшеклассников в процессе внеклассного изучения памятников архитектуры Узбекистана)

- 저자: Ли Александр Игнатьевич
- 발행처: Государственный Педагогический Институт им. Низами, Ташкент
- 발행연도: 1995
- 자료유형: 학위논문, 러시아어

본 논문은 우즈베키스탄의 건축 기념물들에 대한 교실 외 수업 과정에서 고학년들의 미학 교육을 연구한 것이다. 연구의 목적은 사마르칸트 건축 기념물들의 예를 가지고 고학년들의 미학 교육 시스템을 학문적으로 정초하는 데 있다.

# 부하라인들의 회화(Живопись бухарцев)

- 저자: Пак. В.
- 저널명: Звезда Востока, No. 10
- 발행처: Издательство литературы и искусства имени Гафура Гуляма
- 발행연도: 1990
- 자료유형: 저널, 러시아어

최근 정기간행물에 부하라 예술가들의 작품에 대한 글이 적잖이 실리고 있다. 예술평론가들은 부하라에 새로운 화파가 출현했다고까지 말하기도 한다. 이러한 주장은 전혀 근거가 없는 것이 아니다. 우리는 지속적인 파동, 새로운 탐색, 기존 화법의 심화를 보여주는 작가들을 알고 있다. 그들 중 아짐 하즈라토프는 풍경화에 높은 관심을 보여주는 화가이다. 그의 작품에는 대기가 가득한데 그는 하늘을 묘사하기를 좋아한다: 하늘은 깨끗하고 투명한가 하면 구름이 잔뜩 끼어있기도 한다. 그는 화폭을 가득 메우는 것을 좋아하지 않는다. 초기 작품에는 군중이나 고독한 사람이 등장했다면 최근 그의 작품에서는 사람이 풍경에 의해 밀려나고 있다. 〈시골 풍경〉(1989), 〈은 빛 빛나는 날〉(1989), 〈끼쉬락에서〉(1989) 등의 작품에서 주요 등장배경은 풍경이다. 〈길 떠나는 노파〉에서는 열린 문의 모티브가 사용되고 있다: 민 속 의상을 입은 존경 받는 노인이 떠나는 이 집에서는 앞으로 무슨 일이 일 어날 것인가? 우리가 사는 세계에서 오랜 전통, 삶의 관습이 사라진다면 어 떻게 될 것인가? 이러한 질문이 대기를 휘감는다.

## ❙ 우리들의 운명의 회오리(Ветры наших судеб)

- 저자: Ким Брутт
- 저널명: Звезда Востока
- 발행처: Издательство литературы и искусства имени Гафура Гуляма
- 발행연도: 1990
- 자료유형: 저널, 러시아어

　　우리 고려인은 40만 명 정도로 그리 많지 않다. 이것은 소비에트 국가 총 인구의 약 0.14%에 불과하다. 큰 정원에 작은 나무 한 그루인 셈이다. 사할 린, 북카프카스, 시베리아, 파블쥐예, 중앙아시아 그리고 우크라이나 어디 서든 고려인을 만날 수 있다. 거대한 국가의 구석구석에 살고 있다고 할 수 있다. 각 집단농장이나 공장에 적어도 한 사람씩의 노동자를, 그리고 각 부 대마다 적어도 한 사람의 병사를 우리는 줄 수 있다. 인구 조사 시 '모국어' 란에 우리들의 대부분은 '러시아어'라고 쓴다. 그리고 우리들이 가장 좋아 하는 시인은 푸시킨, 네크라소프, 마야코프스키이다. 우리와 우리 아버지 세대의 어린 시절이 그들의 시로 시작되었다. 하지만 매해 4월 5일이 되면 우리는 모든 일을 제쳐두고 제사일인 '한식'을 지내기 위해 묘소로 향한다. 그리고 우리의 가까운 사람들의 무덤에 세 번씩 큰절을 한다. 왜냐하면 이 것이 우리 선조들의 조국의 오랜 풍습이기 때문이다. 우리는 타슈켄트의 '파흐타코르' 축구팀을 열심히 응원하고 우크라이나식 보르스치를 좋아한다. 그리고 기쁜 순간에는 러시아의 '카추샤'를 부르며 신나는 '안디잔 폴카' 를 춘다. 하지만 우리 각자의 집에는 콩으로 만든 소스인 '간장'이 있고, 우리 고유 음식 중 가장 중요한 요소인 발효시킨 동양식 배추 '김치'가 있다.


## 안개가 사라질 때(Когда рассеется туман)

- 저자: Ким Брутт
- 저널명: Звезда Востока, No. 9
- 발행처: Издательство литературы и искусства имени Гафура Гуляма
- 발행연도: 1990
- 자료유형: 저널, 러시아어


　　작은 시골마을에서 니나 쿠지미니치나는 수윤 최, 즉 수윤의 부인으로 더 유명했다. 그녀는 가정에서 남편의 권위를 반박할 수 없었던 완전히 동양적 인 정신 속에 살았다. 그 집에 시집온 여자는 자신의 이름을 상실하고 남자 의 그늘이 되었다. 수윤에게 시집온 니나 쿠지미니치나는 현대 생활의 반세 기 동안 남편 민족의 의식과 생활모습 속에서 새롭게 태어났던 것이다. 그 녀의 모습 자체에는 작은 종종걸음의 보행, 부드러운 방식, 고분고분한 미 소 등 나이든 한국인들의 전형적인 특징들이 나타났다. 그리고 주목하는 눈 길조차도 그녀의 눈 속에서 푸르스름하고 슬라브적인 반짝임을 눈치챌 수 있었다.

# 제6장

# 2000년대 자료

## 1. 단행본

### ▌동방 예술 문화의 유산과 연극이론 형성에서의 위치

(Наследие художественной  культуры востока и его место в формирован
ии драматургии)

- 저자: Ким В. Н.
- 출판사: Езувчи
- 자료유형: 단행본, 러시아어
- 출판연도: 2000
- 총 페이지: 262

본 단행본은 동방 예술 문화의 가장 실제적인 문제들을 다루고 있다. 본
단행본의 저자는 실제적인 자료들을 이용하여 중앙아시아 지역에서 연극
이론 장르의 형성을 위하여 민족 예술 문화 창작의 풍부한 전통의 영향을
드러내고 있다.

**목 차**



## 운명의 길 혹은 다양한 강변에서의 삶
(О дорогах судьбы, или жизнь на разных берегах)

- 저자: Хегай  Аркадий
- 출판사: Данекер
- 자료유형: 단행본, 러시아어
- 출판연도: 2000
- 총 페이지: 82

이 책은 카자흐스탄의 명망있는 고려인 검사인 아르카디 허가이의 회고록이다. 이 책은 3부로 되어있는데, 1부에서 저자는 자신이 어린시절 연해주에서 강제이주된 상황을 기록하고 있다. 2부에서는 35년간의 검사생활을 회고하고 있다. 3부에서는 카자흐스탄 인권보호 문제를 다루고 있다. 저자는 1997년부터 국제인권센터 카자흐스탄 대표를 맡고 있다. 저자는 고려인 디아스포라 노인들을 자주 만나면서, 그들의 복권을 도와주고 있는데, 그는 1937년 이전에 태어난 고려인의 80% 이상이 복권되었음을 밝히고 있다.

## 추방(Депортация)

- 저자: Хегай  Аркадий
- 출판사: Данекер
- 자료유형: 단행본, 러시아어
- 출판연도: 2000
- 총 페이지: 274

연해주에서 태어나, 2세에 카자흐스탄으로 강제이주 당하여, 1995년 복권되었으며, 카자흐스탄의 검사가 된 허가이 아르카디는 스탈린의 강제이주에 관해 저술하였다. 저자는 방대한 서적과 정부문서를 이용하여 소수민족의 강제이주에 관한 역사를 기록하고 있다. 그는 스탈린에 의한 강제이주가 불법적이고, 자의적이며, 민족말살적인 사실을 자료를 통해 밝히고 있다. 그는 저서에서 고려인의 연해주로부터의 강제이주를 포함하여, 칼므키인, 북카프카스, 독일인, 체첸인, 잉구시인, 발카르인, 자카프카스인의 민족추방의 역사를 기록하고 있다.


## 고려사람: 역사와 문헌(Коре Сарам: историография и библиография)

- 저자: Ким Г. Н.
- 발행처: КазНУ
- 자료유형: 단행본, 러시아어
- 출판연도: 2000
- 총 페이지: 318


본서는 고려인의 역사, 문화와 언어에 관한 전 저술을 소개하고 그에 관한 간단한 역사적 설명을 덧붙이고 있다. 혁명 이전 시기, 소련시기, 소련해체 이후에 발간된 단행본, 학술논집, 논문, 학위논문, 학위논문 요약집, 간행물 등을 알파벳 순으로 정리하였다. 저자는 러시아어로 된 저술은 영어로 번역하였으며, 고려일보에 게재된 핵심자료에 대한 소개를 첨부하였다.


## 고려인-소련의 정치적 탄압의 희생자

(Корейцы - жертвы политических репрессий в СССР)

- 저자: Ку Светлана
- 출판사: Издательство КимКор
- 자료유형: 단행본, 러시아어
- 출판연도: 2000
- 총 페이지: 278

본 저서는 1934~1938년 소련에서 정치적 탄압을 받은 고려인에 관한 정부자료, 사진을 통해 그 희생을 밝히고 있다. 고려인들이 비참한 수용생활을 하였던 노동수용소의 상황을 그리고 있으며, 이러한 과정에서 그 탄압의 범위가 어느 정도였는지를 추적하고 있다. 그리고 이러한 상황과 관련한 시들을 소개하고 있다.


## ▌스텝지역의 고려인들(Корейцы в степном крае)

- 저자: Кан Г. В.
- 출판사: Эдлет
- 자료유형: 단행본, 러시아어
- 출판연도: 2001
- 총 페이지: 136


이 책은 러시아와 카자흐스탄 스텝지역의 고려인 역사를 기술하고 있다. 지금까지 카자흐스탄 내 고려인의 역사에 관한 연구는 연해주로부터 중앙아시아로의 강제이주에 초점을 맞추어왔으며, 19세기 후반~20세기 초반 스텝지역의 고려인에 관해서는 실질적인 연구가 없었다. 저자는 이러한 공백을 메우기 위해 노력하면서, 소비에트 이전과 이후 시기의 카자흐스탄 고려인의 역사를 연구하고 있다. 저자는 19세기 후반 카자흐스탄에 고려인이 출현한 사실을 기술하고 있으며, 1904~1905년 러일전쟁 시 러시아제국이 극동지역으로부터 이곳으로 이주시킨 역사적 사실을 처음으로 밝혔다. 그리고 이곳에 이주된 이후 즉, 1905년부터 1917년 혁명 이전 시기의 고려인들의 삶을 기록하고 있다.

## ▌고려인의 가족(Семейные устои Корейцев)

- 저자: Ли Г. Н.
- 출판사: Издательство КимКор
- 자료유형: 단행본, 러시아어
- 출판연도: 2002
- 총 페이지: 468

저자는 가족의 기능, 전 세계 민족의 가족제도와 여기에 미치는 종교의 영향, 현대사회에서 가족제도가 갖는 의미를 분석하고 있다. 이러한 전 세계적인 가족제도에 대한 분석을 토대로 이 책은 고려인 가족의 전통과 관습, 그 토대로서의 부모에 대한 효를 밝히고 있다. 저자는 춘향전·심청전 등의 전래소설, 단군설화를 동원하는 한편, 전설, 속담 등도 일례로써 많이 동원하고 있다. 저자는 러시아와 키르기스스탄의 각처를 돌아다니면서, 고려인의 가족제도가 잘 보존된 가정생활에 관한 이야기들을 수집하였다.

## ▌경기병과의 산책, 시(Прогулка с гусаром, стихи)

- 저자: Николаевна Хе Ольга
- 출판사: "Каракалпакстан", Нукус
- 자료유형: 단행본
- 출판연도: 2002
- 총 페이지: 16

『경기병과의 산책』은 저자의 첫 시집이다. 이 시집에는 고향 땅에 대한 어린 시절의 기억과 어린 날의 꿈이 묘사되어 있다.

경기병과의 산책

나 홀로 교외를 산책하는 것을
좋아하네. 얼마나 고요한지!
한번은 경기병과 산책을 했지

나의 개-양치기와
개는 장난치며 노네
때로는 모래 위에서 새를 보고
때로는 갑자기 도마뱀을 잡네
때로는 막대기로 껑충거리며 노네
저 멀리 하늘은 더 푸르러지고
구름은 배처럼
푸른 하늘 위로 떠 다니네
보이지 않는 길을 잡으며
경기병은 나를 앞질러
달리네 털은 한낮의 빛 속에
반짝거리네 반들반들 윤이 나네
바람을 만나 새처럼 달리네
벌떡 일어나 갑자기 달리며
동그라미를 만드네
경계태세를 하다가 똑바로 서서
갑자기 불안한 듯 짖어대네
목덜미에 털이 곤두서네
나는 경기병에게 말했네
-왜, 경기병, 무슨 일이야?
여기엔 아무도 없어-
그러나 그는 으르렁거리며 이를 가네


**목 차**

## ▌우리 민족의 아이들, 연해주의 한인들에 관한 책

(Дети своего народа, книга о приморских Корей цах)

- 저자: Чен Н.
- 출판사: Полиграфический творческий дом им. Гафура Гуляма
- 자료유형: 단행본, 러시아어
- 출판연도: 2003
- 총 페이지: 232

본 단행본은 한인들의 러시아 이주의 역사와 중앙아시아와 카자흐스탄으로의 강제이주의 생생한 기록을 담고 있다. 한인들의 연해주로의 귀환과 한인들이 구성한 사회기구 조직, 그리고 연해주에서의 새로운 삶과 경제 조건에서의 생존을 위한 노력을 기술하고 있다.

### 목 차

연해주 주지사 세르게이 다르킨
독자에게
우즈베키스탄이 조국이 되다
한국인 센터
우리는 러시아인이다
시대에 관하여, 연해주에 관하여, 자신에 관하여
기억
계몽의 중심지
그의 고향은 연해주입니다
노동 수첩의 메모
오가이 라리사 아나톨리예브나
전문가들이 준비하다

## ▌홍범도 장군(Хон Бом До)

- 저자: Ким Л. В.
- 출판사: Кай нар
- 자료유형: 단행본, 러시아어
- 출판연도: 2003
- 총 페이지: 224

이 책은 한민족의 영웅인 홍범도 장군의 비범한 인생을 자세히 소개하고 있다. 홍범도는 한국에서 최초로 항일부대를 조직하였으며, 일본의 침략에 맞서 자신의 국가를 보호하기 위해 민족투쟁을 지도하였다. 1919년에는 혁명의 길에 나섰다. 이후 러시아의 극동지역에서 파르티잔 부대에 한인유격대가 형성되었고, 홍범도가 지도자가 되었다. 홍범도 장군은 1937년 러시아의 극동지방으로부터 가족들, 한인대표들과 함께 카자흐스탄의 크질오르다 지역으로 이주당했다. 이 책에서는 홍범도 장군의 항일투쟁사만이 아니라 그의 사랑, 배신, 우정과 용맹성, 이상에 대한 믿음 등도 다루고 있다.

## 학이 날아들다(Журавли прилетели)

- 저자: Ли Г. Н.
- 출판사: Салам
- 자료유형: 단행본, 러시아어
- 출판연도: 2003
- 총 페이지: 328

키르기스스탄의 고려인 작가인 리 게론은 이 책의 1부에서는 세계적인 청정호수로서 유명한 휴양지인 이스쿨 호수와, 호수와 관련한 역사적 사실, 고려인에 대하여 기록하고 있다. 2부에서는 키르기스스탄에서의『돌나라-한농』의 역할을 소개하고 있다. 3부에서는『돌나라-한농』의 이스쿨의 환경보호와 관련한 활동을 소개하고 있으며, 키르기스스탄과 한국 사이의 전통과 관습의 유사성을 밝히고 있다.

# ▌카라칼파크스탄의 고려인: 어제와 오늘

(Корейцы Каракалпакстана: вчера и сегодня)

- 저자: Хван Л. Б.
- 발행처: БИЛИМ
- 자료유형: 단행본, 러시아어
- 출판연도: 2004
- 총 페이지: 84

카자흐스탄의 카라칼파크스탄 지역에 민주주의가 자리잡음에 따라 이 지역에 살고 있는 고려인을 포함한 많은 민족들의 민족적 복구가 이루어졌다. 오랫동안 접근이 불가능하였던 정부보관문서가 개방되고, 출판되어, 독재시대의 불법성과 모든 민족의 비극적 운명이 밝혀졌다. 그럼에도 불구하고 카라칼파크스탄의 고려인의 삶에 대해서는 완전히 파헤쳐진 것은 아니다. 지금까지 많은 학자들이 고려인의 강제이주 관련 글을 써왔지만, 고려인들의 지역과 국가를 위한 공헌에 대한 분석, 정신적·문화적 복구, 앞으로의 전망에 대해서는 분석이 미비하다.

저자는 고려인의 정신적·문화적 발전 방향을 모색하고 있다. 구체적으로는 교육으로부터 민족적 자기 인식의 함양, 모국의 교육 프로그램의 문제, 민족적 정서의 함양문제 등을 거론하고 있다.

# ▌한인 이주의 역사, 2권 1부(1945~2000년)

(История иммиграции Корейцев - книга вторая(1945-2000г.), часть 1)

- 저자: Ким Г. Н.
- 출판사: Дайк-Пресс
- 자료유형: 단행본, 러시아어
- 출판연도: 2006
- 총 페이지: 427

이 책에서는 2차 세계대전 이후 한인들이 중앙아시아, 미국, 유럽과 오세 아니아에 이주한 것과 관련한 제반 문제를 다루고 있다. 2차 대전 이후는 그 이전과 비교할 때, 훨씬 더 넓게 한인들이 이주하고 있다. 이 책에서는 1권과 마찬가지로 이주의 원인, 이주의 역동성, 이주자의 귀환, 사회적 구성, 이주자의 수에 집중하고 있다. 이를 위해 어마어마한 자료를 동원하고 있는데, 정부보관소 문서, 통계자료, 일간지, 현지조사자료, 민족사회적 연구자료, 학술논문, 회고록 등이다.

이러한 한인관련 연구는 세계 이민사의 연구라는 전체적인 연구의 틀 안에서 이루어지고 있다. 그리하여 국제이주의 현대적 성격, 국제이주의 원인, 국제이주의 형태 및 이주자의 사회적 구성, 이주의 사회경제적 및 정치적 결과 등과 관련하여 연구한 방대한 연구업적이 되었다.


## ▌한인 이주의 역사(1945~2000년), 2권 2부

(История иммиграции Корейцев-книга вторая(1945-2000г.), часть 2)

- 저자: Ким Г. Н.
- 발행처: Дайк-Пресс
- 자료유형: 단행본, 러시아어
- 출판연도: 2006
- 총 페이지: 396

이 책에서는 2차 세계대전 이후 한인들이 중앙아시아, 미국, 유럽과 오세아니아에 이주한 것과 관련한 제반 문제를 다루고 있다. 2차 대전 이후는 그 이전과 비교할 때, 훨씬 더 넓게 한인들이 이주하고 있다. 이 책에서는 1권과 마찬가지로 이주의 원인, 이주의 역동성, 이주자의 귀환, 사회적 구성, 이주자의 수에 집중하고 있다. 이를 위해 어마어마한 자료를 동원하고 있는데; 정부보관소 문서, 통계자료, 일간지, 현지조사 자료, 민족사회적 연구자료, 학술논문, 회고록 등이다.

이 책에서는 유럽으로 이주한 한인, 즉 독일·프랑스·영국을 비롯한 기타의 유럽국가로 이주한 한인, 오스트레일리아와 뉴질랜드로 이주한 한인, 라틴아메리카로 이주한 한인들, 동남아시아·중동·아프리카로 이주한 한인들과 이들 국가와 한국과의 정치적·경제적 관계를 분석하고 있다.


## ▌ 선조의 조국으로부터 먼 곳에, 회고
(Вдали от родины предков, воспоминание)

- 저자: Лян Р.
- 출판사: Фергана
- 자료유형: 단행본, 러시아어
- 출판연도: 2007
- 총 페이지: 144


페트로비치 양은 페르간 주에서 유명한, 한국에서 온 이주민의 자손이다, 그는 1931년 5월 8일 극동 스챤스크 지역에서 태어났다. 1937년 가을 부모와 함께 카자흐스탄으로 강제이주 되었으며 다시 우즈베키스탄으로 옮겨갔다. 1955년 타슈켄트 섬유연구소를 졸업하고 마르길란스크 실크 콤비나트에서 일하기 시작하였다. 그는 여기서 생산기획 분야의 책임자로 일한 다음 마르길란스크 도시 공산당으로 옮겼다.

1972년 페트로비치 양은 페르간 주 민족계획 위원회 제1부책임자로 일하기 시작하여 22년 동안 이곳에서 근무하였다. 그는 여러 번 마르길란스크 도시 대의원 및 페르간스크 주 민족통제위원회 대의원으로 선출되었다. 그는 붉은 기 노동훈장을 비롯하여 많은 메달 및 훈장을 받았다. 그는 모스크바에서 열린 최초의 전 소련 소비에트 고려인대회에 대표로 참석하였다. 1989년 6월 30일 그는 우즈베키스탄에서 최초의 한국문화센터 설립을 주도하였으며 14년간 한국문화센터의 대표를 역임했다. 그는 또한 한국의 평화통일위원회의 회원으로 있으면서 한국의 대통령으로 부터 상을 받기도 하였다. 페트로비치 안은 2004년에 사망하였다.

이 책은 페트로비치 양의 학생시절을 비롯한 그의 일대기를 그렸다. 이 밖에 한국문화센터의 활동상황과 한국민족축제 및 한국민족의 전통관습을 상세히 소개하기도 하였다.


## 2. 논문


### ▎ 우즈베키스탄 고려인의 언어 상황
(Языковая ситуация Корейцев Узбекистана)

- 저자: Дё Юн Хи
- 발행처: Университет Мировых языков, Ташкент
- 발행연도: 2002
- 자료유형: 학위논문, 러시아어


본 논문은 우즈베키스탄에 있는 고려인들의 언어 상황을 통하여 사회문화적 환경과 언어 상황과의 관련성을 연구한 것이다. 저자는 오늘날 우즈베키스탄에서 가장 큰 외국 민족 디아스포라 중의 하나인 우즈베키스탄에 사는 고려인들의 실제적·역사적·구체적 언어 상황의 구조 속에서, 언어 상황이라는 유형적 범주를 현실화하는 메커니즘을 드러내는 것을 목적으로 한다.

여기서 실제로 언어외적인 사실들의 의미있는 환경들을 규정하고 그것들의 가치를 밝혀내고 있다. 언어 발달과 언어 상황 발전의 유형들을 살펴보는 데 있어 우즈베키스탄 고려인들의 언어 상황 연구의 역사와 과도기에 언어 상황의 구조에서 러시아어, 우즈베크어와 한국어 위치변화 및 경향들에 관한 연구들을 통해 밝혀주고 있다.

# 참고문헌

김 게르만. 2005.『한인이주의 역사』. 박영사.

______. 2010.『해외한인사』. 한국학술정보.

김 G. N., 명 D. V. 1995.『카자흐스탄 한인들의 역사와 문화』. 알마티: 글름.

반병률. 1997. "강제이주 이전의 한인사회의 동향, 1923-1937."『러시아의 변화와 한러관계』. 한국슬라브학회 제11차 학술대회 발표논문, 11월 14-15일.

윤인진. 2003. "코리안 디아스포라: 재외한인의 이주, 적응, 정체성."『한국사회학』 제37집 4호.

______ 외. 2011.『재외한인연구의 동향과 과제』. 북코리아.

이광규. 1998.『러시아 연해주의 한인사회』. 집문당.

이구홍・안영진. 2000.『재외동포관련 문헌자료목록』. 재외동포재단.

이명규, 임채완 외. 2005.『재외한인 문헌정보자원과 실제』. 집문당.

이명규・장우권. 2004.『지식정보사회와 디지털콘텐츠』. 전남대학교 출판부.

이상근. 2010.『러시아-중앙아시아 이주한인의 역사』. 국학자료원.

임영상. 2004. "코리언 디아스포라와 구술사."『역사문화연구』제19집.

임채완 외. 2007.『러시아-중앙아시아 한상 네트워크』. 북코리아.

______ 외. 2008.『재외한인 정보자원 생성과 변천』. 북코리아.

장우권・임채완. 2006.『재외한인 문헌정보자원 정책과 관리』. 북코리아.

장윤수. 2008. "우주베키스탄과 카자흐스탄의 고려인 예술가 활동현황."『디아스 포라 연구』제2권 2호(제4집).

______. 2008. "중앙아시아 정치체제와 소수민족으로서 고려인."『디아스포라 연 구』제2권 1호(제3집).

카자흐스탄 고려문화중앙. 1992.『카자흐스탄 소련 한인들』. 알마티: 카자흐스탄.

키르기스개황. 2009. 외교통상부.

키르기스스탄 고려인협회 창립 20주년 기념 다큐영상물. 2007. 키르기스스탄 고 려인협회

한발레리·최소영. 2004. "우즈베키스탄 지역의 한국학 자료현황: 문헌자료 및 영상자료."『역사문화연구』제20집.

Дё Юн Хи. 2002. Языковая ситуация Корейцев Узбекистана. Ташкент: Университет Мировых языков.

Кан А. А. 1997. Корейцы Андижанской области. Издательство 〈Андижан〉.

Кан Г. В. 2001. Корейцы в степном крае. Эдлет.

Ким Брутт. 1990. Когда рассеется туман. Звезда Востока(Издательство литературы и искусства имени Гафура Гуляма). No. 9.

Ким Брутт. 1991. Ветры наших судеб, советские Корейцы, история и современность. Узбекистон.

Ким В. Д. 1994. Туманган: пограничная река. Узбекистон.

Ким Г. Н. 1989. Социально-культурное развитие Корейцев Казахстана. Академия наук Казахской ССР.

Ким Г. Н. 1993. История, культура и язык Коре Сарам. Центр востоковедения АК Казахстана.

Ким Гера. 1999. История иммиграции Корейцев(вторая половина 19в - 1945г.). Ташкентский государственный университет имени В. И. Ленина. Диссертация.

Ким Иосиф Федорович. 1987. Формирование и развитие Советского Корейского профессионального театра. Институт искусствознания им. Хамзы Хаким-Заде Ниязи. Диссертация.

Ким Никифор. 1974. История оживших страницы. Звезда Востока (Издательство литературы и искусства имени Гафура Гуляма) No. 11.

Ким П. 1993. Корейцы республики Узбекистан. Узбекистон.

Ким Степан. 1989. Исповедь Корё Сарам, советского человека. Дружба народов(орган союза писателей СССР) No. 4.

Ку Светлана. 2000. Корейцы - жертвы политических репрессий в СССР. Издательство КимКор.

Лян Р. 2007. Вдали от родины предков, воспоминание. Фергана.

Пак Борис. 1990. Потомки страны белых аистов, краткая история советских Корей цев. Узбекистон.

Хан Г. Б. 1997. Прошлое и настоящее Корей цев Казахстана. Инст итут теоретической и прикладной математики МН-АН РК.

Хегай Аркадий . 2000. О дорогах судьбы, или жизнь на разных б ерегах. Данекер.

Цой Виктор Семёнович. 1985. Современная культура и быт Коре й цев Казахстана. Институт этнограыии им. Н. Н. Миклухо-Маклая. Диссертация.